Peking University

北京大学创办史实考源

【修订版】

郝平 著

季羡林 题

北京大学出版社

图书在版编目(CIP)数据

北京大学创办史实考源(修订版)/郝平著. —2版. —北京:北京大学出版社,2008.4

ISBN 978-7-301-03661-7

Ⅰ. 北… Ⅱ. 郝… Ⅲ. 北京大学-校史 Ⅳ. G649.281

中国版本图书馆CIP数据核字(2008)第038698号

书　　　　名:	北京大学创办史实考源(修订版)
著作责任者:	郝　平　著
责任编辑:	张　冰
标准书号:	ISBN 978-7-301-03661-7/G · 0441
出版发行:	北京大学出版社
地　　　址:	北京市海淀区成府路205号　100871
网　　　址:	http://www.pup.cn
电子邮箱:	zbing@pup.pku.edu.cn
电　　　话:	邮购部 62752015　发行部 62750672　编辑部 62767347 出版部 62754962
印　刷　者:	三河市北燕印装有限公司
经　销　者:	新华书店

650毫米×980毫米　16开本　22.75印张　390千字
1998年3月第1版
2008年4月第2版　2017年4月第2次印刷

定　　价: 42.00元

未经许可,不得以任何方式复制或抄袭本书之部分或全部内容。
版权所有,侵权必究　举报电话:010—62752024
电子邮箱:fd@pup.pku.edu.cn

华夏文明薪火的传承
中国现代教育的开端
——为郝平《北京大学创办
史实考源》再版题词

并祝贺北京大学一百
一十周年校庆

季羡林
08 3 27

再 版 序 言

最近一个时期，一些大学都在纷纷庆祝本校的百年华诞。中国的大学走过了不平凡的百年历史。但是哪一所大学是近代中国最早建立的？这确实是一个很难说清楚的问题。

在2008年北京大学110周年校庆之际，北京大学出版社再版《北京大学创办史实考源》一书。作为本书作者，我想，北京大学的创办有以下重要史实，应当引起读者朋友们的注意：

第一，1894年的中日甲午战争以清政府的北洋海军全军覆没而告终，这一结果促使中国的有识之士发起变法运动。1895年，康有为、梁启超等人成立强学会，组织演讲会、报告会，印刷进步书籍，购买科学仪器等，推动变法运动。后因受到保守派的压制，强学会改为官书局，而京师大学堂就是在官书局的基础上建立起来的。梁启超先生曾就此撰文认为，强学会是京师大学堂的前身和雏形。

第二，1898年，光绪皇帝在天安门城楼上颁布《明定国是诏书》，开始了维新变法。而京师大学堂的成立是这场变法运动的一项重要措施。由梁启超起草、康有为审定、总理衙门奏拟的《京师大学堂章程》集中地反映了当时的改革思想。作为近代第一所国立大学的京师大学堂还具有国家教育管理部门的职能。京师大学堂的成立标志着中国近现代教育的开端。

第三，1862年成立的京师同文馆是中国近代第一所教授多种外语的学校。该校教授汉语及英、法、德、俄、日等语种，还开设了天文、数学、物理、医学等学科，聘请了一百多名教师，毕业了近千名学生，为清朝政府培养了大批外交人才。1902年这所学校合并到了京师大学堂。因此，京师同文馆是京师大学堂的重要前身之一。

第四，国子监是在中国两千年科举考试制度下由太学发展而来的最高学府。在科举制废除、现代学制建立的1905年,国子监被取消。它的管理职能与京师大学堂的管理职能合并,组建了相当于今天教育部的"学部"。而国子监的教学职能则并入京师大学堂。从某种意义上讲,京师大学堂又传承了中国的传统教育。胡适先生、季羡林先生都曾对这个问题有所阐述。

第五,京师大学堂的英文名字为 Imperial University,直译为"帝国大学";京师同文馆的英文名字为 Imperial College,直译为"帝国学院"。这两个名字都反映了它们在当时的重要地位。

第六,辛亥革命之后的1912年,京师大学堂更名为国立北京大学。

以上六点,希望读者朋友在研读中国近代大学历史时予以关注。

郝平

2008年3月于北京成府

序　言

季羡林

　　了解北大情况的人都会知道,郝平同志是北大教职员中最忙碌的人物之一。北大在中国以及世界上享有特殊的地位与威望。许多国家的著名学府和科研机构,都同北大建立了名目不同的合作和交流关系。外国的国家元首或政府首脑以及各种不同学科的权威学者,都以能够到北大来参观访问,特别是发表演讲为毕生光荣,大有"不到北大非好汉"之概。至于其他形形色色的访问者更是络绎不绝。在党委和校长领导之下,承担种种接待任务的首当其冲的就是北大国际交流与合作处,而郝平正是该处的负责人。据我个人的经验和观察,这个处的日历同其他各处都不一样,他们没有双休日、节假日以及什么寒假暑假,终日忙忙叨叨,送往迎来,宛如燕园的一盏走马灯,旋转不停。一群男女青年就是这一盏走马灯上的人物,居其中而众星拱之的就是郝平。

　　我可真是万万没有想到,就是这样一位忙碌的郝平同志忽然有一天送给我了一大摞稿子,内容是讲北大开创时期的校史的。写校史,不是写小说,写诗歌,只要有灵感就行,这里需要的不是灵感,而是勤奋。需要辛辛苦苦,爬罗剔抉,用竭泽而渔的精神,搜集资料。郝平告诉我,他在国外留学时就开始了资料的搜集。回国以后,成为走马灯的主要人物以后,又锲而不舍,继续搜罗,常常用别人午休的时间,来从事此项工作。夜里则利用睡眠的时间,开电灯以继晷,恒兀兀以穷年,一直到累得病倒,进医院动手术,而其志弥坚,终于写成了此书的初稿。

　　谁听了这样的故事,能不肃然起敬呢?

说句老实话，我真正受到了感动。现在北大的青年教员中，能拼命向学的，确有人在。但是，身为教员而不读书者或者读书劲头不够，心有旁骛者，也决不乏人。现在有了郝平这一面镜子，摆在自己眼前，何去何从，每个人都会做出自己的抉择，也必须做出自己的抉择。这是我的信念，也是我的希望。

这话说得远了一点，还是回过头来，谈一谈郝平的《校史》，因为讲的是北大创办时期的历史，我为此书定名为《北京大学创办史实考源》，得到了他的首肯。根据郝平自己对本书的介绍，我们可以了解本书的主要论点。为了叙述准确起见，我还是先做一个文抄公，抄一段郝平自己的话："（京师）大学堂的创办不仅仅是戊戌变法的产物，其根本原因应当追溯到1840年的中英鸦片战争。清王朝的失败引起仁人志士如林则徐、魏源和龚自珍等人的思考，并在全国掀起了一场维新思潮和洋务运动。同文馆就是这个时期的产物。北洋海军在中日甲午海战中全军覆没，激起了康梁等进步力量要求政治改革的强烈呼声。京师大学堂既是这场改革的产物，又是自鸦片战争50年来，人们不断探求救亡之路的最高要求。这是一个不可分割的历史过程。"郝平这个简短扼要的论述，其基础和根据就是大量的确凿可靠的原始档案资料。这些资料都写在本书中，用不着我来重复叙述。

郝平对资料的搜集付出了极大的劳动，他搜集得颇为齐全，分析得又极为细致。分析中时有新意，真令人想浮一大白。这些资料都是别人不甚注意的，更谈不到使用。郝平这样做的目的是追溯北京大学创办的起源问题，是研究北京大学校史必不可少的第一步。他发前人未发之覆，提出了自己的看法，也就是"从京师同文馆到京师大学堂"。他能自圆其说，他的这个看法是能够站得住脚的。

但是，据我个人的看法，这只能是北京大学创办起源的说法之一，不是唯一的一个。而且我们还不要忘记，不是先裁撤了同文馆然后创办京师大学堂，而是在京师大学堂创办以后才裁撤了同文馆，并入京师大学堂中的。同文馆是清政府为了办理洋务必须同洋人打交道，而打交道首先必须有懂外文的翻译人才，而建立的一所培养翻译的一种特殊的学堂,以后才逐渐增设了一些洋文之外的课程。同文馆隶属于总理各国事务衙门,可见其作用之所在。要勉强找一个来源的话,明代的四夷馆庶几近之。解放后原隶属外交部的北京外国语学院也颇有类似之处。

我个人没有下过功夫研究北大的校史。可是我多少年以来就有一个想法,这个想法我曾在许多座谈会上讲到过,也曾对许多人讲到过。曾得到许多人的同意,至少还没有碰到反对者。最近在《北京大学校刊》1997年12月15日一期上,读到萧超然教授答学生问,才知道,冯友兰先生也有这个意见,而且还写过文章,他的文章我没有读过,也没有听他亲口谈过。郝平书中讲到,北大前校长胡适之先生也有过完全一样的说法。我现在斗胆说一句妄自尊大的话,这可以算是"英雄所见略同"吧。

究竟是什么意见呢?就是:北大的校史应当上溯到汉朝的太学。中国在世界民族之林中是一个很奇特的国家。第一,中国尊重历史,寰宇国家无出其右者。第二,中国尊重教育。几千年来办教育一向是两条脚走路:官办和民办,民办的可以以各种名目的书院为代表。当然也有官办的书院,那就属于另一条腿。在办教育方面,多数朝代都有中央、省、府、县——必须说明一句:这三级随朝代的不同而名称各异——几个等级的学校。中国历代都有一个"全国最高学府"的概念,它既是教育人才的机构,又是管理教育行政的机构。这个"最高学府"名称也不一样,统而言之,共有两个:太学和国子监。虽然说,东汉光武帝建武五年(公元29年)始设太学。但是"太学"之名,先秦已有。我在这里不是专门研究太学的历史,详情就先不去讲它了。晋武帝咸宁二年(公元276年)始设国子学,北齐改为国子寺,隋又改为国子学。隋炀帝改为国子监。唐代因之,一直到清末,其名未变。

物换星移,沧海桑田,在过去将近两千年的历史上,改朝换代之事,多次发生。要说太学和国子监一直办下去,一天也没有间断过,那是根本不能够想像的。在兵荒马乱,皇帝和老百姓都处于涂炭之中的情况下,教育机构焉能不中断呢?但是,最令我们惊异的是,这种中断只是暂时的,新政权一旦建立,他们立即想到太学或国子监。因此,我们可以实事求是地说,在将近两千年悠长的历史上,太学和国子监这个传统——我姑名之曰学统——可以说是基本上没有断过。不管最高统治者是汉人,还是非汉人,头脑里都有教育这个概念,都有太学或国子监这个全国最高学府的概念,连慈禧和光绪皇帝都不例外。中国的学统从太学起,中经国子监,一直到京师大学堂,最后转为北京大学,可以说是一脉相承,没有中断。这在世界教育史上是绝无仅有的,是我们中华民族的骄傲。以上说的可以算是冯友兰先生、胡适之先生和我自己的"理论"或说法的依据和基础。我们在这里并没有强词夺理,也没有歪曲史实。研究学问,探讨真理,唯一的准则就是实事求是,唯真为务。我抱的正是这样的态度。我决无意为北大争正统,急最高学府的荣衔。一个大学办得好坏,决不决定于它的历史的长短。历史久的大学不一定办得好,历史短的大学不一定办得不好。无数事实俱在,不容争辩。但是,我也算是一个从事科学研究工作的人,事实如此,我不得不如此说尔。

按照目前流行的计算法,今年是北京大学的百年校庆。这在北大无疑是一件大事。在全中国,无疑也是一件大事。在这样吉祥喜庆的日子里,郝平同志把他这一部心血凝成的《北京大学创办史实考源》拿出来献给学校,献给全校的师生员工,献给遍布在全世界各地的,在不同的工作岗位,做出了不同程度贡献的北大校友们,真可以说是锦上添花之举。我相信,这一部书一定会受到大家的热烈欢迎。

我在这里还想加上一段决非"多余的话"。我在很多地方都说过:中国知识分子是世界上最好的知识分子,他们最突出的特点就是爱国主义。例子不用到远处去找,在我上面讲到的"学统"中,在北大遥远的"前身"中就有。东汉太学生反对腐朽的统治,史有明文,决非臆造。这个传统一直传了下来,到了明末就形成了顾炎武在《日知录》中所说的:"保天下者,匹夫之贱,与有责焉耳矣。"后来演变成"天下兴亡,匹夫有责"。北京大学创办以后,一百年来,每到中国在政治上和文化上的关键时刻,北大师生,以及其他大学的师生,就都挺身而出,挽救危亡。五四运动就是最好的证明。一直到中华人民共和国建国以后——这一段历史占了北大百年历史的一半——北大师生爱国之心曾未稍减,此事可质诸天日,无待赘述。

现在距北大百年校庆只有四个月的时间了。据说今年从全国各地以及全世界各地回母校参加校庆的校友,数量将是空前的。这种爱校之心与爱国之心,完完全全是一致的,完完全全是相应的。这种心情与中国两千年来的知识分子——中国古代的士——的爱国主义传统是完完全全贯通的。它预示着我们伟大祖国未来的辉煌。

现在有两本书摆在全校师生,全体校友,全国和全世界关心北大的朋友们的面前:一部是郝平的《北京大学创办史实考源》,一部是萧超然教授的《巍巍上庠 百年星辰》。前者告诉我们创业维艰,后者告诉我们照亮北大百年漫长道路上的星光。无前者则不会有后者,而无后者则前者也是徒劳无功的。两部书相辅相成,形成了一个整体,为我校校庆增添了无量欢悦,为想了解北大的人提供了确实可靠的知识,真可以说是功德无量。

再过两年,一个新的世纪和千纪就将降临人间。我相信,我们北大全校同仁和同学,受到这一次校庆的鼓舞和激励,怀千岁之幽情,忆百年之辉煌,更会下定决心,乘长风,破万里浪,前进,前进,再前进。为我们伟大祖国再立新功。

1998.1.2

前　言

北京大学是我的母校。

真正认识到她在我心目中的位置,还是在海外留学的时候。

1991年春,北京大学派我到美国东西方研究中心和夏威夷大学进修。这是我自1978年入北大读书、1982年毕业留校工作后第一次远离祖国。

夏威夷群岛就像洒落在太平洋中的几颗珍珠。那碧海蓝天、沙滩椰树和四季如春的气候,吸引着世界各地的无数游客在此留连忘返。

然而,再迷人的风光,再怡人的景色,也隔不断我对母校的思念。在四年多的时间里,报纸、广播、电视等一切媒体中只要出现北京大学几个字,我的心弦便会为之颤动。那份牵挂,那份情思,使我意识到从我迈进北京大学校门的那一刻起,我的生命就与母校连在一起了。无论我走到哪里,母校都会因她那完美的形象使我引以为自豪;无论我何时归来,母校都会展开她那博大的胸怀,包容我,接纳我。

为此,我告诉自己,应该为母校做点什么。

尽管当时我还不能确切地知道日后会写这样一本书,但我还是开始留意每一点儿与北大有关的信息和史料,并专门寻访了伯克利加州大学、哈佛大学燕京学社、哥伦比亚大学等一些美国名校的图书馆。

一次,在芝加哥大学图书馆里,一本1948年出版的庆祝北京大学建校五十周年的纪念册引起了我的注意。这是一本由当时担任北大校长的胡适先生撰写前言的北京大学五十周年纪念文集。书中的作者大多是一些世界知名的北大老前辈。他们从不同的角度,回忆了北大前五十年乃至早期京师同文馆的历史,抒发了对北大的殷殷之情。

我如获至宝,掏空了所有的衣兜,用几十美元复印了全书。

正是在那时,我萌发了为母校写一本书的想法。

众所周知,辛亥革命前的北京大学,被称为京师大学堂,是近代中国的第一所国立最高学府和最高教育行政机关。京师大学堂的成立标志着绵延一千多年的科举制的彻底崩溃及新式教育制度的诞生。北京大学既是新文化运动的发源地、五四运动的中心,也是民主、科学思想及马列主义在中国最早的传播地。这样一所与中国近代史有着密切联系的大学,其创办的根本原因何在?直接原因又是什么?它与太学、国子监是什么关系?京师大学堂到底有没有前身?中国第一所由官方开办的新式学堂京师同文馆为何并入到京师大学堂?为什么对维新变法恨之入骨,对维新人士高举屠刀的慈禧太后,却偏偏对京师大学堂网开一面,不仅没有将其取缔,反倒给予异乎寻常的关注?为什么在京师大学堂创办初期的短短几年之内,连续颁布了三个不同的大学堂章程,且这三个章程又都与当时的最高统治者光绪皇帝和慈禧太后有关?

这些与北京大学前期历史息息相关的问题时常引起我的思考。我一遍又一遍地翻阅着手头的资料,试图就这些问题找出较为圆满的答案。

1996年初,我回到北大,适逢北大"百年校庆"的筹备工作正式启动。这更激发了我探讨上述问题的热情。

我想,如果我能从自己的研究中找到答案,这将是我对母校多年养育之恩的最好回报。

为此,在繁忙的工作之余,我全身心地投入到研究和写作之中。我要把自己的研究成果作为一份薄礼,献给母校,以庆祝她的百岁生日。虽然我深知自己的学识有限,我的研究结论未必都很确切,但我认为,哪怕只能解决上述的一个问题,我也不枉是北大的一员;就算我的研究成果不被认可,我也将无怨无悔。因为,我总算为母校的百年庆典做了一点事情。

当我给这本书划上最后一个句号的时候,入冬后的第一场瑞雪正悄然而至。细细的雪花无声无息地从天国飘落下来,给曙色微露中的燕东园披上了一层莹莹的白纱。

家人还在酣睡。

城市尚在梦中。

此时的我,心中的平静也一如窗外飘雪的黎明。

郝 平

1997年11月30日于燕东园

引　言

京师大学堂正式开办于1898年，但早在1896年，其筹备工作就已经启动。甲午战争失败之后，光绪皇帝接受了朝野上下"兴学育才"的思想，决定学习欧、美、日的现代教育模式，创办一所新式教育机构和最高学府——京师大学堂，并委托管理书局大臣孙家鼐以官书局为基础开始筹办。而发生在1898年的戊戌变法则给京师大学堂的正式开办提供了一个良好的契机。光绪皇帝透过由梁启超起草、康有为改定的大学堂章程，表达了他的雄心壮志，要把京师大学堂建设成"为各省之表率，为万国所瞻仰，规模当极宏远，条件当极详密"的世界第一流的现代式大学。这是晚清开明统治者对教育、科学救国的最高认识。我们还应该看到，中国的有识之士和开明皇帝对于创办新式大学培养通才和发展科学技术救国的思想，经历了一个长期的认识过程。而戊戌变法仅是把这种认识进行了历史性的总结，并付诸了实践。那么这种认识起源于何时呢？答案只有一个——鸦片战争。

国人的觉醒是从鸦片战争开始的。

目　　录

第一章　鸦片战争、维新思潮与洋务运动 / 1

第二章　洋务派与保守派在京师同文馆上的激烈斗争 / 16

第三章　京师同文馆的发展 / 39

第四章　京师同文馆的遗产和影响 / 63

第五章　从强学会、官书局到筹办京师大学堂 / 86

第六章　戊戌变法与京师大学堂的正式开办 / 112

第七章　京师大学堂的整顿 / 137

第八章　光绪、慈禧与京师大学堂的三个章程 / 161

第九章　京师大学堂的课程设置与教学实施 / 194

第十章　京师大学堂的管理体制与规章制度 / 224

第十一章　京师大学堂的附属机构 / 244

第十二章　走向民主与科学 / 269

第十三章　继往开来的中国近代第一所国立最高学府 / 289

目 录

附录 1　京师大学堂教职员名单 / 316

附录 2　京师同文馆大事年表 / 350

附录 3　京师大学堂大事年表 / 353

第一章
鸦片战争、维新思潮与洋务运动

清朝在经过康熙、雍正、乾隆长达一百三十多年的盛世之后,到嘉庆、道光年间已渐入衰微。清政府内部吏治腐败,贪污贿赂成风;所实行的闭关锁国政策,严重地阻碍了社会的进步。与此同时,英、法、美等国在经过相当长时期黑暗的中世纪探索之后,后来居上,开始了资本主义的发展阶段。中国无法适应这种以占领殖民地、掠夺原材料产地和商品市场为特征的上升时期的资本主义的挑战,绵延两千多年的封建文明开始走向没落。

林则徐
(1785—1850)

英国商人最早在中国从事鸦片贸易,是从18世纪初期开始的。当时英国每年向中国输入200箱鸦片。在1780—1816年间(乾隆四十五年至嘉庆二十一年),每年的输入量增加到4000至5000箱。至1834年(道光十四年)竟达21785箱。此后,在谋取暴利的驱使下,鸦片的输入量直线增长。1837年英国向中国境内输入鸦片39000箱,1838年输入40200箱。那时,英国政府十分之一的收入来自向中国贩卖鸦片。

鸦片的大量输入,使烟毒在中国大肆泛滥。从朝廷命官到普通百姓,吸食鸦片成瘾者不计其数。1729年(雍正七年),清政府颁布了第一条禁烟令。此后百余年间,又屡屡严申禁令。可是,由于鸦片的输入与清政府的腐败统治是互为表里的,英国商人明禁暗运,清朝贪官则明拒暗收,致使鸦片非但屡禁不止,反而越禁越多。

鸦片在中国的泛滥,不但严重摧残了中国人民的身心健康,破坏了生产力,而且使国库的白银大量外流,清政府的财政陷入困境,直接威胁到清朝皇权的统治。

1838年(道光十八年)鸿胪寺卿黄爵滋首先奏请严禁官民吸烟,来抵抗鸦片的输入。他提出对吸食鸦片者,限期一年戒绝,过期犯禁,百姓处以死刑,官吏加等治罪。不久,林则徐也上奏朝廷准请禁烟。他认为,鸦片"流毒于天下,为害甚巨,法当从严。若犹泄泄视之,是使数十年后,中原几无可以御敌之兵且无可以充饷之银"[①]。道光皇帝深感鸦片已到了非禁不可的地步,遂批准了林则徐的奏折,并委派林则徐具体掌管禁烟之事。

1839年(道光十九年)3月10日,林则徐以钦差大臣的身份到达广州,着手禁烟前的各项准备。3月18日,林则徐召集怡和行伍绍荣等洋商宣布谕帖,令传谕各商行各公司报明存烟实数。谕帖中声明:"若鸦片一日未绝,本大臣一日不回,誓与此事相终始,断无中止之理。"[②]

4月,林则徐、邓廷桢会同水师提督关天培,率文武官员开始收缴鸦片,驱逐外国鸦片商。6月25日,林则徐将收缴的全部共

---

① 林则徐:《林则徐集·奏稿》中册,624页,中山大学历史系编,北京,中华书局,1965年。

② 范文澜:《中国近代史》,18页,人民出版社,1955年。

2376254斤鸦片在虎门滩上焚毁,创下了前所未有的禁烟壮举。广东禁烟运动的胜利,为各地禁烟树立了榜样,推动了全国禁烟运动的开展。

作为当时北方最大口岸的天津,是向山西、河南走私鸦片的主要入口处。天津的鸦片查禁运动,是全国的第二个重点。当时,天津的海防兵丁沿河设置岗哨,随时对来自福建、广东的商船进行验查,以防夹带鸦片。从此,禁烟运动很快在沿海一带扩展开来。这期间,山东、福建、贵州、广西、新疆等地取得了共收缴鸦片197余万两的战果。[①]

中国境内轰轰烈烈的禁烟运动,对英帝国主义的对外扩张型经济是一个异常沉重的打击。英国的鸦片商们要求政府对中国诉诸武力。为了达到进一步掠夺中国,使中国沦为英国殖民地的目的,英内阁会议于1839年10月1日,正式决定向中国出兵,发动了侵华的鸦片战争。

在拥有坚舰巨炮和训练有素的英国远征军面前,尽管中国军民进行了顽强抵抗,仍由于力量悬殊而伤亡惨重。英军遂乘浙江防务空虚占领了舟山,并抽出部分兵力继续北上,攻吴淞口不成,转而直逼天津。此时,清政府内部的投降派被英国侵略者的强盗行径吓慌了手脚,向道光帝上奏折,请求与英军谈判。面对军事上的失利,道光皇帝早已无心再战,指派琦善为钦差大臣与英军谈判,并在投降派的怂恿下,罢了林则徐的官。在英军的一再要挟下,两江总督伊里布代表清政府与英国特命全权大使义律签订了停战协议。至此,第一次鸦片战争以中国的失败而告终。

1840年的鸦片战争,是资本主义列强对华发动的第一次侵略战争。它使中国的领土主权遭到破坏,社会性质发生变化。中国绵延数千年的封建经济开始解体,从此一步步沦为半殖民地、半封

[①] 《中国近代史资料丛刊·鸦片战争》第4册,716页,中国史学会主编,神州国光社,1954年。

建的国家。当时,清朝政府屈服于英国侵略者的炮火之下,被迫割地、赔款,签订了中国近代史上的第一个不平等条约——《南京条约》。随后,美国和法国也趁火打劫,用武力强迫清政府签订了《中美望厦条约》和《中法黄埔条约》。根据这些条约,中国对外正式开放了广州、福州、厦门、宁波、上海等五个港口,向英国赔款2100万元[①];割让香港;允许外国人可在通商口岸划定居住区;外国人在中国不受中国法律约束。从此,帝国主义开始在中国划分势力范围,奴役中国人民。

鸦片战争的后果,唤起了中国知识界的觉醒,导致了维新思潮的产生。

鸦片战争前的中国封建社会就像一潭死水。鸦片战争成为投入水中的一块巨石,不仅使整潭死水激荡起来,还引起强烈的连锁反应。鸦片战争以后,中国社会发生了变化,中国的思想界也随之发生变化,产生了一股维新变法的思想潮流。这种维新思潮既批判了旧制度的腐朽,又在主张抵抗西方资本主义侵略的同时,提倡吸收西方的先进文化与文明。

鸦片战争的失败和随之而来的割地、赔款惊醒了中国知识界。面对着西方殖民主义的侵略,爱国的知识分子们纷纷奋起斗争。他们除了上奏朝廷敦促禁烟、抗击英军以外,还撰写了大量歌颂爱国志士、揭露投降派面目的文章,对国家和民族的命运表示了极大的担忧,尖锐地揭露了清政府统治的无能与腐朽。

鸦片战争前,长期的闭关锁国政策不但造就了一批昏聩愚蠢的统治者,也造就了一批目光短浅的封建文人。然而,鸦片战争中堂堂天朝大国竟败于"蛮夷"小国的残酷事实,不能不引起有识之士深思。他们从闭目塞听的状态下摆脱出来,抛弃了封建统治者的传统偏见,迈出了向西方探求真理的步子,提出了"师夷之长技

---

① 胡绳:《从鸦片战争到五四运动》上册,59页,人民出版社,1981年。

以制夷"的思想。这是后来清朝创办一系列各类新式学校,乃至最后创办京师大学堂的重要思想来源。

林则徐是维新运动的重要先驱者,是清朝官员中睁眼看世界的第一人。他在1830年(道光十年)与黄爵滋、龚自珍、魏源等人结成"南诗社"。南诗社虽然人数少,力量薄弱,影响却很大。他们共同探讨如何学习西方的先进技术,用以扼制洋人的办法。四人当中,黄爵滋发动了禁烟运动,龚自珍和魏源发动了维新思潮,林则徐是他们的首领。他们总结了中国鸦片战争失败的经验教训,开始注重向西方国家学习的问题。

作为近代改革派的代表,林则徐承认西方列强的长处。他"日日使人刺探西事,翻译西书,并购其新闻纸"①。他广泛搜集广州和澳门外国人出版的各种书报,包括传教的小册子,想方设法了解外国的情况。对外国的军事、商业、科技、法律方面的知识和情报,更是极为重视。林则徐组织人翻译了英国学者慕瑞的《世界地理大全》(即《四洲志》)、滑达尔著的《各国律例》等书。

林则徐还十分注重选拔和起用外语人才,在广州公开招募了一些翻译。在实践中,林则徐认识到闭关锁国的危害,坚决反对"概断各国贸易"的荒谬方针。对清政府闭关禁海使沿海人民生计无着的作法,更是持反对和批评的态度。他还提出用外贸和关税收入来筹措国防经费的建议。林则徐一向鄙薄封建文人舞文弄墨,不注重实际的作风。他的思想和实践,给后来的戊戌维新派提供了重要的精神财富和思想理论来源。

林则徐在被免职后发配新疆的北上途中,于江苏镇江京口与魏源晤别时,将搜集的全部有关外国的资料,以及介绍世界五大洲三十多个国家和地区现状及历史概况的《四洲志》初稿交给魏源,希望他编纂《海国图志》一书。在魏源的主持下,1852年,共88万字的百卷本《海国图志》增订本出版。该书全面介绍了世界各国的

---

① 魏源:《圣武记》卷十,道光二十六年第三次重订本。

政治、历史、地理、科技及风土人情。该书的出版,对在知识界普及世界概况,开阔视野,起到了积极的作用。

维新思潮的第二个代表人物是晚清著名思想家龚自珍。他是林则徐的密友。龚自珍痛恨外国侵略者,坚决支持林则徐禁烟。他对即将到来的社会危机有特别深切的感受,大声疾呼要更法、改图、变公令,抨击清政府"自乾隆末年以来,官吏士民狼艰狈蹶,不士不农不工不商之人,十将五六……自京师始,概乎四方,大抵富户变贫户,贫户变饿户者,四民之首,奔走下贱,各省大局,岌岌乎皆不可以支日月,奚暇问年岁?"①他认为造成这种状况的根源在于吏治腐败,整个封建社会已如日薄西山,气息奄奄。他曾用"夜之漫漫曷旦不鸣,则山中之民,有大声音起,天地为之钟鼓,神人为之波涛矣。"②这样的诗句,预见了一场时代的暴风雨即将来临。

当时,龚自珍对封建社会的批判是有震撼力的。梁启超这样评论过龚自珍:"晚清思想之解放,自珍确与有功焉;光绪间所谓新学家者,大率人人皆经过崇拜龚氏之一时期,初读《定庵文集》,若受电然。"③龚自珍奉王安石为楷模,多次呼吁变法,他说:"一祖之法无不敝,千夫之议无不靡,与其赠来者以劲改革,孰若自改革?"他极为重视人才,把社会的希望寄托于"才士"和"才民"身上。④"九州生气恃风雷,万马齐喑究可哀。我劝天公重抖擞,不拘一格降人才。"⑤龚自珍的这首诗代表着整个近代中国对戊戌维新的呼唤。

魏源是林则徐极为推崇的另一位志同道合的朋友。他也是一位出色的近代启蒙思想家。他认为封建帝王集天下势、利、名于一

---

① 龚自珍:《西域置行省议》,见《龚自珍全集》,106 页,上海人民出版社,1979 年。
② 龚自珍:《己亥杂诗》,见《龚自珍全集》,521 页,上海人民出版社,1979 年。
③ 梁启超:《清代学术概论》,67 页,北京,东方出版社,1996 年。
④ 见《龚自珍全集》,6—7、31 页,上海人民出版社,1979 年。
⑤ 见《龚自珍全集》,521 页,上海人民出版社,1979 年。

身,"穷天下之乐而不知忧天下之忧,故慢藏守之,而奸雄觊夺兴矣"①,是统治者内部钩心斗角的根源。他认为清朝已是"蜗庐外漏兼中蠹","夷烟蔓宇内,货币漏海外"②,而边臣却养痈成患,枢臣满口中庸,儒臣只会鹦鹉学舌,库臣只会贪污中饱。魏源在《海国图志》一书中,以"师夷之长技以制夷"论证了学习西方的科学知识和先进技术的必要性,强烈批判闭关政策。他认为"不悉夷情,不可以筹边",而要做到通悉夷情,就必须"先立夷馆,翻夷书","欲制外夷者,必先悉夷情始","善师夷者,能制夷,不善师外夷者,外夷制之"。③魏源把学习西方的长技提高到关系国家民族安危的高度,对封建顽固派自甘落后,把西方科技视为"奇技淫巧,以坏我人心"的愚昧言论进行了猛烈的抨击。他认为只要肯下功夫,外国的技术是可以学到手的,"因其所长而用之,即因其所长而制之,风气日开,智慧日出,方见东海之民,犹西海之民"。④

魏源最早提出了创办新式学校,学习西方科学知识的思想。这对后来京师同文馆的创立不无影响。"师夷"思潮的出现是当时的知识分子对鸦片战争失败原因反思的结果。而《海国图志》则是维新派最早的一部启蒙教科书。康有为、梁启超、谭嗣同等戊戌变法斗士,都不否认此书对他们的影响。它是孕育中国改革思想的温床。康有为17岁"见瀛环志略、地球图",始知"万国之故",20岁"复阅海国图志"等书,才"渐收西学之书,为讲西学之基"。

林则徐、龚自珍、魏源提出的维新思想顺应了历史发展的潮流。他们的先进思想启迪和鼓舞了后来的维新之士。由于这些知识分子的提倡,讲求经世之学在当时成为社会风气。梁启超在论述清末思想变迁时这样写道:"……他们许多话,在过去二百多年

---

① 魏源:《默觚下·治篇三》,见《魏源集》(上),44页,中华书局,1983年。
② 魏源:《秋兴十章》、《明代食兵二政录叙》,见《魏源集》(上),161页,中华书局,1983年。
③ 魏源:《海国图志》卷四,同治七年刻本。
④ 魏源:《筹海篇三》,见《魏源集》(下),874页,中华书局,1983年。

间,大家熟视无睹,到这时忽然像电气一般把许多年的心弦震得直跳,他们所提倡的经世致用之学,其具体的理论,虽然许多不适用,然而那种精神……能令学者对于二百多年的汉宋门户得一种解放,……总而言之,最近三十年思想界之变迁,虽波澜一日比一日壮阔,内容一日比一日复杂,而最初的原动力,我敢用一句话来包举他,是残明遗献思想之复活。"①

林、龚、魏三人是中华民族向西方学习的先驱,对近代中国产生了深远的影响。经世思潮的崛起为开创一个新学派,开启一代新学风创造了条件。

梁启超在《清代学术概论》中说,经世思潮产生和"正统派"的衰落由"环境之变化所促成者"有两个方面:(1)"嘉、道以还,积威日弛,人心已渐获解放,而当文恬武嬉之既极,稍有识者,咸知大乱之将至,追寻根源,归咎于学非所用。"(2)"'鸦片战役'以后,志士扼腕切齿,引为大辱奇戚,思所以自湔拔,经世致用之观念之复活,炎炎不可抑。又海禁既开,所谓'西学'者逐渐输入,……学者若生息于漆室之中,……忽穴一牖外窥,则灿然者皆昔所未睹也,还顾室中,则皆沉黑积秽。于是对外求索之欲日炽,对内厌弃之情日烈。欲破壁以自拔于此黑暗,不得不先对于旧政治而试奋斗。于是以其极幼稚之'西学'智识,与清初启蒙期所谓'经世之学'相结合,别树一派。"②

对于中国的近代化进程来说,经世思潮的重要意义不仅仅在于林则徐、龚自珍和魏源等人的改革实践,而在于他们的改革思想。他们的"更法改制"思想,特别是"师夷长技以制夷"的思想,反映了历史发展的必然,体现了新的时代精神。鸦片战争以后的洋务运动,正是源于他们"师夷长技"的主张。洋务新政,实际上就是

---

① 梁启超:《中国近三百年学术史》,28—29 页,中国书店,1985 年。
② 梁启超:《清代学术概论》,64—65 页,北京,东方出版社,1996 年。

将这一主张落在了实处。

19世纪下半叶在中国开展的洋务运动,是得到当时清政府的最高统治者——慈禧太后的首肯的。洋务运动的积极参加者,大都是清政府中掌有实权的一批官员。如总理各国事务衙门大臣奕䜣、大学士桂良、户部左侍郎文祥、两江总督曾国藩、直隶总督兼北洋大臣李鸿章、陕甘总督左宗棠、两广总督张之洞等。

其中李鸿章经办的洋务最多,时间也最长。

1865年,"坐镇北洋,遥执朝政"的李鸿章,通过与来华外国人士及驻外使节的频繁交往和洋务活动的实践,对中外形势和应付之策,有了更为明确的认识,提出了"数千年未有之变局"和"数千年未有之强敌"的重要命题,揭示了"外须和戎,内须变法"的洋务总纲。他认为,举办洋务是时代的需要,是使中国自强、自立所必不可少的举措。

1856年,英、法侵略者发动了第二次鸦片战争并于次年攻陷广州。1860年9月,英法联军再攻陷北京,火烧圆明园,使中国的主权进一步丧失。为此清政府于1861年初(咸丰十年底)设置总理各国事务衙门,作为总理洋务的中央机关。随之设立南洋、北洋通商大臣。上海、天津成为南、北举办洋务的重要基地。

当时的洋务运动主要包括以下几个方面的内容:

(1) 办军工。李鸿章认为,中国"强兵经武"的关键就是仿造西方的船炮。因而特别注重控制和发展军事工业。1865年在曾国藩支持下由李鸿章主办成立上海江南制造局,生产枪炮和军用船只。到19世纪70至90年代,又先后设置了火药厂、枪子厂、炮弹厂、水雷厂,并对枪炮不断进行改进,坚持"雇洋人,购洋器,用洋法"。1867年北洋三口通商大臣崇厚创办了天津机器局,1866年闽浙总督左宗棠在福州创办马尾造船局。

(2) 官督商办企业。由于缺乏社会经济发展的稳定基础,军工企业遇到一连串的困难:经费来源枯竭,原料燃料供不应求,技术落后,人才缺乏,管理混乱等问题接踵而至,使军事工业的发展受阻。为了解决这些问题,必须建立与之相配套的、完整的工交体系。为此,洋务派兴办起轮船招商局。其目的在于"无事时可运官粮客货,有事时装载援兵军火,藉纾商民之困,而作自强之气"①。1876年,李鸿章创办了中国第一个棉纺织厂——上海机器织布局。1878年,在李鸿章的建议下,又创办了开平矿务局,生产煤炭。1889年创办漠河金矿。与此同时,1880年,左宗棠成立甘肃机器织呢厂。1893年、1894年张之洞在湖北办起织布、纺纱、制麻、缫丝四个局。

(3) 筹建北洋海军。海防问题是近代中国面对资本主义列强的挑战而提出的重要课题。鸦片战争改变了历代备边多在西北的状况,东南海疆成为国防第一线。海防成为中国向西方学习,取其长技,实现现代化的一个重要组成部分。1875年清廷任命李鸿章督办北洋海防事宜,并决定"先就北洋创设水师一军,俟力渐充,就一划三"。1888年9月,正式成立了北洋舰队。

(4) 推广新式教育。洋务运动除在经济方面和军事方面推行了一系列改革之外,在兴学育才方面也进行了改革。

李鸿章在把洋务运动推进到"富强相因"阶段的同时,积极倡导改革科举、兴学育才。他建议对"考试功令稍加变通,另开洋务进取一格,以资造就",凡有海防省份,均应设立"洋学局",择通晓时务大员主持其事,通过"洋学局"培养掌握西方近代自然科学和工程技术人才,使其"与正途出身无异"。他要求变通科举制,在"科目"中废弃"小楷试帖",力图推进科举改革。当时八股取士制度支撑着腐朽的官僚体制,那些跻身显贵、不谙世事、醉心利禄之徒,大都出之于科甲正途。因此,改革八股取士制度,造就"学兼汉宋,道贯中西"的人才,借以改变官僚队伍的成分,就成为改革腐朽的官僚体制的必要条件和重要组成部分。

---

① 李鸿章:《轮船招商请奖折》,见《李文忠公全书》奏稿,卷二五,4页,上海商务印书馆,1922年。

洋务派赞赏西方的教育制度，认为西方"学堂造就人才之道，条理精严，迥非中土所及"。洋务运动时期的科举改革思潮，冲击了传统的科举制度和教育制度，促进了学堂的涌现和西学的渗入。而京师同文馆的成立，则最终成为兴办京师大学堂的前奏曲。

（5）派遣留学生。最早提倡派人出国留学的是容闳，李鸿章和曾国藩则是集支持者、倡导者和主持者于一身的人物。容闳是一个具有强烈爱国心的新式知识分子。他是中国清朝最早自费赴美留学的美国耶鲁大学的高才生，一生致力于"西学东渐"。他立志以先进的西方文明改造中国，大胆上书曾国藩，建议有组织地派出幼童留学生，系统地学习西方的科技与文化，培养出新一代中国科技的领路人。他的建议得到曾国藩和李鸿章的大力支持。他们认为派人出洋留学是培育人才，力图自强之举。1870年8月，由曾国藩立稿、李鸿章会衔上书（疏）清廷，申述选派"聪颖子弟"赴欧美各国学习技艺的必要和可能。他们指出："凡西人游学他国得有长技者，归即延入书院，分科传授，精益求精，其于军政、船政，直视为身心性命之学。今中国欲仿效其意，而精通其法，当此风气既开，似宜亟选聪颖子弟，携往外国肄业，实力讲求，以仰副我皇上徐图自强之至意。"①选派幼童赴美留学之举，打击了当时弥漫全国的顽固守旧的风气，促进了西学在中国的传播，开创了中国近代选派留学生的先河。

（6）办教会学校。西方传教士对西方科学的输入传播，是戊戌思潮的另一个重要思想渊源。教会活动是先进中国人借以瞭望世界的主要窗口，给中国带来了近代新闻、出版、教育、医院、图书事业等种种文明。为古老的中国社会生活和文化生活，带来了动荡与不安，也注入了新的因素和活力。由于长期以来闭关自守政策和文化专制，中国的广大民众没有正常的渠道同世界交往，传教活

---

① 李鸿章：《幼童出洋肄业事宜折》，见《李文忠公全书》奏稿，卷一九，7页，上海商务印书馆，1922年。

动在相当长的时间里,成为中西文化交流和在中国本土上西学东渐的主要乃至唯一的通道,并与中国近代以来的改革事业结下了不解之缘。

传教活动的重点对象是中国的知识分子。传教士中著名的教育家狄考文说过:"国于天地,必有与立,所倚以立国者,人才也,而人才必由学堂中出。"①教会创办了大批学校。1839年,由广州外侨发起组织的马礼逊教育会,在澳门创办了马礼逊学堂,1842年迁至香港。该校开设了中文、英语、算术、代数、几何、生理、化学、历史、地理等课程,系统地向学生传播和灌输西学。容闳和中国近代第一位著名西医黄宽都是该校的学生,他们于鸦片战争后先后赴美、英留学,1857年回国。

从1842年到1860年,教会学堂达50所左右,其中女子学塾12所,学生总数1000人。这是中国人接触近代文明的唯一途径。孙中山接受西方文明,也是得益于西方教会学校。

第二次鸦片战争后,19世纪70年代中期,中国的教会学校达800所,学生总数约两万人。1899年,教会学校达2000所,学生约4万。这些学校不但对中国古代的学府、书院和私塾是一个严重的冲击,而且还传播了大量的西方文化。如传教士林乐知(Young John Allen)在政府机关任翻译和教习18年,前后译书390多部,参与创建中西书院和上海中西女塾,并从1874年至1907年长期任《万国公报》主编,对戊戌维新运动起过积极作用,对维新派有过真心的同情和支持。又如李提摩太(Timothy Richard),1891年出任同文书会(即广学会)总干事,甲午战争后与康有为接触频繁,梁启超还一度当过他的私人秘书。维新派与教会关系尤为密切,这是因为戊戌思潮以传播西学为己任,并以教会译书为学习西学最早的媒介。康有为追忆自己在1882年路经上海时,"大购西书以归讲求,自是大讲西学,尽释故见"。各种西书对戊戌思潮的最初启动,

---

① 见《北京大学史料》第一卷,17页,北京大学出版社,1993年。

起了重要的触发作用。

由上可见,西方文明对古老封建文明的挑战和较量,导致了社会思潮的动荡和新文化的崛起,也导致了维新思潮的产生,进而推动了洋务运动的开展。

洋务运动所导致的教育改革,其思想根源主要来自"中学为体,西学为用"的观点。

"中学为体,西学为用"也称"中体西用",它是鸦片战争和甲午战争后主要流行于文化教育领域中的一种说法,亦是创办新式学堂的指导思想。它代表了近代中国知识分子谋求救国强国的一种文化选择。中国在鸦片战争中的失败给中国知识分子的打击之大是前所未有的。为了寻求一条自强之路,他们在重新审视自己,并把中国和西方资本主义国家进行客观对比之后,提出了"中体西用"的主张,并将其视为救亡图存的必行之路。当时的洋务派代表人物张之洞对"中学为体,西学为用"最为推崇。

什么是"中学为体"?张之洞解释说:"夫所谓道本者,三纲四维也。"三纲即君为臣纲,父为子纲,夫为妇纲;四维指礼、义、廉、耻。这是封建社会的等级关系和宗法关系的规定。"西学为用"则是指引进西洋的科学技术,用以富国强兵。这时中国还没有"科学"的观念,"科学"是北大在五四运动中提出之后,才逐渐为国人所认识的。

对于"中体西用"内涵的讨论,以甲午战争为分界线,其侧重点各有不同。甲午战争之前,强调的是"富强之本"和"立国之本"的关系,认为中国传统的"政"仍是中国之"本"。甲午战争之后,随着知识界认识的变化,讨论的焦点开始着重于"政"与"教"的关系。张之洞在《劝学篇·序》中说:"……图救时者言新学,虑害道者守旧学","旧者因噎而食废,新者歧多而羊亡;旧者不知通,新者不知本。不知通则无应敌制变之术,不知本者有菲薄名教之心"①。说明以"三纲"为核心的中国的传统礼教,已面临危机。

1890年,梁启超在《学校总论》中写道,自同文馆及各地洋务学堂开设以来,所讲求的西学中,"言艺之事多,言政与教者少"。这正是洋务学堂"不能得异才"的原因。他提出:"采西人之意,行中国之法;采西人之法,行中国之意。其总纲有三:一曰教,二曰政,三曰艺。"②在他看来,中西文化的交流,应该有教、政、艺三个层面的内涵,而最重要的两个层面则是政与教。

张之洞明确提出"中学为体,西学为用",也是针对新式学堂兴办。他在《两湖、经心书院改照学堂办法片》中说:"两书院分习之大旨,皆以中学为体,西学为用,既免迂陋无用之讥,亦杜离经叛(畔)道之弊。"③为什么"中体西用"多是在兴办新式学堂时提出来呢?有学者认为,当时这样提的真正用意在于把"中学为体"作为对付守旧势力攻击学堂的挡箭牌。传统的儒学本来是一种有体有用之学,内在的"修身"与外在的"治国"是相对统一的。"中体西用"的文化模式表明,本来有体有用的中学已成为有体无用之学,失去了固有的经世功用。正如张之洞说的"中学为内学,西学为外学,中学治身心,西学应世事"。原来体用兼备的中学,现在只剩下"治心身"的意义,其"应世事"提的功用已不复存在,引进"西用"来"应世事"便势在必然。

"中体西用"文化模式所带来的结果是西学的输入。为了更好地学习西学,除了兴办新式学堂之外,张之洞还提倡通过各种途径获得西学知识:(1)游学,即派遣留学生和派员出国考察。(2)广译,即大量翻译西书,普及西学。(3)阅报,即兴办报馆,发展新闻事业。

当政治变革的历史任务提上日程后,"中体西用"的内容和形

---

① 张之洞:《劝学篇·序》,光绪二十四年(1898年)三月,两湖书院刊本。
② 梁启超:《饮冰室合集》第一册,18—19页,中华书局,1932年。
③ 见《张文襄公奏稿》卷二九,34页,许同莘编。

势便越来越不相适应,"中体"与"西用"在此发生了冲突。洋务派和维新派以"中体西用"作为接受西方科技文明的旗帜,而保守派则把"中体西用"作为拒绝接受西方近代文化中的民主主义精华的理论依据,成为一种保守主义的文化模式。

中西学兼通的中国近代著名的资产阶级启蒙思想家严复曾指出,中国传统文化和西方近代文化最本质的区别就在于"自由不自由异耳"。他举出了中西文化的种种差异,其中第一条就是"中国最重三纲,而西人首明平等"。他认为,既然西方民主政治以"自由"为基础,那么以"三纲"为体,以"西政"为用,便不能契合。

"中体西用"在政治层面,日益成为中国政治变革的障碍而显示出保守的倾向,但在学术文化的层面,直到五四运动前夕,"中体西用"的思想格局都没有发生基本的变化。就连曾经批评"中体西用"的严复在1912年担任北大校长时,提出的办学宗旨仍然遵循的是"中体西用"的原则。

以办洋务、开工厂和推行新式教育为具体内容的洋务运动之所以出现于19世纪中期,有着深刻的国际、国内的政治、经济和思想文化背景,是当时客观历史环境和条件决定的。它是近代中西文化碰撞、冲突、融合和交流的必然结果。近代中国人对西学的认识和态度,是从表面到中层,再到深层的演进,存在着一个前后扬弃、彼此制约的历史过程。有了林则徐、魏源的"师夷长技以制夷",才能有洋务派的"中体西用";有了洋务派的"中体西用",才有洋务学堂的诞生;有了洋务学堂的诞生,也才会有日后京师大学堂的最终创立。

第二章
洋务派与保守派在京师同文馆上的激烈斗争

1862年设立的京师同文馆原址
（1902年改为京师大学堂三院）

第二次鸦片战争之后产生和发展起来的洋务运动，是清朝上层开明人士对维新救国的进一步认识和在实践上的具体表现。总理各国事务衙门的设立及京师同文馆的开办，既是洋务运动发展的必然，又是清廷开始注意学习外部世界的里程碑。总理各国事务衙门自成立到清王朝灭亡的五十多年里，在处理国内外事务当中起到了举足轻重的作用。京师同文馆则是清朝开办现代学校的第一次尝试。它的经验，无论是成功的，还是失败的，都为清政府最终下决心创办京师大学堂提供了借鉴。

历史上，京师同文馆的成立和发展并非一帆风顺，而是充满了洋务派与保守派之间的激烈斗争。从史料中看，慈禧太后当时是

第二章 洋务派与保守派在京师同文馆上的激烈斗争

洋务运动的积极支持者和后台。没有她的首肯,就没有京师同文馆的创立及日后的发展,从而也为我们找到了慈禧在残酷镇压戊戌变法的同时,却单单保留了维新运动中的重要改革措施——创办京师大学堂——的内在联系。

1861年1月(咸丰十一年十二月)恭亲王奕䜣、大学士桂良、户部左侍郎文祥等人,针对与洋人打交道最大的困难在于没有专门的机构统管外交事务之事,联名给咸丰帝上奏折,建议在京师设立总理各国事务衙门,以专管与外国人办交涉的诸项事宜。

奕䜣等人称:"……查与外国交涉事件,必先识其性情。今语言不通,文字难辨,一切隔膜,安望其能妥协!从前俄罗斯馆文字,曾例定设立文馆学习,具有深意;今日久视为具文,未能通晓,似宜量为鼓舞,以资观感。"①

奕䜣等人在奏折中建议仿照当年办俄罗斯馆的做法,让广东和上海两地挑选四个诚实可靠,通晓英、法、美三国语言的青年,携带各国书籍到京师,再从八旗子弟中挑选天资聪颖,年龄在十三四岁以下的人集中起来,专门学习英、法、美三国的语言,为办洋务培养人才。奏折建议:"其派来之人,仿照俄罗斯馆教习之例,厚其薪水,两年后分别勤惰,其有成效者,给以奖叙。……俄罗斯馆语言文字,仍请饬令该馆,妥议章程,认真督课。所有学习各国文字之人,如能纯熟,即奏请给以优奖,庶不致日久废驰。"②

由于办洋务和培养"译员"是当务之急,奕䜣等人的奏折递上去仅一周之后,清政府就批准设立了总理各国事务衙门,并批准在这个机构下,设立京师同文馆。可后来由于种种原因,京师同文馆到1862年6月才正式开办。

在这里,不能不提一下俄罗斯馆以及它的前身四夷馆。

据明史记载,早在1407年(明永乐五年),中国就设有四夷馆,

---

①② 《筹办夷务始末》咸丰朝,卷七一,17页,故宫博物院影印本,1930年。

也称四译馆。当时,因为要接应朝贡的使臣,特设了蒙古、女真、西番、西天、回回、百夷、高昌、缅甸等八个馆。这些馆的职能主要是从事各国文字的笔译、口译及与使臣直接打交道等诸项事宜。明朝正德六年,因八百大甸兰者哥进贡,增设了八百馆。万历七年,又增设了暹罗馆。①

一开始,四夷馆隶属于翰林院,1494年(明弘治七年),增设太常寺卿、少卿各一名任四夷馆提督,此后该馆便隶属于太常。四夷馆一般从国子监生及其子弟中选学生学习翻译。1426年(明宣德元年)才开始兼选官民子弟,委官为教师,由翰林院学士稽考课程。对所选用的人,一年后考试合格者录用,不合格者黜退。

明正统元年(1436年),规定考中一等者,委以译字官,过一年再考中,授职。

明弘治三年(1491年),规定凡选中在四夷馆学习的国子监生子弟不许再从事其他职业。三年后考试合格,每月给米一石;过三年再考中者,任译字官;再过三年仍然考中者,授予班职事。还规定,第一次考试通不过的,可再考一次,连考三次都通不过的,黜退为民。如国子监生入馆工作,领取与在国子监同样的薪水,三年后考试通过者,每月增加一石米;过三年又考中者,给予冠带;再过三年仍然考中者,授予从八品职事。三试不中者,送回国子监干别的差事。弘治八年(1496年),又规定如子弟有愿参加科举考试的,可送顺天府应试。

明弘治二十一年(1509年),规定译字生初次考试成绩优秀的,可按原职支取薪俸,同时学习办理其他事务;成绩一般,但年龄和素质还有培养前途的,可送馆内继续学习,但不可支取薪俸,等学习三年后再应试;考试成绩差,学业无成,或怕考试,临考不到以及行贿的,一律革黜为民。

明嘉靖元年(1522年),规定译字生学期为三年,会考通不过

---

① 见《明史·职官三》第七十四卷,1797—1798页。

的,径黜为民;六年后考试通不过的,给予冠带;九年后考试不合格的,授给应得的职衔,可回原籍赋闲,并可免其杂泛差徭;如适时年龄及资历尚可再做几年事的,由翰林院根据情况决定是否允许再考一次。①

由此可见,明朝时期,四夷馆就具备学校的性质,其人员要经过严格的训练和筛选,不合格者,决不录用。另外,在四夷馆所任职务并非终身制,每三年一考,以考试成绩决定人员的去留;工作年限长的,即便遭淘汰,也能享受较优厚的待遇。

四夷馆的设立,一直延续到清朝,但其体制有所改变,名称也改为四译馆。

据《清史稿》记载,1644年(顺治元年)四译馆一分为二,分成会同馆和四译馆两个馆。会同馆隶属于礼部,由满、汉各一人任提督,主要负责各项涉外事务。四译馆隶属翰林院,由太常寺汉少卿一人任提督,主要负责翻译各国朝贡文字。当时四译馆分设回回、缅甸、百夷、西番、高昌、西天、八百、暹罗八个馆。1749年(乾隆十三年),四译馆缩减,转归属礼部,原八个馆合并为西域、百夷两个馆,名字也改为会同四译馆。由礼部郎中兼鸿胪寺少卿一人总管全部事务。1903年(光绪二十九年),四译馆撤销。②

为设总理各国事务衙门和同文馆一事而上奏朝廷的恭亲王奕䜣在奏折中所提及的俄罗斯馆始设于1757年(乾隆二十二年),隶属内阁。该馆是针对沙皇俄国虎视眈眈的威胁而设立的,以训练俄罗斯语口译和笔译人员为主,是一个典型的俄语学校。俄罗斯馆的学生都是从八旗子弟中选拔出来的优秀人才。一般以二十四人为一期,每五年举行一次结业考试。成绩优异的学生被授予官衔,派到理藩院或西北部边疆任职。1863年(同治二年),俄罗斯馆转归同文馆。

---

① 见《明会典》第二二一卷,4386—4387页。
② 参见《清史稿·职官一》第一一四卷,3283—4284页。

同文馆正式开办于1862年6月,地点在北京东堂子胡同总理各国事务衙门内。同文馆初建时规模并不大,仅有十名学生,只开了英文一个馆。1863年又开办了法文馆。1866年增设天文馆和算学馆,原准备招收一批满汉科举正途出身的青年入馆学习,却遭到保守派的强烈反对。虽说在半年中有九十八人报名投考,但由于没有一人是正途出身,最后仅录取了三十名学生。

1869年(同治七年),因上海广方言馆和广东同文馆开始向京师同文馆输送优秀学生,中国著名数学家李善兰到馆任教,再加上美国学者丁韪良开始担任总教习,进行了一系列教学与管理方面的改革,才使同文馆的状况得到改善。

1871年,京师同文馆增设德文馆。从1876年开始,除英法俄德语言之外,同文馆的学生还要兼习数理化、天文、万国公法、世界历史、世界地理等课程。

1877年(光绪三年),京师同文馆的学生人数突破一百人。1888年,同文馆设格致馆和翻译处。1895年甲午战争之后,同文馆增设东文馆和日文教习。1902年1月,京师同文馆奉朝廷之命归并入京师大学堂。

1862年(同治元年)正式成立的京师同文馆与以前的四夷馆、四译馆和俄罗斯馆都极不相同,它是洋务运动的产物。因此,从它一开始筹建起,便引发了一场洋务派与顽固派之间的激烈而持久的斗争。这一斗争几乎贯穿了同文馆从创办到并入京师大学堂之前四十年左右的时间。

1862年1月,恭亲王奕䜣等人在奏折上建议,请朝廷下旨让广东、上海两地的督抚挑选诚实可靠、通晓英语和法语的商人到京师任教,并给以优厚的待遇。朝廷对此表示赞同,并委派总理各国事务衙门下文督办。总理各国事务衙门奉旨向两广总督、江苏巡抚行文,安排挑选教习事宜,并同时行文八旗,安排挑选学生。行文下达后,各旗陆续将学生选好后送到总理衙门,但教习的人选却迟迟定不下来。广东方面表示无人可派,上海表示虽有其人,可外语能力不是特别好,而且要价太高,所以也无法选派。

表面上看,只是一个选教习的问题,但背后却隐匿着洋务派与保守派之间在办同文馆问题上的分歧。教习人选定不下来,同文馆开办的事只能是纸上谈兵。因此,这件事令总理衙门十分为难。最后,不得不高薪聘用由英国驻华公使秘书威妥玛推荐的英国传教士包尔腾为英文教习,并事先说明,只教语言文字,不准传教。

由于开办时间拖得过长,且教习的人选又违背了咸丰皇帝当初的批复,而同文馆开办时已是两宫皇太后慈安与慈禧垂帘听政之时,为此,奕䜣等人曾于1862年同文馆开办后,专门上折奏明原因:"……臣等行文两广总督、江苏巡抚,派委教习,并行文八旗,挑选学生去后,嗣据各该旗陆续将学生送齐,而所请派委教习,广东则称无人可派,上海虽有其人,而艺不甚精,价则过巨,未便饬令前来,是以日久未能举办。臣等伏思欲悉各国情形,必先谙其言语文字,方不受人欺蒙。各国均以重资聘请中国人讲解文义,而中国迄无熟悉外国语言文字之人,恐无以悉其底蕴。广东、江苏既无咨送来京之人,不得不于外国中延访。旋据英国威妥玛言及该国包尔腾兼通汉文,暂可令充此席。臣等令来署察看,尚属诚实,虽未深知其人,惟以之教习学生,似可无事苛求。因于上月十五日先令挑定之学生十人来馆试行教习,并与威妥玛豫为言明,祗学语言文字,不准传教;仍另请汉人徐澍琳教习汉文,并令暗为稽查。即以此学为同文馆。"①

在这个奏折中,奕䜣等人批评了两广总督和江苏巡抚对设立京师同文馆敷衍塞责、消极抵抗的态度。

对于出高薪聘用洋教习一事,奕䜣等人的折子中写道:"臣等查外国人唯利是图,既令教习诸生,诸不得不厚其薪水以生其歆羡

---

① 见《筹办夷务始末》同治朝,卷八,29页,故宫博物院影印本,1930年。

之心。"①可见当时让洋教习给学生授课,是不得已而为之。然而此举却为新式学校,特别是外语学校聘用外籍教师开创了先例。

在同一个折子中,奕䜣等人还附上了总理各国事务衙门为同文馆草拟的章程,请皇太后圈定。这个同文馆章程共包括六个方面的内容：

（1）选学生需慎重。章程认为,由于过去规定俄罗斯馆只限收二十四名学生,现在初设同文馆,学生不便过多,可先选十名,如有成效可再增加,但仍以二十四人为限。学生仍由各旗保送,可从八旗子弟中挑选天资聪颖、有一定学问、年龄在十五岁以下的人候选,再由总理衙门根据情况酌量录取。

（2）中外语言教习都要设专人,以利授课。

（3）设提调专门负责馆内事务,人选从总理衙门办事人员中挑选。

（4）订立按期考试的规则。过去俄罗斯馆设有月课、季考、年试等规则。月课是每月初一由各课教习出卷子考学生,并将考试成绩登记下来,以备查询。季考是每年二、五、八、十一月的初一那天举行的考试。其出题和评卷的标准与月课相同,只是试卷最后要由学馆裁定后,方可登记备查。逢季考月,月课可暂停。岁考则指每年十月初十前,由学馆定日子进行的面试。

同文馆的考试规则除规定设有月课和季考外,其余一切都沿用俄罗斯馆当初执行的办法,但外语考试只在学生学习期满一年后才考。

（5）学制定为三年,由总理衙门考试后,决定学生的去留和工作分配。

（6）对教习的薪俸和学生的补助作了规定。②

上述六条章程,基本上是参考原先俄罗斯馆的规矩制定的,可

---

① 见《筹办夷务始末》同治朝,卷八,29页,故宫博物院影印本,1930年。
② 同上书,29—35页。

一旦实行起来,仍有许多不圆满之处。1865年底,总理各国事务衙门再一次给两宫皇太后上奏折,重新拟定了六条同文馆章程。这六条章程内容可概括为:

(1) 为保证学生来源,节省各旗开支,将同文馆学生原占用各旗的甲缺裁还各旗,改由总理衙门按每月每人三两银子的补助发给学生。待学生考取官职后停发,所扣除的银子,作为对成绩好的学生的奖励。

(2) 制定奖赏政策,以资鼓励。对各馆(当时法文馆和俄文馆也已开办)岁考和季考的前五名学生发给奖学金。

(3) 为简化手续,便于教习领取薪水,改以前要教习凭行文到户部支取薪俸,为由总理衙门直接把薪俸按季发给教习。

(4) 规定严格的学生请假制度,以保证学业的完成。章程规定每月学生请假次数不得超过两天,超过两天者,按天数扣除补助;逢季考、月课时,不得请假,违者扣除当月的补助。如遇有事故请假,不得超过一百天,超过者予以除名。此条章程中还规定凡因家远,愿意在学校留宿的学生,可准许留宿。

(5) 制定淘汰制。对刚到馆中学习的学生,待学满三个月后,由各教习出题对其进行考试,再由总理衙门决定其去留。凡留下者,待学习期满一年,再行甄别,如确实对学西洋文字有困难的学生,即行撤换。新生的补助金,在一年后,经过考试决定可继续留下学习后再发。

(6) 给同文馆助教以下的人增加薪俸。

这六条新章程的制定,无疑加强了同文馆的管理,并使同文馆朝着新式学校的模式又迈进了一步。

以往人们一提起同文馆,就认为它仅是一所纯粹的语言学校。其实这种看法是片面的。丰富的史料表明,同文馆除了设有强化性的外语训练之外,后来还开设了天文馆与算学馆,并逐渐增添了物理、化学、地理、生物、医学等近代西方自然科学的课程,成为一所综合性的高等学堂。

然而,也正是由于对增设近代西方自然科学课程的不同看法,使洋务派与保守派的斗争几近白热化。最为突出的,就是1867年关于在同文馆开设天文、算学馆的问题上,双方表现出来的势不两立。

1862年同文馆初办时,由于缺乏教习,只开设了英文一个馆。1863年5月6日,总理各国事务衙门奕訢等人在给两宫皇太后的奏折中,提到了法语和俄语教习人选的问题:"惟查各国语言文字均当谙熟有人,今英国虽得人教习,而法、俄缺如,究有未备,因于接见该二国公使时,留心延访。兹据法国哥士耆、俄国把留捷克,陆续函荐司默灵、柏林二人前来。查司默灵本系法国传教士,臣等闻哥士耆之荐,颇不谓然,当即力却。嗣经哥士耆再三刨辨,据称司默灵虽属教士,现在并不传教,且其人尚诚朴可充斯席。臣等令其来署面见,尚无传教士习气,因与切实言定,若到同文馆,断不准其传教,一涉此弊,立即辞回,该使应允而去。至俄国柏林向充该馆翻译官,嗣因接手有人,在馆闲住。此人上年因公来臣衙门多次,臣等均曾接见,人尚不十分狡诈,以之教习学生,似尚无大流弊,因与把留捷克订定。"①

虽说两宫皇太后对洋人传教士十分反感,出于无奈,也只有应允了总理衙门的奏折。同年,同文馆增设了法文和俄文两个馆。所聘法文、俄文教习,就是总理衙门奏折中推荐的法国传教士司默灵和俄国驻华使馆的翻译官柏林。这两个馆的学生,亦是由八旗子弟中挑选来的。每馆仍只有十名学生。此时的同文馆,由于学生的年龄较小,除了学习外语,也只另设了汉文一门功课。

1866年,即同文馆开办四年之后,随着洋务运动的开展,洋务派官员越来越感到国内科技人才的缺乏已成为日益严重的问题。他们认为有必要在同文馆内增设天文和算学馆,以培养"奇技异能之士"。12月11日,奕訢等人为此上奏朝廷,请求允许同文馆招收一部分年龄稍大一些、有一定学问的青年人入馆学习天文和算学。

---

① 见《筹办夷务始末》同治朝,卷十五,12—16页,故宫博物院影印本,1930年。

第二章 洋务派与保守派在京师同文馆上的激烈斗争

同治皇帝
(1856—1874)

他们表示:同文馆自开办五年来,各馆学生经过学习,外语已基本过关,可是由于入馆时年龄小,汉语水平低,所以至今还不能胜任工作。现在仍然在督促他们练习将洋文翻译成汉文,以使他们更有长进。但如果再让这些学生学习天文和算学,恐怕会"博而不专"。鉴于洋人制造机器、枪炮等武器,以及造船等无一不是源于精通天文和算学,加上现在上海、浙江等地开办了几个工厂,所以,如果不从根本上下工夫学习,只略通皮毛,则"仍无俾于实用"。因此,现在考虑添设一个馆,招收满汉举人等,年龄在20岁以上,汉语已经过关的青年,到总理各国事务衙门来考试,合格者,入馆专学天文和算学;如有五品以下官职的满汉京外官员,天资聪慧,愿意入馆学习的,也可参加考试,录取后,聘请外国教师来馆授课,以期能经过数年的学习,切实掌握一定的本领,届时将"必有成效"。

奕䜣等人在奏折中强调说:"华人之智巧聪明不在西人以下,举凡推算格致之理,制器尚象之法,钩河摘洛之方,倘能专精务实,尽得其妙,则中国自强之道在此矣。"①

奕䜣等人的主张刚一提出来,便遭到保守派官员的攻击和反对。他们认为招取科甲正途出身的官员学习天文和算学,又要请洋人教课,太不成体统。

恭亲王奕䜣
(1833—1898)

---

① 见《筹办夷务始末》同治朝,卷四六,3—4页,故宫博物院影印本,1930年。

山东道监察御史张盛藻代表保守派第一个站出来提出反对。

1867年3月5日(同治六年正月二十九日),张盛藻上奏折弹劾总理各国事务衙门。他写道:"……臣考尧典授时,分命羲和,周礼轶《司空》一篇,汉儒补以《考工记》,未闻水、火、工、虞之职俱习鸟、火、虚、昴之文,亦未闻天官六属俱习考工之事。我朝颁行宪书,一遵御制数理精蕴,不爽毫厘,可谓超轶前古矣;即或参用洋人算术,不过借西法以印证中法耳。"他的意思是说,古往今来,凡记载有关做工的书中,都没有看到过做工的人要上什么学,更没听说过朝廷的官员也要学习做工的道理。我们大清朝出的各种工具书,都是遵照皇上御定的数理编的,并没有丝毫的误差,可以说比前人不知高明了多少倍。即便参考洋人的算术,也只不过是借用洋人的方法来印证中国人的方法而已。

他又写道:"近见邸抄,总理各国事务衙门请设同文馆,专用正途科甲人员学习天文算术,以为制造轮船、洋枪之用,胪列六条,意在专讲习,勤考课;又恐人之不乐从也,乃厚给廪饩,优与奖叙,以鼓舞之,其诱掖奖劝用心苦矣。臣愚,以为朝廷命官必用科甲正途者,为其读孔、孟之书,学尧、舜之道,明体达用,规模宏远也,何必令其习为机巧,专明制造轮船、洋枪之理乎?……"①

张盛藻认为,只要朝廷整顿法纪,严明赏罚,求贤养民,练兵筹款,便可达到自强的目的;朝廷应注重培养国民的气节,这样无论遇到什么灾患,臣民同仇敌忾,"以之御灾而灾可平,以之御寇而寇可灭",这也应归功于几百年来以孔孟之道为教育之本。如果以升官、加薪为诱饵,让正途科甲人员学习技巧之事,会使他们重名利而轻视气节。一个人丧失了气节,还能做什么大事?②

然而,两宫皇太后看了张盛藻的奏折后,当天就下了一个上谕,对他的弹劾予以否决:"前据总理各国事务衙门奏请设同文馆,专用正途科甲人员学习天文、算术,并拟定章程六条呈览,当经降

---

①② 见《筹办夷务始末》同治朝,卷四十七,15—16页,故宫博物院影印本,1930年。

第二章　洋务派与保守派在京师同文馆上的激烈斗争

旨依议。兹据张盛藻奏,科甲正途读书学道,何令其习为机巧,于士习人心大有关系等语。朝廷设立同文馆,取用正途学习,原以天文、算学为儒者所当知,不得目为机巧。正途人员用心较精,则学习自易,亦于读书学道无所偏废。是以派令徐继畬总管其事,以专责成。不过借西法以印证中法,并非舍圣道而入歧途,何至有碍于人心士习耶！该御史请饬廷臣妥议之处,著毋庸议。"①

这道上谕,将张盛藻奏折上对洋务派办同文馆所列的罪名,一一给予驳斥,无疑等于给保守派迎头泼了一瓢冷水,也是对恭亲王等人的最大肯定和支持。

那么,为什么两宫皇太后会采取这么强硬的态度呢？这当然不仅仅因为恭亲王当时深受慈禧的信任。要知道,自从英法联军攻占北京,火烧圆明园之后,慈禧对洋人也是深恶痛绝的,以她的本性,原应该站在保守派一边,反对用洋教习。然而事情巧就巧在对于张盛藻所提出的责难,恭亲王等人早已进行过申辩。

其实,早在张盛藻向洋务派发难之前,朝中保守派对同文馆的办学方针就多有微词。奕䜣等人曾于两个月前,即1867年1月,上折子专门为此辩解过。他们在奏折上,从九个方面驳斥了保守派的攻击。即：

（1）同文馆添设新馆,招收满、汉举人及五品以下官员入馆学习,并请洋人授课一事,是请示皇上酌定,并被批准后才奉旨办理的。言外之意就是,保守派反对这样作,便等于反对皇上,是"违旨"行为。仅这一个罪名,就足以让反对者有口难辩。

（2）关于招考天文、算学的建议,并非矜奇好异,以为洋人的数学就比中国的好。而是由于外国人造机器,都是以数学为基础。现在中国大家都在学习造轮船,造枪炮,如果不让洋人讲明其制造原理,怕他有所保留,其实吃亏的还是中国人。对此,我们是衡量再三后,才提出的。

---

① 见《筹办夷务始末》同治朝,卷四七,16—17页,故宫博物院影印本,1930年。

(3) 其实,谁要是认为向洋人学习可耻,认为学了洋人的东西就等于丢掉了中国的东西,这才是不识时务呢。识时务者一贯认为中国要自强,就应该向西方学习。左宗棠、李鸿章等人就懂这个道理,也常在奏折中阐述这个道理。他们开办的机器局就历来请洋人讲课。可见,我们的要求,并不是出于个人的私见。

(4) 有人说租船、买洋枪又便宜,又省事,何必多此一举?殊不知中国要向外国学习的,不仅仅是造船、造炮。向人家学到真本事,最后受益的还是我们自己。一个是权宜之策,一个是久远之谋,谁好谁坏,不辩自明。

(5) 那种认为向外国人学习是大逆不道的论调,实在是昏话。其实追究洋人的方法,其来源还是在中国。倒是因为他们善于琢磨,才能推陈出新。天文、算学是这样,其他也是这样。古代连农夫都懂天文,只是由于有的朝代把天文列为禁区,才使了解它的人少而又少了。一个人只要走出家门,抬头就能看见天,却不知星星为何物,这不是太可笑了吗。

(6) 那些认为向外国人学习可耻的人,其说法更是荒谬。其实要说可耻,最可耻的就是事事不如人。几十年来,西洋各国研究造船的方法,并相互学习,技术越来越先进。日本近来也派人到英国去留学。连日本这么一个小国都知道发愤图强,而唯独中国还要因循守旧,不求振作,这才是最可耻的!

(7) 谈到制造是工匠的事,学者不屑于去动手这件事,我们更有的说。据周礼《考工》一文记载,千百年来,古时的学校一直把制造车船器械的方法列为必修之课,为什么呢?因为匠人所做的事,学者能懂,就可再发明创造出更好更新的东西。现在学的不过就是数学物理,并非强求士大夫们亲自动手做工,有什么不可以?

(8) 总之,办学的事,不能拖延。外人疑虑虽多,只要上面主意定下来,臣等当尽力筹办。只是既然事属首创,就应该有一套规矩,一般来说课程要求得严格,必须待遇优厚;要让人安心学习,必须酌情给予升迁。为此我们拟定了六条章程,现呈上,恭候钦定。

第二章　洋务派与保守派在京师同文馆上的激烈斗争

（9）翰林院的编修、检讨、庶吉士等官既有学问，差事又不多，如果让他们学习天文和算术，一定很容易。另外，进士出身的五品以下京外各官，应与举人以下各官一律对待，也可报考，以便从中选优。

恭亲王等人除了从上述九个方面对保守派的攻击进行了反驳外，还在新拟的六条章程中，又对招收科甲正途人员的具体办法，学生留馆住宿的规定，月考、年考的考试规则，给学生加薪和加奖叙等事，进行了补充。①

由此可见，张盛藻的弹劾并无新意，且所列罪名条条都早已被驳得无立足之处。所以，两宫皇太后对他的奏折不予理睬，也就不足为怪了。

但是，保守派并没有因此而善罢甘休。他们在北京城内散布了不少有关同文馆的流言飞语。如当时，民间流传着这样一副对联："鬼计本多端，使小朝廷设同文馆；军机无远略，诱佳弟子拜异类为师。"②

半个月之后，也就是1867年3月20日，保守派头子、同治皇帝的老师、大学士倭仁亲自上疏朝廷，再一次对同文馆拟增设天文、算学之事提出反对。

他在奏折中写道："……以奴才所见，天文、算学为益甚微，西人教习正途，所损甚大，有不可不深思而虑及之者……立国之道，尚礼仪不尚权谋；根本之图，在人心不在技艺。今求之一艺之末，而又奉夷人为师，无论夷人诡谲未必传其精巧，即使教者诚教，学者诚学，所成就者不过术数之士，古今来未闻有恃术数而能起衰振弱者也。天下之大，不患无才。如以天文、算学必须讲习，博采旁求，必有精其术者，何必夷人，何必师事夷人？"③

接着，倭仁历数了近两百年来洋人对中国的侵犯，认为科甲正

---

① 见《筹办夷务始末》同治朝，卷四六，44—48页，故宫博物院影印本，1930年。
② 翁同龢：《翁同龢日记》第1册，519页，中华书局，1989年。
③ 见《筹办夷务始末》同治朝，卷四七，24—25页，故宫博物院影印本，1930年。

途人员乃是国家有用人才,如果让他们向洋人学习会"正气为之不伸,邪气因而弥炽",因而要求朝廷"立罢前议,以维大局"。

虽说是同治皇帝的老师亲自出面反对在同文馆增设天文和算术,洋务派照旧不为所动,仍然坚持自己的意见。1867年4月6日,奕䜣等人再一次上折,对倭仁的指责提出申辩。当然,由于倭仁的特殊身份,奕䜣等人的奏折在措辞上略微委婉了一些。他们写道:"臣等查阅倭仁所奏,陈义甚高,持论甚正,臣等未曾经理洋务之前,所见亦复如此,而今日不敢专恃此说者,实有不得已之苦衷,请为我皇太后皇上详陈之。"①

接着,他们写道,春秋之时,就以城下之盟为耻。宋朝韩琦说过,与敌和好是权宜之计,能战能守才是根本。自古对付洋人就没有什么好办法,一般都是一面晓以大义鼓舞士气,一面增强实力,讲求战术,以获得制伏敌人的办法,不能认为只要与之讲和便能长治久安。自兴洋务以来,至今已有二三十年了。正是由于朝廷内外无人了解其真谛,所以无论议和还是议战,都说不到点子上,才酿成了庚申年之乱。那时兵临城下,烽火连天,京师危在旦夕,学士和大夫们不是袖手旁观,就是纷纷逃避。先帝看得起奕䜣等人,留我们在京城办理安抚之事。臣等不敢像贾谊那样痛哭流涕,学胡铨去跳东海自杀,空言塞责,取誉天下,而京城内外仍然埋怨臣等不能及早签约,满汉大臣们甚至联名上奏,日夜催促着早日与洋人换约。根据当时的情况,臣等不得不屈从舆论,以保全大局。自从签约以来,八年当中,与外国交涉事务万分棘手,臣等共同竭力维持,近来才大致理顺了,但只能敷衍一时,就算可以防范几年,几年之后还是要出问题。为此臣等筹思长久之策,与各个封疆大臣通盘研究后认为,像学习外国的语言文字,及制造机器的方法,训练使用洋枪的部队,派人到各国去考察风土人情,并在京师附近一带设立六支军队,协同护卫等措施,都是为了能达到自强的目的。

---

① 见《筹办夷务始末》同治朝,卷四八,1页,故宫博物院影印本,1930年。

同时,因为洋人之所以能取胜,其优势即在于他们的轮船和武器比较先进。从前御史魏睦庭就因为看到洋人能舍得花钱造武器,又懂天文和数学,所以才能比我们技高一筹,而在上海等地办了几个培训局。陈庭经也要求在广东海口建局制造武器。我们还与曾国藩、李鸿章、左宗棠、英桂、郭嵩焘、蒋益沣等人通信商量,一致认为要掌握制造的技巧,必须要从算学入手。左宗棠最先提倡在福建设立艺局和船厂,奏交前江西巡抚沈葆桢督办。臣等仔细研究了,认为此举实属有益,所以才奏请开设天文、算学馆。由于考虑到学生如不严格选拔,会像倭仁担心的那样被洋人带坏,因而议定必须是正途人员方能参加考试。他们是读书之人,心怀大志,像今天这种情况,凡士大夫里关心国家大事的人,必能卧薪尝胆,发奋读书,以求自强,确实与那些对局势漠不关心的人不一样。倭仁说洋人跟咱们有仇,肯定也有卧薪尝胆的心思。但是我们要问,所谓卧薪尝胆的人,他是为名,还是为利?如果为利,那么是愚贱的人容易上当,还是士大夫们容易上当呢?这正是臣衙门之所以有招考正途人员之请求的原因所在。今天看了倭仁的奏折,似乎万万不可以这样做。该大学士久享理学盛名,此论一出,必然有许多人附和。我们一向筹办洋务,总希望集思广益,对时事有利,从来不敢存有其他的用心。但是倭仁的这个奏折,不仅会使学者从此裹足不前,更怕国内外一心办实事,不说大话的人为此而灰心丧气。臣等反复想,洋人之所以敢到中国来肆无忌惮地干坏事,原因是几十年前他们就对中国的语言文字、形势虚实、一言一动,无不了如指掌;而他们国家的情况,我们却一无所知,只会空谈。现在一眨眼就要到换约的日期了,就是夜以继日地干都来不及,若是再安于不懂,岂不是更无法挽回了吗?可是你想方设法去求知识,又要遭到众人的围攻,一误何堪再误!……

在做了以上长篇申辩之后,奕䜣等人话锋一转,提出:"该大学士人既以此举为窒碍,自必别有良图,如果实有妙策,可以制外国而不为外国所制,臣等自当追随该大学士之后,竭其梼昧,悉心商办,用示和衷共济,上慰宸廑。如别无良策,仅以忠言为甲胄,礼义为干橹等词,谓可折冲樽俎,足以制敌之命,臣等实未敢信。所有现议开办同文馆事宜,是否可行,伏祈圣明独断,训示遵行。"①

奕䜣等人的最后这几句话,不仅对身为大学士的倭仁极尽讽刺挖苦之能事,也等于狠狠将了倭仁一军。

看了他们的奏折,第二天,两宫皇太后便传旨,将奕䜣等人的奏折以及摘抄的曾国藩等人的折件信函一并让军机大臣文祥和江元方转交倭仁阅看。

倭仁当时贵为大学士,又是同治皇帝的老师,在朝中是个极有权势的人物。看了转来的折件,他岂能咽得下这口气?1867年4月12日,即接到转来的折件五天后,倭仁又一次上奏朝廷,重申自己的观点:"……前因同文馆延聘夷人教习正途一事,上亏国体,下失人心,是以罄竭愚诚,直言无隐,固非争以意气之私也。今阅总理衙门所奏,大率谓忠信礼义之空言无当于制胜自强之实证,奴才愚见窃谓不然。夫欲求制胜必求之忠信之人,欲谋自强必谋之礼义之士,固不待智者而后知矣。今以咏习诗书者而奉夷为师,其志行已可概见,无论所学必不能精,即使能精,又安望其存心正大、尽力报国乎?恐不为夷人用者鲜矣。且夷人机心最重,狡诈多端,今欲习其秘术以制彼死命,彼纵阳为指授,安知不另有诡谋?奴才所虑堕其术中者,实非过计耳。"②

倭仁接着对奕䜣等人的指责予以驳斥。他写道,现在时事多艰,大家理应同舟共济,岂能游谈侈论,邀誉沽名。正是因为有不同意见,才要论出是非曲直。如果说我的观点一出来,不但学者会裹足不前,国内外那些一心干实事的人也会灰心丧气的话,此论调就有些偏激了。既然有利可图,众人必然趋之若鹜,又有钱,又能升官,何乐而不为?而且一个人的意见,能使千万个人丧失信心

---

① 见《筹办夷务始末》同治朝,卷四八,1页,故宫博物院影印本,1930年。
② 同上书,10—12页。

吗？况且办事的各个大臣，有那么多的工作要做，何至于因为这一件事，就分崩离析了？此事又是不辩自明的。

最后，倭仁写道："总之，夷人教习算法一事，若王大臣等果有把握使算法必能精通，机器必能巧制，中国读书之人必不为该夷所用，该夷丑类必为中国所歼，则上可纾宵旰之忧劳，下可伸臣民之义愤，岂不甚善。如或不然，则未收实效，先失人心，又不如不行之为愈耳。战胜在朝廷，用人行政，有关圣贤体要者，既已切实讲求，自强之道，何以逾此，更不必多此一举，转致于人才政体两无裨益也……"①

接到倭仁的奏折，两宫皇太后仍然采取批复给总理各国事务衙门议奏的办法，由奕䜣等大臣去看着办。

对于倭仁的指责，奕䜣等人当然不能接受。在经过一番斟酌之后，他们于4月23日，一天之内两次上奏朝廷进行辩解。

在第一个折子中，奕䜣等人除重申了招收科甲正途人员学习天文算学的重要性之外，还奏明了因倭仁坚持反对意见已招致和即将带来的后果，在这个折子中，奕䜣等人的语气可就没那么客气了：

> ……况雇觅洋人不过与之讲究其法，并奏明不修弟子之礼，此折业经抄发，倭仁岂有不知？乃一则曰"师事夷人"，再则曰"奉夷为师"，辄臆造师名，阻人前往。当御史张盛藻条奏此事，明奉谕旨之后，臣衙门投考者尚不乏人；自倭仁倡议以来，京师各省士大夫聚堂私议，约法阻挡，甚且以无稽谣言煽惑人心，臣衙门遂无复有投考者。是臣等未有失人心之道，人心之失倡浮言者失之也。因思法令之行，原翼乐从，今人心既为浮言所摇，臣等无从勉强，拟就现在投考者择期考选，取中者入馆研究，仍时加察核，倘有弊端，即奏请裁撤。
>
> 若倭仁所奏，果有把握等语，臣等只就事所当办，力所能办

---

① 见《筹办夷务始末》同治朝，卷四八，10—12页，故宫博物院影印本，1930年。

者,尽心以办,至成败利钝,汉臣如诸葛亮尚难逆睹,何况臣等? 是此举之把握,本难预期,因倭仁之倡议而益多阻滞矣。……①

奏折递上去以后,奕䜣等人感到言犹未尽,于当天又写了一道奏折,进一步阐述了自己的观点:

> 自道光二十年以来,因海疆多事,曾经奉有谕旨,广招奇才异能之士,迄无成效。近年臣等与各疆臣悉心讲求,仍无所获,往返函商,不得已议奏招考天文算学,请用洋人,原欲窥其长短以收知彼知此之效。并以中国自造轮船、枪炮等件,无从入手,若得读书之人旁通其书籍、文字,用心研究,译出精要之语,将来即可自相授受,并非终用洋人。

接着,他们又给皇太后出了一个主意:"今浮言既出,念所期已属无望。惟查倭仁原奏内称'天下之大不患无才,如以天文、算学必须讲习,博采旁求必有精其术者,何必夷人?'据此是内外臣工先后二十余年所求而弗获者,倭仁耳目中竟有其人,不胜欣幸! 相应请旨饬下倭仁,酌保数员;各即请择地另设一馆,由倭仁督饬,以观厥成。"②意思是说,既然倭仁说中国有精通天文、算学的能人,朝廷不妨下旨让他推荐几个人,再设立一个学馆,就让倭仁去督办,看看有没有用。

皇太后们果然采纳了奕䜣等人的建议,于4月23日当天,即下了一道上谕,一方面安抚奕䜣等大臣,让他们仍按原来的计划,招考科甲正途人员入同文馆学习;一方面令倭仁"著即酌保数员,另行择地设馆,由倭仁督饬讲求,与同文馆招考各员互相砥砺,共收实效"。③

这道上谕看似公允,实际上偏袒之意跃然纸上,无疑使倭仁处于进退两难之地。看到上谕,倭仁再也没有勇气与之抗衡,两天

---

① ② 见《筹办夷务始末》同治朝,卷四八,12—14 页,故宫博物院影印本,1930 年。
③ 同上书,15、19 页。

第二章 洋务派与保守派在京师同文馆上的激烈斗争

后,即1867年4月25日,倭仁递折子为自己解脱道:

> ……窃奴才前以夷人教习正途,有妨政体,故力陈其不可,所以尽当言之分,非争意气之私也。兹恭读上谕,同文馆招考天文、算学,经王大臣悉心计议,不可再涉游移,是此事行止业已断自宸衷,奴才何敢再参末议。惟奴才前奏谓算法系六艺之一,如欲讲求,中国岂无精是术者,盖以礼度之,天文、算学世有专家,不必奉夷人为师耳。
>
> 至折内所陈,原谓立国之道当以礼义人心为本,未有专恃术数而能起衰振弱者。天文、算学只为末议,即不讲习,于国家大计亦无所损,并非谓欲求自强必须讲明算法也。今同文馆既经特设不能中止,则奴才前奏已无足论,应请不必另设馆、由奴才督饬办理;况奴才并无精于天文、算学之人,不敢妄保。……

皇太后看了倭仁的这道奏折后,当天即批复道:"……兹据该大学士奏称,'意中并无其人,不敢妄保'等语。倭仁现在既无堪保之人,仍著随时留心,一俟咨访有人,即行保奏,设馆教习,以收实效。"①

这道上谕既是对倭仁反对增设天文、算学馆的批评,又给他留了面子。可见两宫皇太后还是顾及倭仁身为同治皇帝老师的身份的。

至此,洋务派和保守派在同文馆增设天文、算学馆一事上,持续了近半年之久的这场争吵,以倭仁的败北而告终。倭仁为此大病一场,并向皇太后告假休息。皇太后当即下旨:"赏假一月,安心调理。"让他暂时回避了。

然而保守派并未就此而善罢甘休。1867年5月16日,崇实上折继续反对招收科甲正途人员学天文和算学。6月23日,就在同

---

① 见《筹办夷务始末》同治朝,卷四八,15、19页,故宫博物院影印本,1930年。

文馆已举行考试，招收科甲正途人员入馆学习之际，都察院转递了候选直隶州知州杨廷熙的奏折。在这个折子中，杨廷熙以"天象示警，人言浮动"为由，请旨撤销同文馆。他的折子洋洋数千言，从十个方面，对恭亲王等大臣设同文馆提出指责和异议。在奏折的最后，他写道：

> 臣知同文馆为总理衙门请旨准行，未尝计及于行之害，不行之利，狃于目前，忽于日后，强词夺理，万难挽回；惟见两宫皇太后自听政以来，遇事必虚衷访问，斟酌尽善，不拘成见。兹于同文馆之设，创制非宜，谨请收回成命，以杜乱萌，而端风教，弭天变而顺人心⋯⋯

> 再，同文馆三字系宋代狱名，考宋史蔡京等当权，残害忠良，排斥正士，有异己者即下同文狱。是同文馆之名，非美名也，今复袭之，而令翰林、进士、五项正途相聚其中，既失考据而又非嘉予士林之盛举矣。⋯⋯

杨廷熙的奏折不但有悖朝廷设同文馆的原意，而且措辞严厉，矛头直指恭亲王等大臣，并认为太后支持办同文馆是"不当于天理，不洽于人心，不合于众论"。

两宫皇太后被激怒了。

6月30日，一道上谕下到内阁，斥杨廷熙的奏折为"呶呶数千言，甚属荒谬！"上谕道："同文馆之设，历有年所。本年增习天文、算学，以裨实用，历经御史张盛藻、大学士倭仁先后请罢前议，因其见识拘迂，迭经明白宣示。兹据该知州所陈十条，不过撦拾陈言，希图自炫，原可置之不论，惟有关于风俗人心者甚大，不得不再行明示。杨廷熙因同文馆之设，并诋及各部院大臣。试思杨廷熙以知州微员，痛诋在京王大臣，是何居心！且谓'天文算学，疆臣行之则可，皇上行之则不可'。普天之下，孰非朝廷号令所及，岂有疆臣可行而朝廷不可行之理！又谓'事在必行，恳请将翰林、进士科甲有职事官员撤消'，尤属谬妄。国家设立科目，原以登进人才，以备任使。曾国藩、李鸿章等均系翰林出身,于奉旨交办中外交涉事件,从无推诿,岂翰林之职专在词赋,其国家政务概可置之不问乎?至所称'西教本不行于中国,而总理衙门请皇上导之使行'及'专擅挟持,启皇上以拒谏饰非之渐'等语,更为肆口诋诬,情尤可恶!推原其故,总由倭仁自派总理各国事务衙门行走后,种种推托所致。杨延熙此折,如系倭仁授意,殊失大臣之体,其心固不可问;即未与闻,而党授门户之风,从此而开,于世道人心不有关系。该大学士与国家休戚相关,不应坚执己见,著于假满后,即到总理各国事务衙门之任,会同该管王大臣等和衷商酌,共济时艰,毋蹈处士虚声,有负朝廷恩遇。至杨延熙草莽无知,当此求言之际,朝廷宽大,姑不深责。恭亲王、宝鋆请将杨延熙所奏十条派大臣核议,并请将该王大臣及现任各大臣均暂开总理衙门差使听候查办,自系为杨延熙折内有'专擅挟持'等语。当此时事多艰,该王大臣等不避嫌怨,力任其难,岂可顾恤浮言,稍涉推诿,所请著毋庸议。"①

自洋务派与保守派为同文馆增设天文、算学馆发生争执以来,这是两宫皇太后下的言辞最激烈的一道上谕。此上谕不但对杨延熙的言论痛加斥责,还把杨延熙上奏折的行为归罪到倭仁的头上,认为是倭仁在背后指使所致,因此命倭仁休完假后即到总理衙门上任,与恭亲王等一道共事。这显然是对倭仁的处罚。据徐一士所著《倭仁与总署同文馆》一文中记载:"倭艮翁是日请开缺,闻准开一切差使,仍以大学士在弘德殿行走……"②

1867年6月30日的这道上谕,使反对同文馆的保守派从此再没公开表示过异议。至此,保守派阻碍同文馆设立天文、算学馆的企图彻底失败。

1867年6月21日,京师同文馆天文、算学馆举行了招生考试。

---

① 见《筹办夷务始末》同治朝,卷四九,24—25页,故宫博物院影印本,1930年。
② 徐一士:《一士谭荟》,《倭仁与总署同文馆》,见《中国近代学制史料》第一辑,上册,573页,华东师范大学出版社,1983年。

前来报考的正途科甲人员及其他官员共九十八人,实际参加考试的七十二人,最后录取了三十人。从此,天文、算学馆正式开馆授课。以后上海广方言馆和广州同文馆的毕业生也到京师同文馆来深造,而上海、广州的这两所外国语学堂,便成了同文馆的预备学校。此时的同文馆,已不再仅仅是一个初级的外国语学堂,而已经成为一个综合性的、具备了现代高等学校雏形的专科学院。

1869年,清廷任命丁韪良为同文馆第一任总教习,从此后,同文馆的课程有了较大的改进,教习和学生人数逐年增加。这时的同文馆,无论是在国人眼中,或是在外国人看来,都已经是一所颇为正规的高等学府了。

曾在同文馆任职达二十五年之久的丁韪良在他所著的《同文馆记》一文中这样写道:"1865年,译员学校(同文馆)内决定加设科学一馆,招收中文具有根底的学生,把学校升为大学程度。""各省考生及第的试卷都送到总理衙门,交同文馆核阅,凡取得最高科名(进士)的考生,都列员同文馆,因此同文馆便取得了一个国立大学的地位。"①

---

① 丁韪良:《同文馆记》,《教育杂志》第二十七卷,第四号,1907年。

第三章 京师同文馆的发展

学生洋文的程度,不过等于现在大学一年级,他改着已经这样吃力,则他的洋文程度可知,而且据英文馆同学们说,他改的并不十分通顺。①

由于教习的水平低,再加上有的学生上课三天打鱼两天晒网,故部分学生出现了严重的质量问题。据齐如山回忆,有的学生学了六七年俄语,军机处一考试,结果连俄文字母都念不上来。为此,军机处大怒,给总理衙门及同文馆来了一件公文,把他们大大申饬了一顿。

上述状况直到1869年底,美国学者丁韪良被任命为同文馆总教习后才有所转变。在京师同文馆四十年的馆史中,只有两个总教习。其中任职时间最长的就是丁韪良先生。

丁韪良,生于1827年,卒于1916年,后半生的大部分时间都在中国度过。丁韪良原是美国长老会的传教士,1846年毕业于美国印第安纳州立大学,以后入新阿尔巴神学院攻读神学,1849年毕业。1850年,丁韪良第一次来华,先到香港,然后在宁波生活了近十年的时间。1854年,丁韪良出版了他用中文写的宗教读物《天道渊源》。这本书曾多次再版,还被译成日文和朝鲜文。1862年以后,丁韪良在上海、北京、开封等地办学。1865年,被聘为京师同文馆的英文教习,后又被聘为国际公法教习。为此,丁韪良专程回美国,进耶鲁大学进修国际法,1869年回到中国,即被聘为同文馆总教习。丁韪良在京师同文馆担任总教习的时间长达25年。1898年京师大学堂开办以后,又出任京师大学堂的西学总教习,1902年解任。以后,丁韪良继续在中国教书和传教,直到1916年在北京病逝。

另一位出任过京师同文馆总教习的就是前面提到过的英国人欧礼斐。

欧礼斐,1857年出生,卒年不详,青年时曾就读于爱尔兰皇仁

---

① 齐如山:《齐如山回忆录》,33页,台湾宝文堂书店,1989年。

学院,获硕士学位。欧礼斐1879年来到中国,先在海关工作,同年开始在京师同文馆任英文和格致两科的教习,并兼任过化学和天文教习。1902年同文馆并入京师大学堂之后,欧礼斐仍回海关工作,以后历任过南京、苏州、奉天等地的税务官。

当时,总理衙门还上奏折,举荐著名数学家李善兰入同文馆任算学教习。

李善兰是中国近代科学史上知名度很高的学者。他在数学、物理学、天文学、生物学等领域,都获得了可观的成就。李善兰的著作很多,影响较大的有《方圆阐幽》、《弧矢启秘》、《对数探源》、《火器真决》、《则古昔斋算学》、《天文略论》等。此外,李善兰还翻译出版了大量外国的科学书籍,如《几何原本》后九卷、《代数学》十二卷、《代微积拾级》十八卷、《曲线说》三卷、《谈天》十八卷及《重学》、《植物学》、《奈端数理》等。

除了改善管理人员和教习的素质外,总理衙门不得不制定了一系列章程,以期扭转局面。

京师同文馆在1902年并入京师大学堂以前,一直是总理各国事务衙门所属的一个教学和办事机构。随着它的发展、扩大,前后一共制定过五个章程,共计四十四条。同文馆初建时,其章程大多是对学期、考试、教习和学生的薪俸等做出明文规定,意在鼓励把学馆办下去。这些章程的主要内容,在本书的第二章中已有引用,此章不再赘述。到光绪年间,1898年之前,同文馆新制定了十八条章程。这十八条章程具体是什么时候制定的,现在还没有资料可以考证。但据北京图书馆收藏的《同文馆章程及续增条规》记载,1898年,即戊戌变法那一年,同文馆的章程里又增添了八条新的规定,使光绪年间的同文馆章程总共增加到二十六条之多。这二十六条章程,上对管理人员的职责、办事程序,下对学生的考试、奖惩,都做了详细的规定,从中可以看出同文馆后期的教学和管理,都已非常正规了。

例如，对于同文馆的管理人员，章程规定：

> 帮提调两员管理馆内一切事务，应毋庸兼在各股该班，以专责成。如有紧要事件，仍令轮班在馆住宿，以便早晚稽查。其馆内一切应办文移稿件，均由帮提调办理，会同正提调回堂阅画，稿面只列各提调、总办、章京衔名。每月另立收发、书启等簿，毋庸由管股章京办理。所有每月应办应存稿件，均照章按月登入清档，其承修校对亦由帮提调等分理，毋庸移付清档房兼办。
>
> 帮提调两员轮流住宿，必须当面接替，遇有核办事件，呈堂阅后，仍交帮提调体察情形可行与否，会同正提调回堂核办。各学生遇有呈禀事件，应由帮提调呈堂，不得自行径递。

据齐如山回忆，以前有的同文馆学生非常散漫，晚上居然出去逛窑子，半夜两三点钟才回馆。①

针对这种情况，同文馆章程专门就教习和学生的考勤，做了严格的规定：

> 同文馆汉教习各员，功课勤惰，应由帮提调等随时稽查，倘有旷误馆课者，即会同正提调等回堂办理，不得稍涉徇隐。
>
> 同文馆学生有不在馆住宿者，每日到馆自春分起限十点钟，自秋分起限九点钟。到馆时帮提调即令当面画到，如过时不到者，有膏火学生迟到一日，停其补膏火一次，亦按日计算。
>
> 大考、岁考、季考、月课，各学生除穿孝、完姻、告假外，俱不准托故不到，如不到者，月课罚扣膏火三日，季考五日，岁考半月，大考一月。无膏火学生每一次不到，停其补膏火一次。惟各学生如未与过岁考一次者，不准即与大考。

章程还对学生的品行，做出明文规定：

---

① 齐如山：《齐如山回忆录》，38页，台湾宝文堂书店，1989年。

  在馆住宿之学生,如有无故夜出及夜不回馆者,初犯罚扣一月膏火,再犯革退。无膏火学生初犯即行革退。平日在馆酗酒、赌博、不安分者,应由帮提调会同正提调查明某人属实,立即回堂,按照在公署有干酗酒、赌博定例,严惩不贷。①

  1898年续增的八条章程,主要是针对教学中存在的问题制定的。例如对学生所学功课,章程规定:

  馆中功课以洋文、洋语为要,洋文、洋语已通,方许兼习别艺。近来有一人兼习数艺者,难免务广而荒。且有不学洋文、洋语,仅习别艺,殊失当日立馆之本意。嗣后诸生务令先学洋文、洋语,洋文、洋语通后,亦只准兼习一艺。其有不能洋文、洋语者,即由提调会同总教习分别差等,以示区别。②

对教习的职责,章程也有规定:

  汉、洋各教习及副教习,有成就人才之责,其或督课不力,任听学生因循怠玩者,即著提调随时稽查,会同总教习商酌核办,其汉教习即著回堂查办。如学生中有不遵教习及副教习指教者,立即斥退,以肃馆规。③

  跟一切正规学校一样,同文馆也有自己的校历。现能查到的同文馆校历,对考试、例假和学期的起讫,都有明文规定:

  考试日期
  考试分有月课、季考、岁试。
  月课季考,于月终举行。
  岁试于封印前举行。
  月课季考用二日,提调总教习等监场。
  岁试用三日,堂宪监场。

---

①②③ 《同文馆章程及续增条规》,见《中国近代学制史料》第一辑,上册,22—24页,华东师范大学出版社,1983年。

第三章　京师同文馆的发展

月课例给花红银三十二两。

季考例给花红银四十八两。

岁试例给花红银七十二两。

夏季增汉文课,每月例给花红银八两,岁试季考则酌量课业之进退而增减薪水。

大考每届三年举行,优者保升官阶,次则记优留馆,劣者除名。

放学日期

正月(自开印日起开馆)

十二月(自封印日起放馆)

清明节(放学一日)

端阳节(放学三日)

中元节(放学一日)

中秋节(放学三日)

夏季自初伏起,除汉文功课外,其余功课,皆停止一月。

每值房虚昴日暨考试次日,洋教习息力一日。

学生有在各衙门当差者,每月例准给假　日,无定期。①

同文馆建馆初期的宗旨,是为了培养通晓外语的人才,所以一开始,只聘了英国传教士包尔腾为学生教授英语。由于所选的学生都是十几岁的八旗子弟,这些孩子从小说满族话,汉语程度很低,直接影响了对英语的学习。为此,总理衙门专门规定由八旗考试录用汉人到同文馆担任汉语教习。同文馆的第一任汉语教习是徐澍琳,他除了教学生汉语外,还负有稽查防范包尔腾传教的使命。1863年,随着法文和俄文馆的开办,又聘镶蓝旗汉教习张旭升、候补八旗汉教习杨亦铭入馆,分别担任法文馆和俄文馆的汉语教习。以后,因又开办了天文、算学、化学、格物等科技馆,同文馆的教习逐年增多。

---

① 见《同文馆题名录》,1—3页,1889年刊。

据《同文馆题名录》记载,从 1862—1898 年,同文馆前后曾聘请过 110 名正副教习。其中,汉文教习 29 人、英文教习 19 人、法文教习 15 人、俄文教习 12 人、德文教习 7 人、化学教习 4 人、天文教习 4 人、算学教习 8 人、格致(物理)教习 2 人、医学教习 4 人、东文(日文)教习 1 人。

同文馆 110 名教习所能列出的名单如下(按到馆先后排序)。

汉文教习 29 人:

徐澍琳　　　1862 年(同治元年)
曹佩珂　　　1863 年(同治二年)
张旭升　　　1863 年(同治二年)
杨亦铭　　　1863 年(同治二年)
丁汝梅　　　1865 年(同治四年)
王仲麟　　　1865 年(同治四年)
何森荣　　　1867 年(同治六年)
何金声　　　1873 年(同治十二年)
杜　棠　　　1873 年(同治十二年)
贺之升　　　1878 年(光绪四年)
顾仁荣　　　1878 年(光绪四年)
翟汝弼　　　1878 年(光绪四年)
张金兰　　　1878 年(光绪四年)
黄兴廉　　　1880 年(光绪六年)
茅　彬　　　1883 年(光绪九年)
谢元祖　　　1883 年(光绪九年)
陈孝基　　　1884 年(光绪十年)
江仁葆　　　1885 年(光绪十一年)
程登甲　　　1887 年(光绪十三年)
周仪典　　　1888 年(光绪十四年)
王裕宸　　　1889 年(光绪十五年)
夏日盉　　　1891 年(光绪十七年)

陈启浚　　　1891年（光绪十七年）
文聘珍　　　1893年（光绪十九年）
朱存理　　　1895年（光绪二十一年）
黄启蓉　　　1895年（光绪二十一年）
洪锡仍　　　1896年（光绪二十二年）
罗意辰　　　1897年（光绪二十三年）
王中隽　　　1898年（光绪二十四年）

英文教习14人：

包尔腾　　　1862年（同治元年）
傅兰雅　　　1864年（同治三年）
丁韪良　　　1865年（同治四年到馆，同治七年升总教习）
额伯连　　　1868年（同治七年）
吉　德　　　1872年（同治十一年）
柯理士　　　1874年（同治十三年）
马　士　　　1879年（光绪五年）
欧礼斐　　　1879年（光绪五年到馆，光绪二十一年升总教习）
韩威礼　　　1885年（光绪十一年）
烈　悌　　　1888年（光绪十四年）
安格联　　　1889年（光绪十五年）
贝安德　　　1892年（光绪十八年）
马都纳　　　1892年（光绪十八年）
徐迈德　　　1898年（光绪二十四年）

法文教习12人：

司默灵　　　1863年（同治二年）
李璧谐　　　1868年（同治七年）
德达那　　　1871年（同治十年）
林　春　　　1871年（同治十年）
华必乐　　　1871年（同治十年）

雷乐石　　1876 年（光绪二年）
帛　黎　　1876 年（光绪二年）
师克和　　1882 年（光绪八年）
施克和　　1892 年（光绪十八年）
柯必达　　1892 年（光绪十八年）
谭　安　　1894 年（光绪二十年）
铁士兰　　1897 年（光绪二十三年）

俄文教习 10 人：

柏　林　　1863 年（同治二年）
伟　贝　　1871 年（同治十年）
第图晋　　1872 年（同治十一年）
夏　干　　1872 年（同治十一年）
班　铎　　1881 年（光绪七年）
柯乐德　　1888 年（光绪十四年）
劳腾飞　　1894 年（光绪二十年）
单　尔　　1896 年（光绪二十二年）
郶悌爱　　1897 年（光绪二十三年）
葛诺发　　1898 年（光绪二十四年）

德文教习 6 人：

吴乐福　　1888 年（光绪十四年）
威礼士　　1891 年（光绪十七年）
顾伦曼　　1895 年（光绪二十一年）
聂务满　　1895 年（光绪二十一年）
阿森玛　　1896 年（光绪二十二年）
毕斯玛　　1898 年（光绪二十四年）

化学教习 2 人：

毕利干　　1871 年（同治十年）

施德明　　　1893年（光绪十九年）

天文教习3人：

海灵顿　　　1878年（光绪四年）
费理饬　　　1878年（光绪四年）
骆三畏　　　1879年（光绪五年到馆，光绪八年兼授化学）

算学教习3人：

李善兰　　　1868年（同治七年）
席　淦　　　1886年（光绪十二年）
王季同　　　1895年（光绪二十一年由副教习升授）

格致教习2人：

欧礼斐　　　1888年（光绪十四年由英文教习改授）
施德明　　　1894年（光绪二十年兼署）

医学教习4人：

德　贞　　　1872年（同治十一年）
卜世礼　　　1884年（光绪十年）
英德秀　　　1890年（光绪十六年）
满乐道　　　1896年（光绪二十二年）

东文教习1人：

杉几太郎　　1898年（光绪二十四年）①

在110名教习中，有27名外籍人士分别担任各科教授。他们是②：

---

① 见《中国近代学制史料》第一辑，上册，37—41页，华东师范大学出版社，1983年。
② 丁韪良所列外籍教师任职时间有误，作者已根据《同文馆题名录》做了修正。

英文教授包尔腾教士（Rev. J. S. Burdon）	1862 年
法文教授司默灵教士（Rev. Smorrenberg）	1863 年
俄文教授柏林先生（Mr. A. Popoff）	1863 年
英文教授傅兰雅先生（Mr. John Fryer）	1864 年
英文教授丁韪良博士（Dr. W. A. P. Martin）	1865 年
化学教授毕利干先生（Mr. A. Billequin）	1871 年
法文教授李壁谐先生（Mr. E. Lepissier）	1868 年
国际公法教授丁韪良博士（Dr. W. A. P. Martin）	1867 年
英文教授额伯连先生（Mr. M. J. O'Brien）	1868 年
俄文、德文教授伟贝先生（Herr C. Waeber）	1871 年
法文教授德达那先生、林春先生（Messrs. d'Arnoux, Ristelhueber）	1871 年
法文教授华必乐先生（Mr. C. Vapereau）	1871 年
俄文、德文教授第图晋先生（Herr Titoushkin）	1872 年
英文教授吉德先生（Mr. E. Mckean）	1872 年
俄文、德文教授夏干先生（Herr Hagen）	1872 年
英文教授柯理士先生（Mr. J. P. Cowles）	1874 年
法文教授帛黎先生（Mr. A. Th. Piry）	1876 年
法文教授雷乐石（Mr. L. Rocher）	1876 年
天文教授海灵顿先生（Mr. Harrington）	1878 年
天文教授费理饬博士（Dr. Fritsche）	1878 年
英文教授马士先生（Mr. H. B. Morse）	1879 年
英文教授欧礼斐先生（Mr. C. H. Oliver）	1879 年
天文教授骆三畏先生（Mr. S. M. Russell）	1879 年
俄文、德文教授班铎先生（Herr Pander）	1881 年
法文教授师克和先生（Mr. Scherzer）	1882 年
英文教授韩威礼先生（Mr. W. Hancock）	1885 年

第三章 京师同文馆的发展

生理学教授卜世礼博士(Dr. S. W. Bushell)　　　　1884年①

对于在同文馆任课多年,工作勤奋,贡献突出的洋教习,总理各国事务衙门都上奏朝廷,给予授官衔的奖励。如1885年(光绪十一年),当时的总理衙门大臣奕劻就专门为此事上折:

> ……臣等查同文馆总教习丁韪良,于同治四年到馆充英文翻译教习,同治七年升总教习之任,化学教习毕利干、法文教习华必乐,均于同治十年到馆,资格最深,馆课亦能勤慎,拟请赏给虚衔,以昭激劝。谨开具清单,恭呈御览。
>
> 附清单
>
> 同文馆总教习丁韪良,拟请赏给三品衔。
>
> 同文馆法文教习华必乐,拟请赏给四品衔。
>
> 同文馆化学教习毕利干,拟请赏给四品衔。②

1862年6月京师同文馆正式开学时,只有一个英文馆,共十名学生。1863年添设法文和俄文馆后,学生增加到三十名。这一时期同文馆所招学生的文化水平,最多也只有小学毕业的程度。1867年6月,京师同文馆增设天文、算学馆,又另招收了三十名学生。此时同文馆的招生对象,已不再是仅有小学文化的少年,而改为"举人,恩、拔、副、岁、优贡生,并前项正途出身之五品以下京外各官"③。然而,由于以翰林院院长、大学士倭仁为首的保守派的反对和流言的干扰,真正来同文馆报考的正途人员并不多,与监生杂项人员相同。但正途人员的加入,已使同文馆学生的素质,大大提高了一步。

1885年,在同文馆建馆20多年时,奕劻等大臣又奏请朝廷,准许"招考满汉之举贡监生,如有平日讲求天文、算学、西国语言文

---

① 丁韪良:《同文馆记》,见《教育杂志》第二十七卷,第四号,1907年。
② 见《洋务运动》(二),65页,中国史学会编,上海人民出版社,1961年。
③ 见《筹办夷务始末》同治朝,卷四九,30页,故宫博物院影印本,1930年。

字,不拘年龄,准其取具印结、图片,一律收考"。① 他们的建议被朝廷采纳了。1886年1月,经考试录取了一百零八名学生。1888年,同文馆的学生增加到一百二十五人,这是同文馆学生人数最多的一年。以后的学生人数,大都保持在一百二十人左右。

从1868年开始,除对外招考学生外,还不定期地由上海广方言馆和广东同文馆向京师同文馆选送优秀学生入馆深造。到1899年,两地共向京师同文馆保送了六十八名学生。这些学生中的许多人,后来成为中国第一代有成就的外交官。

由于同文馆是专为国家培养人才而设立的学校,所以全部学生都由政府供给。据《同文馆题名录》记载,当时在后馆学习洋文的学生,每月给三两银子。如果学有成效,选拔到前馆,每月膏火为六两银子。以后随着学问的长进,膏火增至十两;其中优秀者如被选为副教习,月给薪水十五两。选派出国当翻译的学生,月薪长为一百两;充当三等翻译官者,月薪长为二百两②。在当时,同文馆学生的待遇算是非常优厚的。

同文馆设立的前六年,只开了英文、法文、俄文等三门外语课。据在同文馆担任过英文教习,以后又出任同文馆总教习的丁韪良回忆,自1868年算学馆成立之后,许多自然科学都逐渐介绍进馆,同文馆的课程,从此大加扩充。同文馆也由一所单纯培养翻译的学校,转变为一所教授实用科学的学校了。

同文馆后来开设的课程如下:

(1) 算学——1868年(同治七年),请李善兰任教习。

(2) 万国公法——1869年,由总教习丁韪良(W. A. P. Martin)授课。

(3) 德文——1871年,由俄文教授伟贝(Herr C. Waeber)任教

---

① 见《洋务运动》(二),64页,中国史学会编上海人民出版社,1961年。
② 见《同文馆题名录》,32页,1887年。

习。

（4）化学——1871年,由法国人毕利干(M. A. Billequin)任教习。

（5）医学生理——1872年,由德贞任教习(Dr. Dudgeon)。

（6）天文——1878年（光绪三年）,由美国人海灵顿(Harrington)讲授。

（7）物理——1879年,由欧礼斐(C. H. Oliver)任教习。

对于十几岁入馆,从洋文学起的学生,要学完所有这些课程,需用八年的时间:

首年:认字写字。浅解辞句。讲解浅书。

二年:讲解浅书。练习文法。翻译条子。

三年:讲各国地图。读各国史略。翻译选编。

四年:数理启蒙。代数学。翻译公文。

五年:讲求格物。几何原本。平三角。弧三角。练习译书。

六年:讲求机器。微分积分。航海测算。练习译书。

七年:讲求化学。天文测算。万国公法。练习译书。

八年:天文测算。地理金石。富国策。练习译书。

上面定的八年课程,也不是一成不变的,可根据情况酌情变通。

对于年龄较大,不学洋文只学科技的学生,需用五年时间,学完有关课程:

首年:数理启蒙。九章算法。代数学。

二年:学四元解。几何原本。平三角。弧三角。

三年:格物入门。兼讲化学。重学测算。

四年:微分积分。航海测算。天文测算。讲求机器。

五年:万国公法。富国策。天文测算。地理金石。

在1876年（光绪二年）公布的课程表上,还附有这样的说法:"至汉文经学,原当始终不已,故于课程并未另列。向来初学者每日专以半日用功于汉文,其稍进者亦皆随时练习作文;至于医学未列课程者,盖非诸生必由之径,或随时涉于体骨等论,以广学识,或俟堂宪谕令而专习之皆可。"①

为了能使学洋文的学生尽快掌握所学的知识,同文馆经常派学生到总理衙门去旁听与外国使臣的会晤,好借此练习听力。常按章程,学生听完回馆,应将所听的情况记录下来,呈交总理衙门,以便查验。

据现可查到的资料表明,同文馆的考试制度也非常严格,除外语一直以翻译照会或各国条约为试题外,其他各科的试题随着课程的增多和程度的加深而逐年增加难度。

1872年(同治十一年)同文馆各科的岁考题比较容易。如算学题里有这样两道:

(1) 今有炮位,膛径尺五,若以铁较水重八倍,试推其炮子轻重若何?

(2) 有枪子向上直放,二十秒始落,试推其升高若干?并绘图明其理。

其他科的考题也较简单,如化学题:

(1) 天气助火,何故?

(2) 做轻磺气,其法若何?

物理题:

(1) 以水力积气开凿山道,其机各式若何?

(2) 汽机之高度与低度者,其理安在?

医学题:

(1) 近视与远视之分别。

---

① 见《同文馆题名录》,19—23页,1879年。

(2) 中窍之部位与内窍之功用。①

1878年（光绪四年），各科考题略加难度，算学岁考题改用洋文：

(1) 金山距上海二万零六百五十四里，设轮船日行八百九十八里，需若干日往返？

(2) 见电光后十五秒方闻雷声，其声行每秒一千零四十洋尺，试推雷击处远近若何？

物理题之三：

有半球与正立圆锥合成一器，其锥顶截去五寸，将半球平面向下而倚于其上，球径锥底锥高皆尺半，盛水，试求内受压力若干？

气学力积反比之理，试言之，并以曲线画图发明之。

有人以泳气钟入水捞取货物，钟形如圆锥，高七尺，底径六尺，钟入水三丈，试推水入钟若干。

公法学题之四：

遣使之权自主之国皆有之，何以辨之？

此国遣使彼国，有拒而不接者，其故何也？

遇更易国主，驻京使臣位次何以定之，其定法不一，而各有成案，试言之。

公使权利之尤要者，试言之。

化学题之一：

如一物内含镁、炭强、镁磺强、镁绿四质，以何法能化而分之？

医学题之一：

论足桥。论耳部位之大略与其司听之理。论人直立之时骨骸

---

① 丁韪良、艾约瑟：《中西闻见录》第七号，10—13页，1872年8月创刊。

之奥妙。

这一年的岁考题中,还增加了公法和天文考题,如:

试求京师己卯元旦太阳出入时刻。

试求京师己卯元宵太阴出入时刻。

坠物之速率,由地球而推之于太阳,其法如何?

设物自无穷远附地,其速不能无穷,试论其理而推其数。[①]

1886年(光绪十二年),同文馆各科的考题难度又有所加大,算学题用汉文和洋文两种文字提出。例如:

天文题之一:

火星二十四点钟自转一周,其内月七点钟三十九分零十四秒绕火星一周,此月所行之轨道恰在火星之赤道上,此月距火星面上四千洋里,火星之径为四千二百里,求人在火星上看此月,自出至落,历时若干?

物理题之二:

(1) 物自极高下坠地,力时变而无恒,其求速公式,何法推之?

(2) 船有铁桅,必为空身,试言其故,并算其空身与实体者强弱比例。

汉文算学题之一:

山高一里半,山上有营,平地测得其高度为三十度,用平地最远界八里之炮击之,炮轴应用若干度方向?

洋文算学题之一:

有甲乙二人各有银若干,乙赠甲银十五两,则甲银等于五倍乙银,甲增乙银五两,则甲乙银相等,求原有银各若干?

公法题之一:

[①] 见《同文馆题名录》,25—30页,1879年。

盘查之权每有条约范围之,试述其一二。

医学题之二:

饥饿之理若何?

论生液之理。①

同文馆外语大考一般都是让学生翻译各国的照会等外交文件。如1895年(光绪二十一年)外语大考题:

英文照会

> 为照复事。案查成都滋闹一案,本大臣曾以川省藩、臬两司前往重庆,会同领事及两教士,查明兹事情由,由闰五月二十一日照会贵署在案。昨于二十四日接准复文,均已阅悉。查来文内于本大臣请派两司前往重庆会查一节,并未直言不允,仅重述贵署前言,以川东道与领事官就近会商妥办云云。窃以为以上办法,实难应允,若贵署所拟之法,尚能照行,则本大臣无不甚愿相从。惟此事最关紧要,若能令川臬前赴重庆会办,本大臣即可允领事及两教士与黎道在重庆会商,否则惟有执定前言,在省城查办此案可也。须至照会者。②

法文照会

> 为照会事。迩使广西、越南来报,据称:股匪现均大备,拟俟届冬,在越南之与广西、归顺、州连界一带蠢动,合力兹扰。而其为首者,直往中国界内招募入伙,地方官并不阻止。又在彼购买枪械军火,由海口运至太平府转送归顺以及左右各处出卖等情。查此事断不可长,业经法国驻龙州领事官据详细情形知照龙州文武,而该土匪既择于冬令酿事,其时在即,本大臣应请贵王大臣迅速电致广西省,严切设法,即行禁止,不

---

① 见《同文馆题名录》,35—42页,1887年。
② 见《中国近代学制史料》第一辑,上册,95—96页,华东师范大学出版社,1983年。

准在该省界内募人联合越匪,并不准运送兵械军火,缘此亦违悖条约,大伤两国和好,亟应速为陈之,已闻我驻龙安领事官,业将此事与苏提督讲论利害,惟仍须贵衙门催饬广西巡抚提督妥速措置,是所盼切。须至照会者。①

在现存的资料中,尚可查到1872年(同治十一年)同文馆学生朱格仁的英文格物考试卷。② 该学生的考试成绩在当年名列第一。现将朱格仁的试卷摘录如下,以便读者对当时同文馆学生的程度有所了解:

(试题) 掘地深过数丈,渐觉加热,其故何也?

(答案) 地上火山温泉,皆为地中有火之据。地中既有火,则掘地渐深,必渐近于火,故觉热气有加也。

(试题) 光与热随远近增减,其比例若何?

(答案) 光之理本与热同,若光离物四尺,其光为若干;再近二尺,即大四倍:如丙处离光一尺,置方尺之板,丁处离光二尺,置方二尺之板,则方尺之板能蔽光,而令方二尺之板全暗,则光之增减,方如远近自乘之反比例焉。光固如此,热亦如之。(见下图)

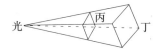

(试题) 日光之速由何而考之?

(答案) 日光之速,由木星掩小星之时刻不同而考之。地绕日行,或在甲处,或在乙处,而人在地上观木星掩小星之时不同,盖木星距甲乙两处远近不同,故接光有迟速之差。以时计之,差十六分,其远近之差,即为地球轨道之径。日居地

---

① 见《中国近代学制史料》第一辑,上册,95—96页,华东师范大学出版社,1983年。
② 同上书,109—112页。

球轨道之心,其距地远近,即为轨道半径。夫以全径之差,较接光之差为十六分,则半径之差,较接光之差,必为八分,故知日光至地之速为八分时也。既知此理,设另有若干远近之处,求其接光之速,即可由此类推矣。

(试题) 光透物而折改方向,其理若何?

(答案) 若依光所透之物之平面作一垂线,则可言其折光之方向,大凡光由稀质而入浓质,则折向垂线;由浓质而入稀质,则折离垂线。正弦,如折向正弦之比,如图:甲乙为水面,丙丁为垂线,戊壬为光向,壬己为其折向,庚壬亦为光向,壬辛为其折向,子丑为光向正弦,寅卯为折向正弦,故以卯正弦除子正弦,等于寅正弦除丑正弦,而气中光向正弦,与水中折向正弦之比如四与三之比。则其他可类推矣。(见下图)

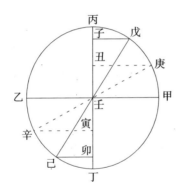

现存资料中还有1872年月考医学第二名罗秀坤的试卷,亦特摘录如下[①]:

问:饮食路径循行之次第?

答:食之入口、非图乾而能吞化,故先经牙齿以研之,复生津液以湿之,舌则卷制抵向上腭,缩送其(棋)前,喉肉缩逼,食

---

① 见《中国近代学制史料》第一辑,上册,113—116页,华东师范大学出版社,1983年。

过隔帘,向喉咙下行,食管上接食物,会厌下闭气管,食循舌根斜下,由会厌上过气管,达入食管矣。食管初则上舒以纳之,继则上缩以逼之,节节如是,递传食物入胃矣。胃体纡曲,其形如袋,上有贲门,下有幽门,为出纳之户,食至则贲门发舒以纳之,膜生酸液以化之,胃力运动以迫之,即化为糜,递出幽门而入小肠矣。糜入小肠,经肠膜肠核与胆脾各液搀入,化分为渣滓与精英也。其精英,被微丝管吸之入血以养身,其渣滓经小肠舒缩递入大肠矣。渣滓入阑门,经大肠吸管,吸其余精,渐吸渐乾,节节舒缩,压之凝结,历上中下三回肠,至肛门而出矣。此为饮食之路径,循行之次第也。

问:腹内各脏分列之部位。

答:腹为人身最大之处,其中部位亦多,欲辨部位之分,须立规划之别,其规划之要,即区划之分也。如井字纵横分拆九区,以便按区而考,得以指明其处矣。上以第九肋两脆骨取平,下以胯骨两峰取平,各划一线,此为横限,以分上下中之三焦也。上自左右第八肋之脆骨,下至左右大腿凹中,各划一线,此为纵限,以分左右中之三界也。其脏腑部位,列图如后,可分九界,按图而考之矣。

左上　上为胃大端,后为左内肾,上半并其小帽,外为沙肝,下为脾。

左中　外为下回肠,后为左内肾之下半,余皆小肠曲处。

左下　外为下回肠,后为左内肾溺管,前下为精管。

中上　左上为胃之中与幽门,右上为肝左叶,后为脾与总脉并回血管。

中中　前上为中回肠,余皆小肠曲处。

中下　下为膀胱,妇人上有子宫,余为小肠曲处。

右上　前外为肝之右叶与胆,后为右内肾上半并小帽,内为小肠头,下为回肠曲处。

右中　外上为回肠,后为右内肾之下半,余为小肠曲处。

右下　外为上回肠之头,后为右内肾溺管,前下为精管。

问:口津之功用。

答:口中有生水核三对,所生之水名曰津液,即口水也。考其功用则有三:一、滋润喉,舌助言语之声音;灌满口牙,和食物之易化。二、浸出食味,感脑筋而有知。三、拌湿食物,利喉咙而易咽。人所食者,系血之类与草木类之物。查草木类之物,如米麦芋薯,皆属粉子,必先经口津,化为饴糖,由糖入胃方能消化。若不信其故,西国曾有人用绳系海味,因此物能吸水入内,使犬吞之,用两种各盛熟粉子,均置于百度熟水之内,一内加口津,一内不加口津,将犬吞之沫取出,扭胃液于两种之内,有口津之粉子则化,无口津之粉子则不化,若仅用口津,则粉子变为饴糖,不变为糜,皆可征也。其所以化粉子为糖之力,因口津内有一物,西名为地啊啉,为其所致,若再以化学之理而分之,则口津内之原质,皆般般可考矣。

问:胃腑生液与运动之理。

答:胃内有嫩膜一层,极其平滑,遍有小孔,孔内有管,管内有核,核能生液,其液形似口沫,味似盐酸,其性情亦如口核。或经动感,或经食物,四周之血流注膜内,色即变红,其核遇血,即能化生为液,四周溢出,如汗,混杂浸于食中以酿之,不酸之物,即交感生熟以炙之,胃体舒缩以逼之,三力相加,食化甚速,是以食物消化考试于外,无液则不灵,无热则不化,不动则不快,皆可为证也。其胃液具有各原质合成之物甚伙,除无力者不计外,内有血之类一物,西名为白倍新,最有消化之力,按化学之理计之,内具有硝气十七、炭精五十三、轻气(原文如此——作者)一、养气(原文如此——作者)二十二合成之质。现西国用牛之第四胃内之嫩膜,浸水炼制,能得此物,为消化之乐。此即胃生液之由与运动消化之理也。

同文馆试题,特别是天文、化学、物理、算学、医学等科的试题,用今天的眼光来看,可能不是很难,但在当时,这些题的难度,在国内是绝无仅有的,是远远高于普通小学或中学程度的。这也是为什么1902年要把同文馆并入京师大学堂的原因所在。因为它原本已是一所"专科学院",尽管还远不够完善。

第四章
京师同文馆的遗产和影响

李善兰

(1811—1882)

同文馆作为中国近代史上第一所由政府官办的,以学习西方语言与科学知识为主要内容的高等学府,在它四十年的办学过程中,虽然走过了许多弯路,但同时也不断地为中国创办新式教育,积累了经验。在长期的教学实践中,同文馆形成了一整套行之有效的、为中国培养各种外语和科技人才的教学方法,为中国的新式教育奠定了基础,而且在它身后留下了许多宝贵的遗产。

京师同文馆和现代任何一所大学一样,教师在培养学生的同时,也发挥自己的专长,在授课之余,著书立说,翻译了不少西方的各类书籍,一方面作为教材,另一方面为了开阔学生的视野,向他们宣传西方的科技与文明。后来,当学外语的部分学生成才之后,也参与或独立翻译了一些书籍。无论教习还是学生,凡译书有成的,均能得到奖励。这些书籍,多数都由同文馆自设的印刷所印刷,免费赠送给国内官员。

　　据《同文馆题名录》记载,当时同文馆翻译的书有二十七种之多:

万国公法　　　（总教习丁韪良译）
格物入门　　　（总教习丁韪良著）
化学指南　　　（化学教习毕利干译）
法国律例　　　（化学教习毕利干译）
星轺指掌　　　（副教习联芳、庆常译,总教习丁韪良鉴定）
公法便览　　　（副教习汪凤藻、凤仪等译,总教习丁韪良鉴定）
英文举隅　　　（副教习汪凤藻译,总教习丁韪良鉴定）
富国策　　　　（副教习汪凤藻译,总教习丁韪良鉴定）
各国史略　　　（学生长秀、杨枢等译,未完）
化学阐原　　　（化学教习毕利干译,副教习承霖、王钟祥助译）
格物测算　　　（总教习丁韪良口授,副教习席淦、贵荣、胡玉麟等笔述）
全体通考　　　（医学教习德贞译）
（戊寅）中西合历　　（天文教习海灵顿算辑,学生熙璋等译）
（己卯、庚辰）中西合历　　（天文教习海灵顿、费理饬算辑、学生熙璋等译）
（辛巳、壬午、癸未、甲申、乙酉、丙戌、丁亥、戊子、己丑、庚寅、辛卯、壬辰、癸巳、甲午、乙未、丙申、丁酉、戊戌）中西合历　　（天文教习骆三畏算辑,副教习熙璋译）
公法会通　　　（总教习丁韪良译,副教习联芳、庆常等助译）
算学课艺　　　（副教习席淦、贵荣编辑,算学教习李善兰鉴定）
中国古世公法论略　　（总教习丁韪良著,副教习汪凤藻译）
星学发轫　　　（副教习熙璋、左庚等译,天文教习骆三畏鉴定）
新加坡刑律　　（副教习汪凤藻译,总教习丁韪良鉴定）
同文津梁　　　（总教习丁韪良鉴定）
汉法字汇　　　（化学教习毕利干著）

第四章 京师同文馆的遗产和影响

电理测微　　（总教习欧礼斐著）
坤象究原　　（副教习文祐译，总教习欧礼斐鉴定）
药材通考　　（医学教习德贞译）
弧三角阐微　（总教习欧礼斐著）
分化津梁　　（化学教习施德明口译，纂修官化学副教习王钟祥笔述）①

丁韪良译作
《万国公法》

同文馆翻译的西书，其内容大致可分为三个方面。一是人文社科类，包括各国法律、国际知识、世界历史、国际贸易等，如《万国公法》、《各国史略》、《富国策》等书；二是自然科学类，包括物理、化学，如《格物入门》、《化学阐原》等书；三是语言学习类，包括中外辞典的编撰，如《汉法字汇》、《英文举隅》等书。

同文馆翻译的不少书，在当时的国际学术界占有相当高的地位。限于篇幅，仅介绍几本。

《万国公法》(Elements of International Law)的作者，是美国著名律师和学者惠顿。18世纪20年代，惠顿被美国政府派往欧洲担任外交官，任期长达二十年。1836年，在任职期间，他出版了《万国公法》这本书。1847年，惠顿完成了他的外交生涯，回哈佛大学任国际法教授。《万国公法》是欧美公认的一部国际法的经典著作。1862年，丁韪良着手翻译此书。两年后的1864年，中译本由京都崇实馆出版。由于丁韪良此后在同文馆任教习和总教习时间长达近二十年，所以该书一直被列为同文馆的译书。

---

① 《同文馆题名录》，1898年刊。

《万国公法》共四卷。第一卷为总论,"释公法之义,明其本源,题其大旨";第二卷为各国主权,"论诸国自然之权";第三卷为外交关系,"论诸国平时往来之权";第四卷"论交战条规"。

清朝政府正是按照《万国公法》的指导,才开始学会处理国际纠纷。例如1864年,普鲁士在中国领海内截获丹麦商船,发生了争执,总理衙门援引《万国公法》中的有关条例据理力争,终于使普鲁士将所截船只移交给中国。① 这一事件发生之后,总理衙门将《万国公法》刊印了三百部分发各省使用。到19世纪70年代以后,此书成为中国通商口岸必备之书。由于该书的影响力,出版的第二年即传到日本。

由同文馆学生汪凤藻和凤仪(后任副教习)执笔,丁韪良审定的《公法便览》一书,是根据美国人吴尔玺所著的《国际法导论》一书翻译的。这部书一共有六卷,1877年出版。此书和由丁韪良与同文馆学生联芳、庆常共同翻译,于1880年出版的十卷本《公法会通》,及由联芳、庆常翻译,丁韪良审定的,于1876年出版的《星轺指掌》,还有由《拿破仑法典》翻译过来的《法国律例》等书,都在中国产生了深远的影响。

由汪凤藻翻译,丁韪良审定的《富国策》一书的原著者,是英国学者法思德。《富国策》全书共三卷,是一部论述国际贸易的著作。梁启超对该书评价极高。他说,此书"精义甚多。其中所言商理商情,合地球人民土地,以几何公法盈虚消长之,盖非专门名家者,不能通其奥也。中国欲振兴商务,非有商学会聚众讲求大明此等理法不可"。②

在自然科学方面,由毕利干翻译的十卷本《化学指南》是一本关于化学基础学科的巨著。该书前六卷论述金属、非金属,后四卷论化合之理。毕利干的另一部译著,十卷本的《化学阐原》,是分析

---

① 熊月之:《西学东渐与晚清社会》,318页,上海人民出版社,1995年。
② 梁启超:《读西学书法》,9页,时务报馆,1896年。

化学的巨著。同文馆学生承霖、王钟祥参加了翻译工作。

此时的西书,已不再是保守派宣传的"异端邪说"。它一方面向中国知识界介绍了西方的文化、科学、法律和历史等方面的情况,普及了科学知识,向各地新式学校提供了教材。另一方面,这种对西方先进文化科学知识的积极传播,也促进了洋务运动的发展。

总之,这些西书的翻译和印刷,为在中国传播西方先进的文化科学知识起到了深远而积极的作用。

同文馆最初就是为总理各国事务衙门培养和储备翻译人才而设立的。同文馆培养了中国第一代外交官。在四十年的时间里,同文馆的毕业生中,不少人都成长为中国清末民初颇具影响力的外交官。以后,随着同文馆毕业生数量的增加,其在中国外交上的地位日益重要,许多人曾被派为出使日、英、法、德各国的大臣。

为了培养称职的翻译人才,早在1866年(同治五年),同文馆就派学生随中国公使外出考察,锻炼语言能力。以后,到光绪年间,更是把派学生出国留学作为一种训练手段。仅1896年(光绪二十二年)一年当中,同文馆就先后两次派学生出国。首届派出十五人,分赴英国、法国、俄国、德国留学。第二届又派出十六人分赴这四国留学。对于派出的留学生,总理衙门奏请朝廷给予优厚的待遇,以保证留学的顺利进行。

总理衙门于1896年2月在给朝廷的奏折中,专门就留洋学生的经费问题,提出了六条章程:

(1)每学生一名,月给薪水银五十两,到学堂后肄业有得,洋教习评定功课等第,由出使大臣递等加增,每等不逾十两。

(2)每学生一名,由京起程,发给整银一百五十两。

(3)各学堂修费,多寡不一,应由出使大臣查明发给。

(4)各学生自天津出洋,船只由总税务司代购二等舱位票,船费由总税务司专案报销。

(5) 各学生三年期满,回华船只,由出使大臣代购二等舱位票,船费由出使大臣发给,附案报销。

(6) 各学生到洋后照案寓居使馆,除饭食零用应由月支薪水自备外,其余一切洋书洋纸笔墨等费,均由出使大臣支给。①

这些措施的实施,给同文馆所派学生在国外的学习和生活提供了优裕的条件,也为他们的成才创造了条件。

据《同文馆题名录》记载,从 1879 年至 1898 年,在同文馆的 176 名学生中,有 26 人在不同的新式学堂里担任教习或学堂斋长。如四川学堂、珲春俄文书院、安徽学堂等等。有 33 人分赴英、法、德、俄、美、日担任外交官,解决了晚清时期中国对外交人才的渴求。另有 39 人担任翻译官,其中大部分担任各驻外使馆的翻译官,还有一部分人在国内边疆地区做翻译工作。也有人进了江南机器制造局从事技术方面的翻译工作。

同文馆的毕业生在朝廷和地方任官职的有 65 人之多。其中官居二品的有 9 人。如天津机械局总办承霖、出使法国大臣庆常、出使日本大臣汪凤藻、出使英国参赞张德彝等。官居三品和四品衔的有 25 人,分别在兵部、户部、都察院、刑部、工部、内阁等重要的政府部门任职。还有些毕业生进入科技部门从事工程技术工作。如《同文馆题名录》这样记道:

1879 年(光绪五年)

随使出洋

  在驻英国钦差公署

    户部员外郎凤仪

    兵部员外郎德明

    都察院都事左秉隆

  在驻法国钦差公署

---

① 《总理衙门奏派学生出洋片》,见《京师同文馆学友会第一次报告书》,京华印书局,1926 年。

第四章 京师同文馆的遗产和影响

　　户部郎中联芳
　　内阁中书联兴
在驻德国钦差公署
　　工部主事庆常
　　从九品衔赓音泰
　　从九品衔荫昌
在驻俄国钦差公署
　　户部郎中桂荣
　　工部员外郎塔克什讷
　　八品官赓善
　　九品官福连
在驻美日秘三国钦差公署
　　候选通判蔡锡勇
　　户部笔帖式廷铎
在驻日本国钦差公署
　　户部主事杨枢
　　国史馆誊录官任敬和

升迁出馆
　　直隶即用知县长秀（丁丑年进士）
　　内阁中书郭万俊（丙子年进士）
　　北洋大臣公署翻译朱格仁
　　苏松太道公署翻译杨兆鋆

分部留馆
　　户部员外郎恩裕
　　内务府员外郎贵荣
　　户部主事汪凤藻
　　户部主事文续
　　兵部主事席淦
　　刑部主事常联

内阁中书巴克他讷
内阁中书恩光
刑部笔帖式熙璋
工部笔帖式沈铎
工部笔帖式王镇贤
工部笔帖式文祐
候选笔帖式联印
国史馆誊录官庆全
镶蓝旗贴写恒安①

1898年(光绪二十四年)
纂修官
  四品衔兵部候补郎中席淦
  同知衔候选知县王钟祥
翻译官
  盐运使衔分省补用知府马廷亮
  盐运使衔分省补用知府治格
  理事同知衔遇缺题升主事工部笔帖式文祐
  二品衔记名分省补用道塔克什讷
  同知衔分省补用知县唐家桢
  四品衔户部候补员外郎萨因图
在馆人员
  四品衔刑部候补员外郎熙璋
  四品衔刑部候补员外郎胡玉麟
  四品衔刑部候补员外郎陈寿田(会典馆协修)
  本衙门九品翻译官文秀
  国史馆誊录官奎印

---

① 见《同文馆题名录》,1879年刊。

第四章 京师同文馆的遗产和影响

外差人员

　　记名副都统荫昌
　　二品衔广东补用道杨枢（本衙门章京）
　　二品顶戴候选道联芳
　　二品衔直隶补用道承霖（天津机械局总办）
　　二品衔江苏补用道杨兆鋆
　　广东候补知府熊方柏
　　盐运使衔新疆候补知府桂荣
　　三品衔升用道福建福宁府严良勋
　　三品衔花翎候补参将景启（天津军营德文教习）
　　盐运使衔候选知府泰陵工部郎中恩光
　　五品衔兵部候补主事恒安（归部当差）
　　花翎同知衔前山东沾化县知县联印
　　四品衔户部候补员外郎联恩（湖北委员）
　　五品衔工部候补主事毛鸿遇（珲春俄文书院教习）
　　四品衔分省补用同知恩禧（四川学堂教习）
　　户部候补郎中凤仪（江南机器局翻译官）
　　候选员外郎（黑龙江将军衙门翻译官）
　　户部主事四川靖西翻译委员懿善
　　六品衔候选笔帖式瑞安（黑龙江委员）
　　世袭云骑尉四川大竹县知县玉启
　　五品衔候选巡检金汤（天津军营委员）
　　湖北补用直隶州知州存焘
　　蓝翎知州用候选知县柏斌（官电报局领班）
　　六品衔直隶长芦盐大使任敬敷
　　盐运使衔分省补用知府岱寿（大学堂翻译官）
　　候选笔帖式双华（天津电报局领班）
　　同知衔分省补用知县茂连（陕甘英文翻译官）
　　候补主事户部笔帖式阎海明（陕甘法文翻译官）

六品衔候选笔帖式文利(天津军营教习)

六品衔福建候补县丞王文灏(厘金局委员)

安徽霍邱县巡检董祖修

四品衔主事用桂煜(新疆抚署翻译教习)

候选县丞长德(四川学堂教习)

俊秀监生谭澧(天津军营教习)

候选同知刘崇惠(天津俄文教习)

天津武备学堂教习陈应宗

天津武备学堂教习德海

北京官报局委员英志

天津电报局委员廷熏

四品衔分部即补主事邵恒浚(黑龙江翻译官)

五品衔候选主事都察院笔帖式德昆(安徽学堂教习)

同知衔吏部候补司务李联壁(安徽学堂教习)

四品衔都察院候补都事陈寿平(畿辅学堂斋长)

理事同知衔太常寺笔帖式金采(天津军营教习)

国史馆誊录官扎尔罕(芦台军营教习)

同知衔分部遇缺即补司务刘田海(靖西厅翻译官)

1894—1898年(光绪二十一至二十四年)的外差人员

茂　连(陕甘英文翻译官)

阎海明(陕甘法文翻译官)

毛鸿遇(珲春俄文书院教习)

瑞　安(黑龙江俄文翻译官)

长　德(四川英文教习)

恩　禧(四川法文教习)

刘崇惠(天津俄文教习)

文　利(天津军营德文教习)

谭　澧(天津军营德文教习)

第四章 京师同文馆的遗产和影响

马廷亮（官书局英文翻译委员）
萨荫图（官书局俄文翻译委员）
程遵尧（官书局德文翻译委员）
世　增（出使法国翻译官）
联　恩（湖北委员）
陈贻范（出使英国学习）
王汝淮（出使英国学习）
朱敬彝（出使英国学习）
世　敏（出使法国学习）
双　荋（出使法国学习）
汇　谦（出使法国学习）
邵恒浚（黑龙江翻译官）
桂　芳（出使俄国学习）
陈嘉驹（出使法国随员）
李鸿谟（出使俄国学习）
杨　晟（出使德国学习）
金大敏（出使德国学习）
徐　明（电报局候补领班）
郭家珍（天津电报局）
文　廉（天津得律风报局领班）
文　惠（芦汉铁路翻译官）
万　林（沽野电报局领班）
张得彝（出使英国参赞）
杨书雯（出使英国随员）
王　芸（出使英国差委）
于德浚（出使英国差委）
周自齐（出使美国参赞）
黄履和（出使美国差委）
李光亨（出使美国翻译官）

元　章（出使美国翻译官）

扎尔罕（芦台军营教习）

德　昆（安徽学堂教习）

李联璧（安徽学堂教习）

陈寿平（畿辅学堂斋长）

金　采（天津军营教习）

刘田海（靖西厅翻译官）

出洋人员

二品衔鸿胪寺少卿出使法国大臣庆常

布政使衔候选道廪音泰（出使德国参赞）

花翎二品衔记名道张德彝（出使英国参赞）

盐运使衔候选知府吴宗濂（出使俄国随员）

同知衔候选知县世增（出使法国翻译官）

布政使司理问衔候选县丞陆增祥（出使俄国翻译官）

四品衔候选主事刘境人、四品衔候选主事刘式训

四品衔候选通判任敬和（出使英国随员）

六品衔本衙门八品官王芸（出使英国差委）

五品衔本衙门七品官于德浚（出使英国差委）

同知衔候补知县周自齐（出使美国翻译官）

知府衔分省补用同知黄致尧（出使美国翻译官）

候选巡检黄履和（出使美国差委）

俊秀监生杨书雯（出使美国随员）

同知衔候补知县李光亨（出使美国差委）

四品衔理藩院候补主事元章（出使美国差委）

六品衔大理寺笔帖式德林（出使德国翻译官）

六品衔本衙门八品官翟青松（出使德国翻译官）

各国肄业学生

英国

五品衔本衙门七品官陈贻范

　　　　四品衔刑部候补主事王汝淮

　　　　知府衔候选同知朱敬彝

　法国

　　　　五品衔七品笔贴式世敏

　　　　四品衔候补主事双莆

　　　　四品衔大理寺寺丞汇谦

　俄国

　　　　四品衔候选知州桂芳

　　　　五品衔本衙门七品官陈家驹

　　　　五品衔本衙门七品官李鸿谟

　德国

　　　　四品衔工部候补员外郎杨晟

　　　　俊秀监生金大敏

　曾经出洋人员

　　　　二品顶戴记名知府翰林院编修、前出使日本大臣汪凤藻

　　　　花翎二品衔分省补用道左秉隆

　　　　四品衔道员用工部郎中王镇贤

　　　　四品衔候选知州黎子祥

　　　　四品衔候选直隶州知州王丰镐

　　　　通判衔候选府经历县丞王宗福

　　　　三品衔广东候选知府黄恩焕

　　　　六品衔候选县丞郭家骥

　　　　四品衔内阁即补侍读李德顺①

　　从上述名单中不难看出，同文馆培养出来的学生，曾在清政府的多个部门担任过重要的职务。这些身居要职的人物，决不是一所小学堂能够培养出来的。这也是为什么说京师同文馆是一所高等学堂的重要论据之一。

---

①　见《同文馆题名录》，25—26、33—44页，1898年刊。

在当时的学堂中,同文馆不但规模是最大的,学堂的设施也很完备。

据《同文馆题名录》所记,同文馆书阁共有藏书4400多本。其中汉文经籍等书1300本,洋文书籍2100本,汉文算学等书籍1000本。这些书籍有一部分是外国人赠送的。如至今一直和北京大学保持着密切合作关系的法国巴黎东方语言文化学院,早在1872年,在得知中国设立同文馆之后,一次就向同文馆总教习丁韪良赠送了188本书。这些书籍内容涉及化学、医学、物理、算学、地理、农田、兵法等学科,以及法语字典、诗史等。为回报该学院的馈赠,总理衙门也购买了一批中国书籍,交同文馆总教习丁韪良转赠法国的这所学院。

同文馆书阁的藏书,任由教习、学生借阅。

为了配合各馆的教学工作,同文馆还于1873年开办了一个印刷所,所中备有中文活字和罗马体活字及七台手摇印刷机。当时同文馆师生翻译的书籍和各次考试的试卷,都由这个印刷所自己印刷。印刷所还承担着为总理衙门印制文件的任务。同文馆总教习丁韪良在致友人的信中还提到,1877年同文馆印刷所曾印过中文数学古籍和清代皇帝手书的诗词。同文馆印刷所实际上代替了武英殿的皇家印刷所。

1876年,同文馆建立了近代中国最早的化学实验室和博物馆。1888年,又建立了物理实验室。

为了配合天文馆的教学,1888年(光绪十四年),同文馆建造了一座星台。星台高约五丈,顶盖可四面旋转,内设观察天象的仪器。教习时常率领学生登上星台,用仪器观测天象。①

19世纪中叶洋务运动兴起之时,中国的皇帝是六岁即位的同治(爱新觉罗·载淳),但实际掌权的却是同治帝的生母慈禧太后。

---

① 见《同文馆题名录》,79页,1896年刊。

由于同治"亲政"后不久就死于疾病,而新登基的光绪帝当时年仅四岁,这便为慈禧太后提供了继续掌权的机会。慈禧的统治时期前后长达47年,即同治朝的13年(1862—1874)和光绪朝的34年(1875—1908)。历史上的慈禧太后虽是顽固捍卫封建统治势力的总代表,对危害清政府统治的新生事物采取坚决镇压的立场,但同时,她也善于在必要的时候改变自己的某些统治形式和策略。对于洋务运动和兴办洋务学堂,慈禧就采取了一种只要不危害她的统治,暂且听之任之、有时还予以支持的态度。

在创办京师同文馆的问题上,慈禧就曾不顾顽固派的一再反对,坚决站在以恭亲王奕䜣为首的主张办洋学堂的洋务派一边。究其原因,这里面固然有因为恭亲王在咸丰死后慈禧夺权时支持她有功,故而慈禧对他另眼看待的一面,同时也表明慈禧多少也认识到,办洋务对抵御外国侵略、镇压太平天国运动、巩固清政府的统治有益。慈禧对创办京师同文馆的赞许,不但使同文馆得以存在了40年,而且对办新式学堂的这种态度,也影响到日后她在保留京师大学堂问题上的立场。

京师同文馆,是19世纪中叶在中国开展的洋务运动的产物。然而,在这个运动中创办起来的洋务学堂,却不仅仅只有京师同文馆一所。同文馆的诞生,引发和推动了各省洋务学堂的兴建。据史料考证,当时的洋务派官员把兴办新式学堂作为洋务运动的重要内容,先后创办了30多所洋务学堂。就专门培养外语人才的学堂来说,除京师同文馆外,还有另外六所学堂,即:上海广方言馆、广州同文馆、新疆俄文馆、台湾西学馆、珲春俄文书院和湖北自强学堂。除上述几所学习"西文"的学堂外,清政府还开办了一批学习西方近代军事和科学技术的学堂,以专门培养洋务人才。其中较具代表性的有福建船政学堂、江南制造局附设操炮(工艺)学堂、广东实学馆、天津水师学堂、天津武备学堂等。在这些洋务学堂中,数京师同文馆等级最高,规模最大。其他学堂的学生毕业后,

可以到京师同文馆继续学习、深造;而京师同文馆的毕业生,则可到其他学堂任教习。在这些洋务学堂中比较有影响的有以下五所:

(1) 上海广方言馆

在京师同文馆创办后不久,1863年3月28日(同治二年二月初十日),江苏巡抚李鸿章奏请"仿照"京师同文馆之例,在上海也开办一所外语学堂。他在奏折中写道:"……京师同文馆之设实为良法,行之既久,必有正人君子、奇尤敏异之士出乎其中,然后尽得西人之要领而思所以驾驭之,绥靖边陲之原本实在于此。惟是洋人总汇之地,以上海广东两口为最,种类较多,书籍较富,见闻较广。语言文字之粗者,一教习已足,其精者务在博采周咨,集思广益,非求之上海广东不可。"①

正以皇太后身份"垂帘听政"的慈禧听取了李鸿章的建议,批准在上海建馆。学馆最初定名为"学习外国语言文字同文馆",招收了40名学生,按照京师同文馆的模式办了起来。1867年11月,改名为上海广方言馆。1898年,上海江南制造局操炮学堂与之合并。1905年(光绪三十一年),经两江总督周馥建议,上海广方言馆改名为工业学堂。

在相当一段时间里,上海广方言馆实际上起着京师同文馆预备学校的作用,馆内的优秀学生一律选送到京师同文馆深造。从1868年到1896年的28年当中,该馆共向京师同文馆输送了28名优等生。后来这些学生中的一部分人成长为中国第一代较有作为的外交家。如汪凤藻后来官升二品,曾出任过驻日本国大使。刘式训出任过驻巴西和秘鲁的公使;唐在复出任过驻荷兰公使;戴陈霖出任过驻日本和西班牙公使;胡维德出任过驻法国公使;刘镜人出任过驻俄国公使;杨书雯出任过驻加拿大总领事;陆征祥担任过

---

① 见《李文忠公全书》奏稿,卷三,12页,吴汝纶编,上海商务印书馆,1921年。

民国外交总长兼代理国务卿;吴宗濂担任过民国总统府外交咨议。①

上海广方言馆存在了42年。

(2) 广州同文馆

广州同文馆也是由李鸿章建议,与上海广方言馆同时经慈禧太后批准筹建的。由于广东是当时洋人传教士较为集中的地方,故慈禧在1863年3月28日,一天当中两次发出上谕,一是命令广州将军库克吉泰和两广总督、都察院左副御史晏端书共同督办建馆事宜;二是特意规定:"惟该馆学生专习外国语言文字,不准西人藉端影射,将天主教暗中传习。"②可见,对于办洋务学堂,慈禧还是有所顾忌的。

广州同文馆于1864年6月23日(同治三年五月二十日)正式开馆,招了20名学生。因为当时只有一位美国人任教习,所以起初只设了英文馆。

1879年,在广州将军长善的奏请下,广州同文馆又增设了法文和普鲁士文两馆。每馆有学生10名。

同上海广方言馆一样,广州同文馆的优等生,也选送到京师同文馆深造。1871—1890年,其向京师同文馆共输送了40名学生。这些学生中同样出了几位在中国近代外交及政界颇有影响的人物。如左秉隆,曾任清政府驻新加坡总领事;杨枢曾任驻日本和比利时大使;周自齐曾任农商总长。

广州同文馆于1902年并入广州驻防中学堂,前后历时39年。

(3) 湖北自强学堂

湖北自强学堂是光绪年间开设的一所洋务学堂。1893年11

---

① 吴宗濂:《上海广方言馆始末记》,见《京师同文馆学友会第一次报告书》,2页,京华印书局,1926年。

② 见《筹办夷务始末》同治朝,卷十四,5页,故宫博物院影印本,1930年刊。

月,近代新式教育的积极倡导者,两广总督张之洞在武汉创办了湖北自强学堂。他在11月29日(光绪十九年十月二十二日)的一份奏折中写道:"湖北地处上游,南北冲要,汉口宜昌均为通商口岸,洋务日繁,动关大局,造就人才,似不可缓。"他强调自强学堂的宗旨是"讲求时务,融贯中西,研精器数,以期教育成材,上备国家任使"。①

湖北自强学堂起初分设方言、算学、格致(物理)、商务四斋。每斋20个学生,学期为五年。1896年,算学斋移归两湖书院,格致、商务均改为学外语,自此,该学堂成为一所外语学堂,分设英文、法文、俄文、德文四门功课,每种外语的学生均以30人为限。1898年,学堂又添日文,其时共有学生150人。

湖北自强学堂的总办是1867年(同治六年)毕业于广东同文馆,后又入京师同文馆学习天文、算学的蔡锡勇。蔡锡勇在任湖北自强学堂总办之前,曾任驻美、日、秘等国使馆翻译、参赞等职。

1903年,张之洞将自强学堂改为普通中学。

(4)福建船政学堂

福建船政学堂,又名求是堂艺局,是近代中国最早的一所海军学校,被誉为培养近代中国海军人才的摇篮。

1866年6月25日(同治五年五月十三日),闽浙总督左宗棠奏请在福州马尾设置船政局,同时附设船政学堂。他在给慈禧的奏折中写道:"愚臣以为欲防海之害而收其利,非整理水师不可;欲整理水师,非设局监造轮船不可。泰西巧而中国不必安于拙也,泰西有而中国不能傲以无也。……教习制造即兼教习驾驶,船成即令随同出洋,周历各海口,无论弁兵各色人等,有讲习精通能为船主者,即给予武职千、把、都、守,由虚衔荐补实职,俾领水师,则材技

---

① 见《张文襄公奏稿》二十一卷,20页,许同莘编。

第四章　京师同文馆的遗产和影响

之士争起赴之。将来讲习益精，水师人才固不可胜用矣。"①

慈禧很快就批准了左宗棠的这个建议。福建船政学堂开始筹建。1866年10月，左宗棠在调离闽浙任陕甘总督时，力荐前江西巡抚沈葆桢主持船政。1867年初，福建船政学堂正式开学。学堂分为前学堂和后学堂。前学堂专学法语和制造，后学堂学习英语和轮船驾驶。学期为五年。课程除外语之外，还有算术、几何、代数、物理、化学、画图、天文、地理、航海、管轮、驾驶等。

福建船政学堂学习制造的学生，大多是从船政局所属各船厂招来的悟性较高的青年工人，年龄以15—18岁为限。刚开始只有10多个学生，后来发展到100多人。这些学生称为"艺徒"。由于艺徒分散在各船厂，一般白天在船厂干活，晚上才学习，所以船政学堂实际上实行的是一种半工半读的教育制度。这是中国近代最早的业余教育。

福建船政学堂的后学堂从1871年开始，建立了"炼船"制度，即学生经训练考试合格后，便在洋教习的指挥下，出海练习驾驶轮船。期限定为3年。

福建船政学堂办得最红火时，学生曾一度达到300多人。其中成绩优异者，提升为领班、监工、工程师，或派往国外留学。后来曾担任过北大校长的严复，就是福建船政学堂派出的第一届留欧学生。1907年，船政学堂停止招生。1913年，民国政府将该学堂与船政局分开，改组为三个学校，即：福州制造学校、福州海军学校和福州艺术学校。

福建船政学堂前后存在了47年，毕业生共637人，为近代中国培养了大批造船专家和海军指挥人才，其中不少都成为海军舰队的基本骨干。如北洋水师12艘主要兵舰的管带中，就有11人是福建船政学堂的毕业生。林泰曾、刘步蟾、邓世昌、林永升、黄建勋、林履中等管带在甲午海战中与日本侵略者英勇作战，壮烈殉国。

---

① 见《左文襄公全集》奏稿，卷十八，5页，上海书局，1986年。

再如黄钟瑛、萨镇冰、刘冠雄、程璧光、李鼎新等毕业生，在辛亥革命之后，曾先后出任政府的海军总长。萨镇冰于1949年以后曾在新中国政府任职。由此可见福建船政学堂在中国近代教育史上占有的特殊地位。

(5) 广东实学馆（西学馆）

继上海广方言馆、广东同文馆、福建船政学堂之后，为培养更多的海军指挥人才，1876年12月，两广总督刘坤一建议在广东开设一所西学馆，并花了8万银元，买下了黄埔船坞，作为开办西学馆的基地。

1880年（光绪六年），继任的两广总督张树声开始在黄埔筹建实学馆。1882年，广东实学馆正式开学，招生40人。

广东实学馆的学生除学习英语外，还开设制造、驾驶两门课。学馆的章程规定，对于学习制造功课优异的学生，除造船外，还可学开矿、制造、枪炮、水雷等课。学期定为5年。

1884年，张之洞将黄埔实学馆改名为"博学馆"。1887年，该馆并入广东水陆师学堂。

除上述几所规模较大的学堂之外，19世纪下半叶，慈禧太后还准许开设了其他一些军事（武备）学堂。其中较有影响的还有上海江南制造局操炮学堂、天津水师学堂、天津武备学堂、广东黄埔鱼雷学堂、广东水陆师学堂、北京昆明湖水师学堂、山东威海卫水师学堂、江南水师学堂等13所武备学堂。这些学堂均为近代中国培养了一大批军事指挥人才。

与此同时，一批专门培养其他科技人员的学堂，也在洋务运动中应运而生。这里主要介绍以下几所：

(1) 福建电气学塾（电报学堂）

福建电气学塾（电报学堂）是近代中国开设的第一所专门训练

电讯人员的学校。据1876年6月24日(光绪二年五月初三)的《万国公报》报道,学塾开学时有学生32名,其中28人曾在香港念过英文。学塾的创始人是中丞丁雨生。学塾中的优等生将被送到英国大的电报学校、机关去完成学业。

(2) 天津电报学堂

1880年9月16日,北洋大臣李鸿章上奏朝廷,准请仿效外国,在天津和上海之间架设电报线路。他在申诉理由时说:"……由俄国电报到上海只须一日,而由上海至京城,现系轮船附寄,尚须六七日到京,如遇海道不通,由驿必以十日为期。是上海至京二千数百里,较之俄至上海数万里,消息反迟十倍。倘遇用兵之际,彼等外国军信速于中国,利害已判若径庭。"①在奏请架设电线的同时,他还建议设立电报学堂,雇洋人教习中国学生。

李鸿章的奏折,很快就得到慈禧的批准。同年10月,天津电报学堂正式开学,第一期招收学生32人。以后学堂不定期招生,学生最多时达50人,年龄从16到22岁不等。英语和数学基础好的学生,可在四五年后毕业。天津电报学堂的课程包括:电报实习、基础电讯、仪器规章、国际电报规约、电磁学、电测试、陆上电线与水下电线的建筑、电报线路测量、材料学、电报地理学、数学、制图、电力照明、英文和中文等。该学堂毕业生达三百人。1895年,京师同文馆学生庆常兼任该学堂提调,并兼英文教习。②

(3) 天津医学堂(北洋医学堂)

1880年,北洋大臣李鸿章因伦敦传教会医生约翰·麦肯基(John K. Machenzie)治好了李夫人多年不愈的疾病,而赞助其在天

---

① 见《李文忠公全书》奏稿,卷三八,16页,吴汝纶编,上海商务印书馆,1921年。
② 《毕乃德记天津电报学堂》,彭宪译自 K. Biggerstaff: *The Earliest Modern Government Schools in China*,65—68页,见《中国近代学制史料》第一辑,上册,486—488页,华东师范大学出版社,1983年。

津开办了一所小型新式医院,名为"总督医院"(Viceroy's Hospital)。一年后,麦肯基提出对几名留美学生进行现代医学训练,以便分往海陆军充任医官。由此,办起了"总督医院附属医学校"。该校于 1881 年 12 月 15 日开学,有 8 名学生,聘请驻天津英美海军中的外科医生任教习。

1888 年,麦肯基医生去世,总督医院被伦敦传教会收买。李鸿章用本地商人的捐款在天津创建了一所新医院,下设一所医学堂。1893 年,学校盖起新校舍,称为北洋医学堂,亦称天津西医学堂。这所学堂沿用天津水师学堂和武备学堂的先例,一切费用均从海防经费中开支。学堂的课程按照西方医学校的标准设置。①

(4) 南京陆军学堂附设铁路学堂

1896 年 1 月(光绪二十一年十二月),两江总督张之洞就创设南京陆军学堂附设铁路学堂一事,给光绪皇帝上了一道奏折。在奏折中,张之洞举德国陆军为例,认为要训练出一支英勇善战的劲旅,"非广设学堂实力教练,不足以造就将才"②。同时他还指出:"外国铁路衙门略知中国六部,设有极品大臣专司其事,大小学堂林立。闻德国通铁路学术者至数万人之多,方敷全国铁路十万余里之用。"并提议在陆军学堂下附设一铁路学堂,招 90 名学生,专门学习铁路的管理。

(5) 南京储才学堂

1896 年 2 月,两江总督张之洞在南京创办了一所集教授交涉、农政、工艺、商务为一家的储才学堂。学堂设置了律例、赋税、种植、水利、畜牧、农器、化学、汽机、矿务、工程、中国土货、钱币轻重、各国货物衰旺等课程,俨然是一所经贸学校。1898 年,刘坤一继任

---

① 《毕乃德记天津医学堂》,见《中国近代学制史料》第一辑,上册,491—492 页,华东师范大学出版社,1983 年。
② 见《张文襄公奏稿》卷二六,8 页,许同莘编。

两江总督后,将储才学堂改为江南高等学堂,后又改为南京格致书院。

此外,当时设立的较具规模、培养科技人才的学堂还有上海电报学堂、湖北算术学堂、湖北矿务局工程学堂、山海关铁路学堂、湖南湘乡东山精舍、湖北农务工艺学堂、上海江南制造局工艺学堂等。

洋务派创办洋务学堂的目的虽然是为了培养洋务人才,以适应清王朝在外交和军事上的需要,从而巩固其封建统治,但在中国近代教育史上,19世纪下半叶开始兴起的洋务学堂无疑占有极其重要的位置。洋务学堂的产生和发展,对具有几千年传统的中国封建科举式教育,是一种强有力的冲击。正是由于洋务学堂的兴办,才使西方近代的文化、教育思想和科学技术,得以在中国大地上传播。从这一意义上来说,洋务学堂既圆了当时一部分有识之士的"西学东渐"之梦,又使中国的传统教育朝着现代化迈进了一步。同时,这些洋务学堂的兴衰,也为日后京师大学堂等一批高等学府的创办,总结了经验,打下了基础。

第五章
从强学会、官书局到筹办京师大学堂

"唤起中国四千年之大梦,实自甲午一役也。"①

1894年7月(光绪二十年六月),日本一方面以武力威胁北洋舰队的运兵船,一方面把朝鲜作为侵略中国的跳板,从陆上进攻中国军队,从而引发了震惊中外的中日甲午战争。

历时八个月的甲午战争,最终以北洋水师的全军覆没、清政府与日本国签订丧权辱国的《马关条约》而告结束。

康有为
(1858—1927)

梁启超
(1873—1929)

---

① 见《戊戌变法》(一),296页,中国史学会编,上海人民出版社,1953年。

第五章 从强学会、官书局到筹办京师大学堂

《马关条约》共计11个条款,其主要内容包括:

(1) 将中国的辽东半岛、台湾及附属各岛屿、澎湖列岛割让给日本;

(2) 中国赔偿日本平银二万万两;

(3) 中国开放沙市、重庆、苏州、杭州为商埠,日本船只可以沿内河驶入以上各口岸;

(4) 日本臣民可以在中国各通商口岸设厂制造工业品,并可免征一切杂税。

《马关条约》大大加深了中国的半殖民地化和民族危机。条约规定的巨额战争赔款相当于清政府全年财政收入的3倍。

《马关条约》对中国社会和经济产生的严重影响是空前的。

甲午战争之前,清政府的财政大体还可收支平衡,并略有节余。甲午战争后,从1896年起(光绪二十二年),每年要偿还外债本息2000万两,1898年起,增为2500万两。条约规定的割地面积也远远超过《南京条约》对香港一隅的割让。而允许日本在通商口岸从事工业品制造,更是对中国国民经济的严重损害。

《马关条约》的签订,在经济上使资本输出逐渐成为帝国主义列强掠夺中国人民的主要形式。白银的大量外流,使在甲午战争前就已经逐渐解体的中国的自然经济,进一步面临崩溃的境地。

当时,在清廷统治层中,内到宗室王公、部院、谏官,外到直隶督抚、前敌将领,无不上奏折阻止签订《马关条约》,有的还要求"毁约再战"。

中日甲午战争的失败,彻底击碎了清王朝企望通过洋务运动"师夷治夷"的美梦。自第一次鸦片战争以后,中国在国际事务中无论政治上还是军事上的每一次失败或挫折,都激发了开明政治家和知识分子在理论认识上的飞跃。现在他们终于明白了一个道理:洋务运动并非是中国救亡图存的灵丹妙药。

洋务运动的领导者李鸿章和张之洞已无路可走。洋务运动所

倡导的作法在政治、经济、军事、教育等各个方面都已不能满足时代的要求。

正是在这样一个大背景之下,以康有为为首的新一代变法维新者和以孙中山为代表的革命者,应时代的呼唤,同时诞生了。

1895年中日议和时,适逢会试之年。各省举人齐集京师。康有为也是赴京应试的举人之一。

康有为,字广厦,号长素,又名祖诒,戊戌变法后改号为"更生"。生于1858年3月19日(咸丰八年二月初五),死于1927年3月31日。因是广东南海县人,故亦被学界尊称为"南海先生"或"康南海"。

康有为出生于一个以诗礼相传的书香门第世家,其高祖康辉做过广西布政使;曾祖康建昌官至福建按察使,诰封资政大夫;祖父康赞修,道光举人,任过合浦县教谕、钦州学政、连州训导;父亲康达初,是广东著名学者朱次琦的门徒。

康有为的父亲博古通今,最爱研究历史上各国治乱理国的学问,并对此有一套自己的理论。康家的亲朋好友也大多是官绅或读书人,素喜藏书和议论国事,使康有为从小就深受影响。

康有为自小便聪敏过人,4岁时已能认不少字,5岁就能背数百首唐诗。6岁时,父亲为他请了广东儒生吕凤简先生任家庭教师,系统地学习了《大学》、《中庸》、《论语》、朱注《孝经》等古典著作。康有为读书从不死记硬背,而是融会贯通,勤于思考,深得老师的赏识。

康有为10岁时父亲因病去世,祖父康赞修对他更是宠爱有加,把他接到身边亲自抚育。在祖父的指导下,康有为开始阅读《纲鉴》、《大清会典》、《东华录》、《明史》、《三国志》等书及抄有皇帝谕旨和臣僚奏议的《邸报》,从中获知了大量的历史知识和朝中政事。少年的康有为非常仰慕曾国藩、李鸿章、左宗棠、骆秉章等人,对时代的大变动开始有了朦胧的意识,并逐渐产生出一种强烈的使命感。

第五章 从强学会、官书局到筹办京师大学堂

16岁时,乡里举行文学考试,康有为连写6篇文章,在评选出的15篇佳作中,他的6篇文章全部被选中,其中第1、2、3名俱由他所得,从此名声大振。这以后,康有为阅读了魏源的《海国图志》、徐继畬的《瀛环志略》等有关西方知识的书,开始了对世界的了解和认识。

19岁时,康有为参加乡试,因不善作八股文而落选。这次落榜,使康有为决心拜名师为徒,从头学起。不久,在祖父的帮助下,他进入父亲的老师,广州著名学者朱次琦创办的私立学校学习,一学就是三年。朱次琦是一个正直的知识分子,其品行和学问在当时的广东是首屈一指的,是一位清代少有的理学大师。朱次琦的学术以经世致用为主,出了不少以研究中国历代政治沿革得失为专题的著作,并将自己的观点传授给学生。他的学术思想和处世精神,对康有为产生了巨大的影响。在朱次琦的指导下,康有为全面、系统地研究了中国古代儒家的经典,阅读了大量有关先秦时代的政治、历史、文学、哲学等著作,经常对个人的命运和国家的前途做出反思。但终因百思不得其解而厌倦了整日闭门读书的生活。

一个偶然的机会,康有为结识了翰林院编修张鼎华,了解到一些西方资产阶级的文明和西学西艺,从而使他的思想发生了转折,对人生和世界有了新的看法。

1884年,26岁的康有为从龚自珍、魏源等人的文章中受到启发,如饥似渴地探求西学,并将其与中国的传统学说进行对照。从此,康有为开始运用中国的儒家学说中的人道主义和西方资产阶级的自由、平等、博爱的思想来探求救国救民之道。这期间,康有为撰写了第一部具有资产阶级思想的著作《人类公理》。作为一个中国人,首次提出了"人有自主之权"、"人类平等是几何公理"的新思想,把批判的矛头第一次指向君主专制制度和宗法等级制度。他认为中国只有走变法改革的道路,才能使国家强盛,改变饱受外国欺凌、落后挨打的地位。

1886年,洋务运动的积极倡导者张之洞任两广总督。康有为

通过好友张鼐华给张之洞写了一封信,建议在广州成立译书局,专门翻译西方有关的政治书籍,供中国改革作参考。他的建议得到了张之洞的支持。

1888年,康有为来到北京,准备参加顺天府乡试。在京师的几个月中,康有为到处宣传自己的变法主张,并第一次撰写了《为国势危蹙祖陵奇变请下诏罪己及时图变折》,向慈禧太后和光绪皇帝上书,请求变法改革。这就是著名的《上清帝第一书》。

在奏折中,康有为大胆地批评慈禧和光绪在治国方面的无能,希望他们励精图治,内修政事,外攘夷狄,雪列圣之仇耻,固万年之丕基。同时向他们提出三项建议:变成法、通下情、慎左右。这些观点,成为以后维新派的基本思想。

然而,由于奏折内容太激烈,大臣们怕受牵连,谁也不敢替康有为转递这个折子。但康有为的大胆行动和主张,却在京城引起了强烈的反响。康有为本人不但成为新闻人物,他的《上清帝书》也被人们广泛传抄,并因此为朝中守旧官吏所痛恨,主张将他驱出北京。

康有为虽迫于压力,暂避到郊外,却并未放弃对朝政的关心。他通过为好友屠仁守代写奏稿的机会,继续将自己变法维新的主张表达出来。1889年1月,由于康有为代拟的奏折中有要求"停止修建颐和园"、"请醇亲王归政,不再干预政事"、"请罢免宰相,禁止宦官干政"、"广开言路,变法维新"、"请慈禧太后归政于光绪皇帝"等内容而触怒了慈禧,屠仁守被慈禧太后下令革职,永不叙用。

1890年春,康有为怀着对清廷的失望和对朋友的歉疚告别京城,回到广州,创办了"万木草堂"。在1890—1894年的四年当中,康有为把全部精力和智慧,投入到培养维新变法人才和创立新的学术体系上。维新变法的另一个风云人物梁启超,就是在这一时期拜康有为为师的。

梁启超,字卓如,号任公,1873年生于广东省新会县,从小接受传统的儒家教育。1889年,年仅16岁的梁启超考中举人。这次乡

第五章 从强学会、官书局到筹办京师大学堂

试的主考官就是后来主张创办京师大学堂的刑部侍郎李端棻。李端棻非常赏识这位才华横溢的青年学子,要把堂妹李惠仙许配给梁启超。1890年,梁启超入京参加会试,虽未考中进士,但在李端棻的操持下,仍与比自己年长4岁的李惠仙定了婚,并于次年结婚。这是梁启超一生中的重要转折点。在八年后的戊戌变法中,梁启超为李端棻代写过许多奏折,包括创办京师大学堂一折。而李也是戊戌变法中康、梁的主要支持者之一。变法失败后,李被充军边疆。

也是在1890年,梁启超在朋友的引见下第一次见到康有为,就被康的学识所折服,抛弃了旧学,毅然拜在康有为的门下,成为康的得意门生和有力助手。

1895年初,康有为偕弟子梁启超再次进京,准备参加这一年的会试。

康有为在中日谈判开始时,就十分关注谈判的进程。4月15日,《马关条约》的草案电传到北京,康有为通过朝中的一些官员了解到这一丧权辱国条约的主要内容后,在震惊之余,万分悲痛。在痛定思痛之后,他吩咐梁启超、麦孟华等弟子分头联络各省入京参加会试的举人,共同请求朝廷拒签《马关条约》。

次日,广东参加会试的部分举人和来京参加应试的湖南举人聚集在康有为的住所。康有为悲愤地介绍了《马关条约》的主要内容,剖析了实行这个条约将带来的危害。说到悲痛之处,康有为痛哭失声,举人们群情激奋,一致决定联名上书皇上,请求朝廷不要缔结《马关条约》。康有为当即草拟了奏折,共有81个举人在奏折上签了名,并由梁启超将上书呈递都察院。各省的举人听说广东和湖南的举人已率先上书,也纷纷联名上书。福建、四川、江西、贵州等省的举人首先响应,后江苏、湖北、陕西、甘肃、广西、直隶、山东、山西、河南、云南等省的举人也联名上书,反对签订日本提出的不平等条约。

一时间,北京城内兴起了反对清廷正式批准《马关条约》的浪

潮。见此情景,康有为决定利用这一有利的形势,扩大反签约斗争,为维新变法运动制造舆论。他让梁启超等人进一步联络十八省在京举人,策划发动大规模的公车上书(公车即举人)。康有为亲自动笔,拟就了长达1.8万余字的《上清帝书》。

5月1日,1300余名各省举人和部分京官名流集聚在北京的松筠庵,共商上书之事。

在集会上,康有为痛陈《马关条约》的危害,力言国势的艰危及非变法无以自存的道理,并将拟就的上书当场宣读,鼓动举人们在上书上签名。这就是历史上称之为"公车上书"的事件。这个震惊中外,具有划时代意义的历史事件标志着中国知识分子在民族危亡关键时刻的觉醒,并由此掀起了一场知识分子的爱国维新变法运动。通过这次事件,酝酿多年的资产阶级维新思潮转变为具有实际政治意义的维新行动,即维新革命。公车上书也确立了康有为在变法运动中的领导地位。

在上书中,康有为驳斥了那种认为只要对日本妥协,接受日本的苛刻条件,就可以保全清廷的卖国主张。他认为:"弃台民之事小,散天下民之事大,割地之事小,亡国之事大,社稷安危在此一举。"在反对议和的同时,康有为提出了"下诏鼓天下之气;迁都定天下之本;练兵强天下之势;变法成天下之治"等四项建议。在阐述变法的必要性和必然性时,康有为指出,清朝的各种制度沿用明朝以来已数百年,器久必坏,法久则弊,封建的政治、经济、文化制度已严重阻碍了中国的社会进步和经济发展。处于数十个先进发达国家侵略包围中的中国要生存,就必须改正那些不适应时代需要的旧制度和管理国家的方法。他认为变法的重点在于富国、养民和教民,并就这三个方面,提出了具体措施。

在有关富国方面,康有为提出设立国家银行以扩充商务;修铁路以发展交通;造机器、轮船以保护和发展民营工业及水上运输;用机器开采矿藏,开设矿学,以培养矿业人才;增铸银元,以抵制洋元;建立全国邮政系统等六项措施。

在有关养民方面,康有为提出务农、劝工、惠商、恤穷等四项措施。

在谈及教民时,康有为针对清朝政府仅创办了同文馆等几个洋务学堂及只有少数富家子弟可以入学的办学现状,提出了一个以普及教育为中心的国民教育大纲,并建议在各州县广泛开设学校,教授中国历史和天文、光电、数学、化学等现代科技知识,奖励著述新书,普遍设立图书馆,出版杂志,开设报馆。

在上书的最后,康有为抨击了清王朝政治和吏制的腐败及无能,并提出了改革意见。

康有为认为中国贫弱的最大根源在于管理制度不民主。他主张广泛吸收人民,特别是士人参加国家的管理,从而反映了年轻的中国资产阶级和开明绅士要求参与国家政权的呼声。

虽然由于妥协派的阻挠,上书仍未到达光绪手中,但与七年前康有为所写的《上清帝第一书》一样,这份洋洋万言的上书又一次在京城掀起轩然大波,被人们纷纷传抄,并由各省举人代传到全国各地。使上书中所提到的各项变法改革的主张在国内广为传播,等于为日后的戊戌变法做了舆论宣传。

几乎就在康有为领导"公车上书"的同时,另一个即将改变中国历史的重要人物——孙中山,也开始为中国的前途寻找出路,为变法改革推波助澜。

孙中山,原名孙文,字逸仙,1866年11月12日(同治五年十月初六日),诞生于广东香山县翠亨村。1879年,13岁的孙中山随母亲一起来到夏威夷,在哥哥的资助下,接受了西方的文化教育。面对美国的强盛和发达,对比中国的贫穷和落后,青年时代的孙中山立志要寻找一条救民救国的道路,以振兴祖国。

孙中山曾和康有为作过邻居,有过结盟的可能。

1894年初,孙中山在广州挂牌行医时的住所,与康有为讲学的万木草堂近在咫尺。康有为常到孙中山行医的圣教书楼购买西书。孙中山见康有志于西学,把他看做与自己有共同语言的人,想同他结交,并托朋友向康有为转达了这个意思。但是,由于康有为比孙中山年长近十岁,要孙中山先行拜师之礼后,才能与他来往,而充满着革命激情的孙中山又不愿接受这个条件,致使中国近代史上的两个伟人失之交臂。

当时的孙中山也试图走自上而下的改革变法道路。他知道清朝政府根深蒂固,想将之推翻,必须付出重大牺牲。所以,孙中山想先通过向朝廷请愿的方式,推行新政,以和平的手段,达到改革的目的。

1894年春,孙中山决定给洋务运动的领袖李鸿章上书,先得到他的支持。孙中山将《上李鸿章书》拟好后,请陈少白修改,并亲自辗转天津,通过李的幕僚,将上书呈递给李鸿章。

孙中山的上书全文共约一万字,阐述了他对中国进行改革的主张。其中心思想是向西方国家学习,改革教育制度,培养新式人才,采用先进的科学技术,发展农工商业,从而达到国家的独立和富强。

可是,李鸿章根本没把这个年青人放在眼里,拒绝接见他,也不理睬他的上书。这次上书的失败,使孙中山毅然选择了以武装革命夺取政权的道路,高举起反清的大旗。

1894年11月,孙中山在檀香山创办了中国第一个资产阶级革命的团体——兴中会,提出了"驱逐鞑虏,恢复中华,创立合众政府"的革命纲领。

1895年,当康有为在北京为筹备强学会而奔走时,孙中山在香港秘密准备发动广州起义,夺取政权,建立临时政府。由于叛徒告密,广州起义还未发动就失败了,数十名起义参加者被捕牺牲,孙中山被迫流亡日本。

康有为和孙中山,一个在北方,一个在南方,用不同的手段,为了挽救民族危亡这一共同的目标,在19世纪90年代的中国,掀起了一场可歌可泣、救亡图存的斗争。

"公车上书"和广州起义不是两个孤立事件。它们代表了中国相当一部分知识分子的政治动向,预兆了正在来临的新时代的潮流。

第五章　从强学会、官书局到筹办京师大学堂

在鸦片战争后的五十年内,中国近代的维新思潮先是由要求经济改革发展到政治改良,直至中日甲午战争之后,以康有为领导的"公车上书"为起点,维新思潮才发展成为一场以知识分子为主体,并得到一部分官员支持的政治运动。而这场政治运动的失败,则促进了孙中山领导的资产阶级革命的蓬勃开展。康有为等维新志士呼吁救亡图存、变法维新,又是以组织学会、发行报刊、创办新式学校作为推动维新运动发展的当务之急的。

维新人士认为,组织学会是挽救民族危亡,推动变法维新,使国家富强的一项大事。"泰西所以富强之由,皆由学会讲求之力。"①要变法维新,就要广联人才,讲求自强:"今欲振中国,在广人才;欲广人才,在兴学会。"通过学会,可以培养和团结一批通晓西学的知识分子,组织致力于维新事业的骨干队伍,从而"结群力厚",以开风气而挽世变。

梁启超在《论学会》一文中,详细地列举了办学会的十六个目的:"一曰胪陈学会利益,专折上闻,以定众心;二曰建立孔子庙堂,陈主会中,以著一尊;三曰贻书中外达官,令咸捐输,以厚物力;四曰函招海内同志,咸令入会,以博异才;五曰照会各国学会,常通音问,以广声气;六曰函告寓华西士,邀至入会,以收他山;七曰咨取官局群籍,概提全分,以备储藏;八曰尽购已翻西书,收庋会中,以便借读;九曰择购西文各书,分门别类,以资翻译;十曰广翻地球各报,布散行省,以新耳目;十一曰精搜中外地图,悬张会堂,以备流览;十二曰大陈各种仪器,开博物院,以助实验;十三曰编撰有用书籍,广印廉售,以启风气;十四曰严定会友功课,各执专门,以励实学;十五曰保选聪颖子弟,开立学堂,以育人才;十六曰公派学成会友,游历中外,以资著述。"②

在维新运动中,学会除能起到"广联人才,创通风气"的作用

---

① 《上海强学会序》,康有为代张之洞作,《强学报》第1期。
② 见《梁启超文选》(上),31页,夏晓虹编,中国广播电视出版社,1992年。

外,还可"兴民权,通上下之情"。维新人士认为中国政治的弊病在于尊卑悬殊,上下隔绝。早在1888年,康有为第一次上清帝书时,就提出了"通下情"的主张。谭嗣同也认为中国政治"君与臣隔,大臣与小臣隔,官与绅隔,绅与士隔,士与民隔,而官与官、绅与绅、士与士、民与民又无不自相为隔"。通隔阂,明下情,实为当务之急。

维新人士提出"伸民权",要求适当限制封建统治的特权和等级制度,在一定程度上给予人们以某些政治权利。他们希望通过学会争取和扩大这些权利,从而提高从事政治活动的能力。

然而,当"民智"未通,风气未开之际,一些官僚士子,还不易认识学会的重要性,这就要依靠舆论宣传,创办报刊。

1895年8月17日康有为在北京创办《万国公报》,并由梁启超主管。《万国公报》为双日刊,每期1000余份,以后又发展到3000多份。《万国公报》在北京创办后,产生了极大的反响,使京官和士大夫渐渐对世界大势有所了解。英国传教士李提摩太对此发表评论说:"政府的机关报《京报》是一千多年来在首都的唯一出版物,但是现在中国历史上出现了一个新报纸,虽然秘密受政府的津贴,但对政府是独立的。这是由维新会发行的。内容是介绍广学会传播的西方思想。"①

1895年7月,康有为与举人、军机处章京陈炽,刑部郎中沈曾植,翰林院编修、侍读文廷式以及编修张孝谦等人商议在北京成立强学会,地址选在北京宣武门外的后孙公园,即康有为创办《万国公报》的所在地。

据《康南海自编年谱》记:"报开两月,舆论渐明,初则骇之,继亦渐知新法之益。吾复下挟书游说,日出与士大夫讲辩,并告以开会之故,听者日众,乃频集通才,游宴以鼓励之,三举不成,然沈子培刑部、陈次亮户部皆力赞此举。"②

---

① 李提摩太:《留华四十五年纪》,见《戊戌变法》(三),560页,上海人民出版社,1953年。
② 汤志钧:《戊戌时期的学会和报刊》,25页,台湾商务印书馆,1993年。

第五章 从强学会、官书局到筹办京师大学堂

李提摩太
(1845—1919)

强学会正式成立于 11 月中旬,以强学书局的开设为标志。

而作为北京强学会创始人的康有为因为受到清廷中顽固派的诽谤和攻击,在陈炽等人的劝告下,于 1895 年 8 月底离开北京,由天津转至南京,游说两江总督张之洞兴办上海强学会。他留下弟子梁启超参与北京强学会的筹建工作。

强学会的领导人员构成很复杂,其中维新派、洋务派和保守派都有,帝党、后党共处。除梁启超等个别人外,绝大多数都是清廷的高级官员和社会名流。根据康有为所著的《康南海自编年谱》记载,强学会在北京筹组时,参加的人有:陈炽、沈曾植、沈曾桐、袁世凯、杨锐、丁立钧、张孝谦、梁启超、李提摩太、刘坤一、张之洞、王文韶、宋庆、聂士成、褚成博、张仲炘等。以后王鹏运、文廷式、徐世昌、张权等四人也加入了强学会。

对此,康有为写道:"自 7 月创办以来朝士云集,军机总署御史翰林各曹来会者百数,几与外国议院同。"①

强学会的主要领导人后来都是戊戌变法的主要参与者:

陈炽,江西瑞金人,举人、军机处章京。光绪十六年后,任户部主事、员外

维新派主办的倡导
变法的重要报纸《强学报》

---

① 康有为:《万木草堂遗稿外编》下册,568 页,台北成文出版社,1978 年。

郎,为户部尚书翁同龢所赏识。光绪二十年入军机处,次年入总理各国事务衙门,是强学会的发起人之一。强学会成立后,被推选为"提调"。当强学会被取缔,改为官书局后,陈炽又成为官书局的领导成员。

沈曾植,浙江嘉兴人,刑部郎中。曾任京师同文馆提调。北京强学会的发起人之一。在强学会中任"总董"。强学会被封禁后,他力主恢复。当胡孚宸奏请将强学会改为官书局时,沈曾植又奔走游说,力促其成。

北京强学会会址,京师大学堂的前身之一

沈曾桐,沈曾植之弟,翰林院编修。北京强学会发起人之一。后在官书局主管报务。

文廷式,江西平江人,翰林院侍读学士。北京强学会的发起人之一。在强学会任副董。后在官书局主管书局选书之事。光绪二十二年二月十九日为杨崇伊所弹劾,被革职永不叙用,并被逐回原籍。

张孝谦,翰林院编修,李鸿藻的得意门生。北京强学会的发起和主事人之一。官书局成立后,主持局务,分管银钱。

丁立钧,江苏丹徒人,翰林院编修。北京强学会主事人之一。

曾任顺天府考试同考官、山东沂州府知府、议叙擢道员。

杨锐,四川绵竹人,内阁中书。北京强学会发起人之一。张之洞的亲信。后在官书局负责"选书"之事。

张权,直隶南皮人,举人、主事,张之洞之子。北京强学会发起人之一。在他和杨锐的怂恿下,张之洞曾向强学会捐资。

袁世凯,河南项城人。生员,浙江温处道。北京强学会的参加者。与张孝谦关系甚密。

徐世昌,直隶天津人。北京强学会的参加者。与张孝谦、袁世凯过从甚密。

汪大燮,浙江钱塘人。以举人为内阁中书。北京强学会的参加者,与梁启超共同管理强学书局译报之事,任主笔。

熊余波,翰林院编修。北京强学会的参加者,强学书局的办事人。官书局设立后,主管局务,管银钱之事。

张仲炘,湖北江夏人。北京强学会的参加者。御史。由张孝谦邀集入会。

王鹏运,广西临桂人。北京强学会的参加者。御史。

康有为的学生梁启超在康有为离开北京后,帮助发起和参与了强学会的筹建工作。在此之前,梁启超是主管《万国公报》的编务。《梁氏三十自述》中说:强学会兴,"余被委为会中书记员"。强学会成立后,梁与汪大燮仍主管报务。梁启超后来也到了上海,创办《时务报》。

除上述在清朝政府中任高官的人直接参加了强学会之外,还有一些不便出头露面、级别更高的人物,成为强学会的积极支持者,如翁同龢、孙家鼐等人:

翁同龢,江苏常熟人。甲午战争时,以户部尚书入值军机。是光绪皇帝的老师和最为宠信的人。据说光绪"每事必问同龢,眷依尤重"。他积极支持北京强学会的成立。曾从户部拨款数千两黄金及印刷机给强学会使用。其门生文廷式、沈曾植、沈曾桐、丁立钧都是强学会的积极发起人和参加者。

孙家鼐，安徽寿州人，尚书。光绪皇帝的老师。强学会和维新党人都得到他的大力支持。强学会被封禁后，他被光绪派去管理官书局，筹办京师大学堂。大学堂成立之后，被委任为管学大臣，是京师大学堂的第一任校长。

李鸿藻，直隶高阳人。大学士，军机大臣。强学会的积极支持者。强学会被封时，李正在外地出差。返京后，即与翁同龢商议将强学会改为官书局。

张荫桓，广东南海人。曾出使美、日、秘三国。归国后，仍值总署。北京强学会的支持者。

刘坤一，湖南新宁人。北京强学会的支持者。为学会捐资5000两黄金。

王文韶，浙江仁和人。光绪二十一年调任直隶总督、北洋大臣。为学会捐资5000两黄金。

张之洞，直隶南皮人。中国兴办洋务的地方大员。《马关条约》签订前，曾上疏阻止。北京强学会的积极支持者。当时任两江总督，为学会捐资5000两黄金，后又参加上海强学会。

李提摩太，英国传教士。北京强学会的支持者。

强学会成立后，李鸿章也曾表示愿交3000两黄金入会，可强学会鉴于其在甲午战争中的表现，认为他是中国战败的祸首之一，所以拒绝了他入会的要求。李鸿章对此心怀不满，半年之后便指使他的亲家御史杨崇伊对强学会提出弹劾，使其遭到封禁。

北京强学会正式开办后，以办报介绍西学、新学，宣传维新变法为主。

除办报外，强学会还在琉璃厂租了房子，办起一个图书室，组织人翻译西书，并每十天在炸子桥嵩云草堂按期举行集会，讨论时势，宣传变法，研究强国之道。强学会的内部设有董事、提调、会办、坐办等职，均由参加人中推选而成。

显而易见，强学会是中国近代维新派最早组织起来的政治团

第五章 从强学会、官书局到筹办京师大学堂

体。梁启超认为:"盖强学会曾之性质,实兼学校与政党而一之焉。"①此后强学会虽改为官书局,而报刊盛行,学会林立,"学风渐萌芽,浸润于全国"。

强学会是甲午战争之后维新派和帝党相结合的一个政治团体。本来,在清政府内部,有所谓帝党、后党之争。以慈禧为首的顽固派结成后党,以翁同龢为首的拥帝集团结成帝党。这种帝后之争,不是宫廷琐事的纷争,而是民族危机所引起的统治集团的分裂和斗争。

甲午战争之时,后党主和,帝党主战。甲午战争之后,帝党要求摆脱以慈禧为代表的极端顽固派的压制,倾向于改革现状。维新派猛烈抨击后党丧权辱国的主张,请求"拒和",变法的举动符合帝党的政治需要。1895年(光绪二十一年)6月16日,帝党和维新派共同利用《马关条约》签订后全国的民愤,把主张投降、阻挠新政的后党孙毓汶、徐用仪逐出军机处和总署,推进了变法运动。

强学会参加人员的复杂,促进了内部矛盾的深化。如筹设之初,原定"总董"4人(陈炽、文廷式、沈曾植、沈曾桐)都是帝党。等到李鸿藻亲信张孝谦和张之洞所赏识的丁立钧加入后,张孝谦顶替沈曾桐当了总董。因其处理事务比较专断,丁立钧对此颇为不满。不久,张孝谦又和陈炽争吵,丁立钧又反过来帮张孝谦。当时,维新派只有梁启超仍管报务,而在强学会"总董"中,则根本没有维新派的席位。后来,与维新派比较接近的帝党"总董"也渐渐被挤走。

在如何办好学会方面,意见也不统一。维新派想发行报刊,敲起民族危亡的警钟,力言"守旧不变"的危险,而张孝谦则想"开局于琉璃厂",借以渔利。维新派想"广联人才",促使变法实现;而丁、张则想借学会为政争场所,以改变强学会的初衷。维新派联络帝

---

① 《莅北京大学校欢迎会演说辞》,见《梁启超文选》(下),385页,夏晓虹编,中国广播电视出版社,1992年。

党,帝党也依援维新派,但他们"合群"的结果,却是把会务实权拱手让给了"当国"军机的亲信张孝谦。

由于张孝谦、丁立钧与帝党、维新派的矛盾不是单纯的意气之争,加上"与会诸人,官气重而本领低,私意多而急公鲜,议论乱而本旨悖"①,所以使强学会内部较涣散。

尽管如此,后党对强学会的成立还是不满。李鸿章起初想"以三千金入股",遭到帝党陈炽的拒绝后,心怀不满。于是怂恿他儿子的岳父、亲家御史杨崇伊于1896年1月20日上疏弹劾,说强学会"专门贩卖西学书籍,并抄录各馆新闻报,刊印《中外纪闻》,按户销售。犹复借口公费,函索外省大员,以毁誉为要挟,请饬严禁"。②

光绪皇帝在慈禧太后的压力之下,被迫下旨"著都察院查明封禁"。就这样,强学会从1895年7月酝酿成立到1896年1月,仅半年便遭到封禁。

1月20日中午,张孝谦从军机处得到消息,急忙叫众人赶快搬迁。梁启超、汪大燮试图动员众人联名上奏,请求光绪收回成命,却无人响应,大多数人只顾自己或找靠山以避祸,或藏匿不出。1月23日,朝廷开始出告示抓人,更加使人心惶惶。当时李鸿藻出差未回,翁同龢听到查禁强学会,知道是太后的意思,故也无可奈何,"见人推之两邸"。

等1月29日李鸿藻归来,刚好陈其璋上书请普开学堂,文廷式请编洋务书,御史胡孚宸又上《书局有益人才请饬筹设以裨时局折》,奏请解禁。他写道:"京师近日设有强学书局,经御史杨崇伊奏请封禁,在朝廷预防流弊,立意至为深远。惟局中所储藏肆习者,首在列圣圣训及各种政书,兼售同文馆、上海制造局所刻西学诸书,绘印舆图,置备仪器,意在流通秘要图书,考验格致精蕴。所需费用,皆系捐资集股,绝无迫索情势,所刻章程,尚无疵谬,此次

---

① 吴樵:《致汪康年书》,光绪二十一年十一月十二日。
② 见《德宗景皇帝实录》卷三八一,8页。

封禁,不过防其流弊,并非禁其向学,倘能广选才贤,观摩取善,此日多一读书之士,他日即多一报国之人,收效似非浅显。"①

李鸿藻乘机提出将强学会改为官书局,使其成为贵族子弟讲习之所。此建议得到光绪的支持。总理各国事务衙门大臣议奏,按照八旗官学成例,把强学会改建为官立书局,延聘通晓中西学问的洋人为教习,专管选译书籍、报纸,教授各种西学。官书局所需经费,由总理各国事务衙门从出使经费中每月拨1000两银子,用来购置图书、仪器、各国报纸,以及支付教习、司事和翻译的报酬。1896年2月,清廷派工部尚书孙家鼐为管理书局大臣。官书局实际上成为继同文馆后,清朝政府开设的第二所官办学校,不过带有很浓的政治色彩。

大量的事实说明,同文馆等洋务学校的办学方针,已经远不能适应政治形势的要求。梁启超在他的《学校总论》一文中写道:"今之同文馆、广方言馆、水师学堂、武备学堂、自强学堂、实学馆之类,其不能得异才何也?言艺之事多,言政与教之事少。其所谓艺者,又不过语言文字之浅,兵学之末,不务其大,不揣其本,即尽其道,所成已无几矣。又其受病之根有三:一曰科举制不改,就学乏才也。二曰师范学堂不立,教习非人也。三曰专门之业不分,致精无自也。"②一针见血地指出了旧式教育在培养人才方面的不足之处。

1896年强学会的成立及以后改为官书局,都是对新式教育的尝试。

强学会改名为官书局,名称变了,内容却没有变,其任务和目标反而更明确了。强学会的一些主要发起人和领导成员,又都在官书局担任起领导职务。如强学会的发起人之一、强学会提调陈

---

① 见《光绪朝东华录》(七),3773页,中华书局,1958年。
② 梁启超:《学校总论》,见《梁启超文选》(上),26页,夏晓虹编,中国广播电视出版社,1992年。

炽,是官书局的领导成员;强学会的发起人之一沈曾桐在官书局主管报务;强学会的发起人之一、强学会的副董文廷式在官书局主管选书;强学会主事人之一的张孝谦,在官书局主局务,管钱粮之事;强学会的发起人之一,张之洞的亲信杨锐,也在官书局中负责选书。与张孝谦、丁立钧前后脚加入强学会的熊余波,在强学会遭封禁,议设官书局时,曾上书光绪的老师孙家鼐,提出分眉目、定规模、请款项、添官员、分职掌、严出入、审基址、选人才、延师儒、明责罚等事。

管理书局大臣孙家鼐与原办书局诸臣,悉心筹划,草拟开办章程,并于1896年2月21日议定七条章程,奉旨遵办。这七条章程,成为日后创办京师大学堂的蓝图:

(1)藏书籍。拟设藏书院,尊藏列朝圣训,钦定诸书及各国书籍及各衙门现行规例,各省通志,河漕盐厘各项政书,并请准其咨取储存庋列,其古今经史子集有关政学术业者,一切购置院中,用备留心时事,讲求学问者,入院借观,恢广学识。

(2)刊书籍。拟设刊书处.译刻各国书籍。举凡律例、公法、商务、农务、制造、测算之学,及武备、工程诸书,凡有益于国计民生与交涉事件者译成中国文字,广为流布。

(3)备仪器。拟设游艺院,广购化学、电学、光学诸新机,矿质、地质、动物、植物各异产,分别部居,逐门陈列,俾学者心摹手试,考验研求。

(4)广教肄。拟设学堂一所,延精通中外文理者一人为教习,凡京官年力富强者,子弟之资性聪颖,安详端正者,如愿学语言文字及制造诸法,听其酌出学资,入馆肄习。

(5)筹经费。原办零星招股,过于冗碎,遵照原奏,概行停止。其慕义乐输捐助巨款者,按例酌核收纳,并就现有经费,次第兴办。

(6)分职掌。庶心志专一,可期日起有功,所有在局办事诸臣职名,另行开呈御览。

(7)刊印信。拟刻一木质关防,文曰管理官书局大臣之关防,

第五章 从强学会、官书局到筹办京师大学堂

凡向总理衙门领取经费,及有行文事件,即以此为凭信。①

然而,孙家鼐在他所拟的《官书局章程》中,删去了强学会中办报一项,以专门译各国书籍为主要工作。并规定不准议论时政,不准臧否人物,不准挟嫌妄议,不准"渎乱宸听",使之"渐讳时政"。《官书局章程》中还把书局分为四门,即学务、选书、局务、报务。在用人方面,除保留了几个帝党外,其余都是李鸿藻、张之洞派系的人物,如张孝谦、杨锐、熊余波等。但官书局的成立,还是为日后京师大学堂的创建奠定了基础。

从强学会到官书局,从半官方到官方,帝党由暗地支持到公开领导,使京师大学堂的筹办处在一个重要的转折点上。特别是由光绪的老师孙家鼐亲任管理书局大臣,制定官书局章程,确定"拟设学堂一所"的目标,实际上已经正式开始了京师大学堂最初的筹备工作。

自鸦片战争开始,特别是甲午战争之后,中国知识分子深感时世艰难,人才匮乏,纷纷主张仿效西方办学的模式,学习西方先进的科学技术,培育有益于富国强国的人才。因此,废除科举制,兴办新式学堂,便成为有识之士们孜孜以求的目标。而这种追求,在官书局成立之后达到高潮。他们或发表文章,或向皇帝进言,通过各种途径,呼唤并用实际行动促进西学在中国的发展。此时,"兴学之议"已形成一种气氛、潮流和压力。

光绪皇帝下决心委派他的老师亲自主持官书局,筹建学堂,正是大臣们和民众广进"兴学之议"的结果。

其实,早在京师同文馆创办之后,一些关于西方学校的情况,便被陆续介绍进来。如1882年(光绪八年)出使过俄国的王之春在《广学校篇》一文中,就对西方学校的等级、课程及各种专业的设置进行了介绍:"……乡塾之上有郡学院,再上有实学院,再进为仕学

---

① 见《光绪政要》卷二二,1页,沈桐生等辑,宣统元年(1909年),崇义堂刊。

院,然后入大学院。学分四科:曰经学,法学,智学,医学。……"①王之春在这篇文章中,首次向国人提到"大学院"之说。

清朝的另一位外交官薛福成,曾出使过英、法、比、意四国,任大使之职。他在1891年(光绪十七年)所著的《出使四国日记》中写道:"西洋各国教民之法,莫盛于今日。凡男女八岁以上不入学堂者,罪其父母",并指出:"夫观大局兴废盛衰,必究其所以至此之本厚。学校之盛有如今日,此西洋诸国所以勃兴之本厚欤。""西洋各国……学堂林立,有大有中有小,自初学以至成材,及能研究精微者,无一不有一定程限。文则有仕学院,武则有武学院,农则有农政院,工则有工艺院,商则有商通院。"②

洋务运动的重要实践者,曾任上海机器织布局总办、轮胎招商局会办、汉阳铁厂和粤汉铁路公司总办的郑观应也是一个对教育很有研究的人物。1892年(光绪十八年),他写了一部颇具影响的著作《盛世危言》。在这部书中,郑观应提出了创办新式学校培养人才的精辟论述:"学校者,造就人才之地,治天下之大本也。"③他在书中详细介绍了西方国家小学、中学、专业学院和大学的情况,如怎么分班,学什么内容,教师怎么授课,学制的长短、专业的分类等等,为清朝政府开办新式学校描绘出一幅内容丰富的蓝图。

郑观应批评京师同文馆、方言各馆、水师、武备各堂"历有年所,而诸学尚未深通,技艺未专,而授受之道未得也"。④

1895年(光绪二十一年),胡燏棻在《变法自强疏》中再次提到:"今日即孔孟复生,舍富强外,亦无立国之道,而舍仿行西法一途,更无致富强之术。"他向光绪帝提出的十项建议之一便是"设立学堂以储人才"。他认为:"泰西各邦,人才辈出,其大本大源,全在广设学堂。商有学堂,则操奇计赢之术日娴。工有学堂,则创造利用之智日辟。农桑有学堂,则树艺饲畜之利日溥。矿务有学堂,则宝

---

① 王之春:《广学校篇》,见《蠡测危言》第十三篇。
② 薛福成:《出使四国日记》,229页,湖南人民出版社,1981年。
③④ 郑观应:《盛世危言》第一卷,4页,光绪二十二年(1896年),上海书局。

第五章　从强学会、官书局到筹办京师大学堂

藏之富日兴。医有学堂,则生养之道日进。声、光、化、电各项格致有学堂,则新理新物日出而不穷。……至其学堂之制,不必尽由官设,但国家设大书院以考取之。今中国各省书院义塾,制亦大备,乃于八股、试帖、诗赋、经义而外,一无讲求,又明知其无用,而徒以法令所在,相沿不改,人才消耗,实由于此。"为了进一步论证这个问题,胡燏棻又以日本为例说:"日本一弹丸岛国耳,自明治维新以来,力行西法,亦仅三十余年,而其工作之巧,出产之多,矿政、邮政、商政之兴旺,国家岁入租赋共约八千余万元,此以西法致富之明效也。"①

胡燏棻以普法之战为例指出,普法之战,法国的名城残破几尽,电线、铁路几乎都被毁坏了,还赔偿人家五千兆法郎,比今日中国赔偿日本的钱多几十倍。但法国人上下一条心,孜孜求治,改革弊政,不到十年,国家重新成为富强之国。

梁启超早在光绪十年就曾赴英、法、德考察过教育,立志为振兴新学做贡献。他后来回忆道:"余于光绪十年去英,默念华人博习西学之期,必已不远,因拟谒见英、法、德等国学部大臣,请示振兴新学之道,以储异日传播中华之用。"②梁启超在将中国旧式学校与西方学校做了详细的比较后,发表了《学校余论》和《学校总论》两篇文章,为创办新式学校摇旗呐喊。

为了推广官书局兴学育才的本意,1896年6月12日(光绪二十二年五月初二),刑部左侍郎李端棻向光绪帝上了一道由梁启超代为起草的奏折,首次明确提出自京师以及各省府州县均设学堂的建议,并主张"京师大学,选举贡监生年三十以下者入学,其京官愿学者听之。学中课程,一如省学,惟益加专精,各执一门,不迁其业,以三年为期。其省学、大学所课,门目繁多,可仿宋胡瑗经义、

---

① 胡燏棻:《变法自强疏》,见《变法自强奏议汇编》卷一,光绪二十七年(1901年),上海书局。
② 梁启超:《论变法不知本原之害》,见《梁启超文选》(上),17页,夏晓虹编,中国广播电视出版社,1992年。

治事之例，分斋讲习，等其荣途，一归科第，予以出身，一如常官。如此，则人争濯磨，士知向往，风气自开，技能自成，才不可胜用矣"。①李端棻在奏折中除对办学经费、教习的聘用等都一一提出建议外，还主张为广开风气，应设立藏书院、仪器院、译书局，广立报馆及选派游历。他认为："既有官书局，大学堂以为之经，复有此五者以为之纬，则中人以上，皆有自励于学，而奇才异能之士，其所成就益远且大，十年以后，贤俊盈延，不可胜用矣。"

这表明，早在1896年（光绪二十二年）就有了"建大学堂"的说法。

李端棻的奏折，引起了光绪的关注，并将此折批复总理衙门议奏。两个月之后，即1896年7月13日，《总理衙门议复李侍郎推广学校折》肯定了李端棻的奏折："综观环球各国三十年来，莫不以兴教劝学为安内攘外之基；崇学者积治以富强，虚伪者积衰以贫弱，事如操券，成效炳然。则今日广励学官，诚属自强本计。"同时，总理衙门建议："该侍郎所请于京师建设大学堂，系为扩充官书局起见，应请旨饬下管理书局大臣察度情形，妥筹办理。"②光绪听取了总理衙门的意见，即命当时管理书局的大臣孙家鼐先从扩充官书局开始，筹划在京师设立新式大学堂的事宜。

这段历史告诉我们，京师大学堂筹建的准确时间实际上是1896年7月，而正式开办是在戊戌变法发生的1898年。

京师是一国之心脏所在，要在京师建立第一所全国最高学府的消息一经传开，立即引起全国乃至各国驻华人士的关注。他们或发表文章，或向皇上进谏，就设立京师大学堂的问题各抒己见。

1897年（光绪二十三年），姚文栋就大学堂的规模、人员管理、专业的划分等问题论述道："东西各国都城，皆有大学堂，为人才总汇之所，每年用费至二三十万之多。盖以京师首善，四方之所则

---

① 见《中国近代学制史料》第一辑，下册，485页，华东师范大学出版社，1986年。
② 同上书，488—489页。

第五章 从强学会、官书局到筹办京师大学堂

效,万国之所观瞻,故规模不可不宏,而教法不可不备。……专设学部大臣,以总理全国之学政,……学中诸生,分科习业,论文字语言,则有英、法、俄、德四国之殊;论学术,则是天算、地舆、格致、公法各项之别。……派员总管学务,凡司事丁役一切人等,赏罚黜陟,权归于一,勿任旁人牵制,庶免丛脞之虑。"①

长期在中国居住的美国传教士李佳白专门写了一篇文章,从八个方面,阐述了作为"总学堂"的京师大学堂在创办中应注意的问题及在京师设立大学堂的重要意义。他写道:"设立总学堂,必求尽善尽美,不可照寻常办法。若照寻常办法,则与中国已设之学堂无所区别,既不可谓之总学堂,复不可谓尽善尽美之办法。倘使学生仅能通西国语言而不能通其义,或能通算学、格致之浅诣而不能得其深邃,此不过蒙学、中学之程式,断难立上等总学堂规模。……若在外省分立学堂,无论为中、为大、为总,不过一方有益,仍于大局无裨。今于京师立一上等总学堂,能使天下才智之士萃于京师总学堂之内。他日学成,或出而效用于各省,或出而教习于各地,则枢机仍握于京师,既不至散而无纪,亦何患尾大不掉。盖今日时势,无论何事,必先于京师办起,而次及于各省。一则因势利导兴举较易,一则行权辨义,体统斯尊。"②

住在北京的狄考文等几个美国人也联名撰写了《上译署拟请创设总学堂议》一文。文章除回顾了中国旧式教育在培养人才方面的缺陷以外,再一次对创办京师大学堂的重要性进行了阐述:"……言京都为天下宗仰,上有好者,下必有甚;小民可与乐成,难与虑始。风气之开,其端在上。故京都必先立一总学堂,以为通国之倡,乃可以号召直省,而翕然从风。登高一呼,远近响应。声非疾,其势便也。……今建立总学堂,则凡中西文字、经史、政事、律

---

① 姚文栋:《京师学堂条议》,见《北京大学史料》第一卷,11页,北京大学出版社,1993年。
② 李佳白:《拟请京师创设大学堂议》,见《北京大学史料》第一卷,14页,北京大学出版社,1993年。

例、公法、兵戎之学,天算、地舆、测绘、航海、光、电、声、化、汽机之学,身体、心灵、医理、药法、动植物之学,农政、商务、制造、工程之学皆入之。为此,诸学可以明天地之性,可以集身心之益,可以通五洲之故,可以收万物之用,可以阜民财,可以开民智,可以裕国帑,可以树国威,可以雪国耻,可以涤积弊,可以靖内乱,可以平外交,可以保旧疆,可以延新命,可以振儒风,可以距诐行,可以合万国,可以大一统。……京师之总学堂,又为通国之归宿。凡通国造就之人才,毕得升进观摩于其中。如此则薄海内外,喁喁向风,朝廷之体统,由此愈行尊严;万国之观瞻,由此弥昭郑重矣。"①

他们的文章,可说是将创立京师大学堂的种种好处,宣扬得淋漓尽致。

受皇帝之命筹设京师大学堂的官书局大臣孙家鼐在1896年8月给光绪帝上的折子中也特别指出,京师大学堂的创建,不能仿照已开设多年的同文馆、各省广方言馆的模式,也不能操之过急,而应极妥善地筹划好再说,否则不如不办。他还提出了六条建议,请皇上定夺。这六条建议为:定宗旨;建房屋;立学科;访教习;慎选生;管分配。他认为:"此六事者,准今酌古,原始要终,实已兼包中外。"孙家鼐还就创立大学堂所需经费尚无着落等事奏明皇上。②

京师大学堂虽屡经大臣们反复议奏,终因事属首创,没有现成的例子可以遵循,再加上朝廷里还有一批守旧的官吏,如恭亲王奕䜣、工部大臣刚毅等人都主张暂缓办理,臣僚们又相互推诿,所以,筹办京师大学堂之事拖了两年的时间。

总之,正如梁启超于1912年莅北京大学欢迎会演说辞所讲:"时在乙未之岁,鄙人于诸先辈,感国事之危殆,非兴学不足以救亡,乃共谋设立学校,以输入欧美之学术于国中。惟当时社会嫉新学如仇,一言办学,即视同叛逆,迫害无所不至。是以诸先辈不能公

---

① 狄考文等:《上译署拟请创设总学堂议》,见《北京大学史料》第一卷,17页,北京大学出版社,1993年。
② 见《中国近代学制史料》第一辑,下册,622—626页,华东师范大学出版社,1986年。

然设立正式之学校,而组织一强学会,备置图书仪器,邀人来观,冀输入世界之智识于我国民,且于讲学之外,谋政治之改革。盖强学会之性质,实兼学校与政党而一之焉。在今日固视为幼稚之团体,然在当时风气未开之际,有闻强学会之名者,莫不惊骇而疑有非常之举。此幼稚之强学会,遂能战胜数千年旧习惯,而一新当时耳目,具革新中国社会之功,实亦不可轻视之也。厥后谣诼频兴,强学会之势力愈强,而政府嫉恶强学会之心亦愈甚。迄乙未之末,为步军统领所封禁,所有书籍仪器,尽括而去。……及至戊戌之岁,朝政大有革新之望。孙寿州先生本强学会会员,与人同谋,请之枢府,将所查抄强学会之书籍仪器发出,改为官书局。嗣后此官书局,即改为大学校。故言及鄙人与大学校之关系,即以大学校之前身为官书局,官书局之前身为强学会,则鄙人固可为有关系之人。"[①]

梁启超的讲话,对京师大学堂如何从强学会转成官书局,最终又改为大学堂的过程做了简明扼要的叙述。

---

① 见《梁启超文选》(下),385—386页,夏晓虹编,中国广播电视出版社,1992年。

第六章
戊戌变法与京师大学堂的正式开办

北京强学会被封禁之后,《中外纪闻》报也被查禁。后虽成立了官书局,但维新派人士、康有为的弟子梁启超却被排斥在外。康有为在上海发起成立的上海强学会以及由上海强学会主办的《强学报》同样被迫解散或停刊。康有为本人也从上海回到广州,在万木草堂讲学。

为了进一步宣传和推进维新运动,梁启超来到清王朝的统治相对薄弱的上海,想在上海再创办一份报纸,并以此在公车上书后对北京再发动一次冲击。这个想法得到康有为的支持。

孙家鼐
(1827—1909)

梁启超在 1896 年春到达上海。他用康有为办强学会剩下的钱,再加上好友黄遵宪捐助的钱,与汪康年一起,于 1896 年 9 月正式创办了《时务报》。该报每十天出一期,每期约有二十多页。报上刊登的文章大多以对时势的评论、谕折、京城外的新闻和国外报纸的文章为主。作为该报的主编,梁启超特别注重把国外对中国局势的看法和报道登在报上,以便读者能对中国所面临的危机有所认识,从而积极支持变法维新的主张。

《时务报》以开民智、求自强、注重中外时事为宗旨。当时的维新派人物康有为、梁启超、麦孟华、汪康年、章太炎、徐勤等,都经常在报上发表文章。其中以梁启超的文章最多。《时务报》上的文章反映的大都是民众的呼声,并能大胆抨击时政,介绍西方文化,宣传维新变法的主张。洋务运动的积极倡导者张之洞认为该报"识见正大,议论切要,足以增广见闻,激发志气"。他甚至用官款订购了几十份报纸,送发湖北大小衙门、各个学堂。《时务报》还得到山西、湖南、浙江、贵州、江苏等地方官员的推崇。

《时务报》上刊登的文章不但思想深刻、观点新颖,而且文笔流畅,深得读者的好评。它的发行量很快达到一万七千余份,成为全国发行量最大的报纸。

《时务报》在引起国人欢迎的同时,也受到一批长期在中国居住的外国人的关注。英国传教士李提摩太把它看做中国维新运动发展的一个标志。他在《留华四十五年纪》一书中这样写道:"维新的运动像是一条融化了的大冰河,或者是开了冻的黑龙江,把巨大障碍的冰块送到海洋。康有为的大弟子梁启超现在上海开办了一个报纸,叫做《时务报》,是维新党的机关报。它从最初就是一个灿烂的胜利,震动了整个帝国。"①

不久,维新派的另一份报纸《知新报》,在澳门创刊。

1896年11月,康有为游澳门。在与当地名流交往时,他流露出想在南方也创办一个报馆,以宣传维新变法主张。他的设想得到他的学生、当地开明绅士何延光的支持。两人经商量后决定将

---

① 李提摩太:《留华四十五年纪》,《戊戌变法》(三),560页,中国史学会编,上海人民出版社,1953年。

报纸取名为《知新报》，报馆设在澳门，以躲过广东官吏的干预。1897年2月22日，《知新报》在澳门正式创刊。

《知新报》的撰稿人大多是康有为的弟子、变法维新的积极拥护者。他们的文章，一方面大力宣传了康有为的变法维新主张，介绍他的著作和学说；一方面用大量的篇幅，对西方国家的政治、经济、文化状况进行了介绍，从而号召中国人民团结一致，要求清政府变法维新，发展现代经济，以求国富民强。

由于所登文章不但内容新颖，观点鲜明，而且代表了当时中国一大批知识分子和海外爱国同胞的心声。很快，《知新报》不仅在全国40多个大中城市发行，还发行到旧金山、东京、神户、横滨、海防、新加坡等城市，产生了极大的影响。就连清廷的一些官员也称赞它办得好。江西布政使还发文，让全省官员阅读《知新报》。

随着维新运动的深入开展，《知新报》的言辞更为激烈，对清政府的批评也更为尖锐。许多《时务报》不敢说的话，它都敢说，因此而遭到清政府中保守派的嫉恨。但由于报馆在澳门，才使它在维新运动失败之后，仍然得以保存下来，成为当时唯一一份还能继续刊登康有为等维新志士文章的报刊。

1912年京师大学堂改名为北京大学后担任北大校长的严复，1897年10月与夏曾佑、王修植等人在天津也创办了一份报纸，名为《国闻报》。

《时务报》、《知新报》和《国闻报》的创办和发行，为戊戌变法做了大量的舆论宣传，使变法维新的思想日益深入人心。

发生在1898年的戊戌变法运动，不是一朝一夕的产物，而是以康有为、梁启超为代表的维新人士多年奋斗的结果。

1895年，康有为从"公车上书"事件中，看到了中国广大民众对旧体制的憎恶及对变法维新的呼唤。

这一年的会试，康有为中了第五名贡生，被授予工部预衡司主事的官衔。为了便于在京城推行变法维新活动，康有为接受了这一官衔,但却未到工部任职,而是继续从事变法维新活动。这期间,他以公车上书的内容为基础,重新写了一份上皇帝书,并以进士的身份递交都察院。这就是著名的《上清帝第三书》。这一天是1895年5月29日。

在《上清帝第三书》中,康有为深刻地论述了变法的必要性和迫切性,并提出变法的具体内容应表现在富国、养民、教士、练兵等四个方面。同时,他还特别强调"只有吸收有才能的人参与管理国家,方能保证变法的顺利进行"。

由于康有为有了官员的身份,都察院已不能再扣压他的上书。6月3日,上书到达军机处,军机大臣翁同龢当天就把康有为的上书呈给光绪御览。

从18岁大婚后才亲政的光绪帝,实际上仍处处受到慈禧太后的掣肘。面对甲午战争的惨败和《马关条约》的签订,光绪力图振作,推行新政,但一再遭到以慈禧太后为首的封建顽固势力的压制,使原本踌躇满志的光绪为丧师败绩和割地赔款的耻辱,为苦于没有治国良策,而整日长吁短叹,一筹莫展。

康有为的上书恰如一股清风,吹散了光绪眼前的阴霾,使他看到了中国前途的一片光明。光绪当即命令将康有为的奏折誊抄三份,一份送交军机处让各省将军督抚议处;一份存乾清宫自览;一份存勤政殿备览;原件则送给慈禧太后。如此对待一个无名小官的奏折,在清朝历史上是不多见的,说明光绪对康有为的上书多么重视。康有为得知这个消息后,备受鼓舞,不久又写出了《上清帝第四书》,提出一些更为详尽的改革措施,并通过成立强学会,办《万国公报》、《知新报》等形式,在社会上广造舆论,为变法维新做准备。

然而,由于北京的顽固势力很强,康有为的许多变法设想,在北京难以引起强烈的共鸣。1896年(光绪二十二年)冬天,康有为来到桂林,在广西巡抚史念祖、布政使游智开、按察使蔡希邠及前署台湾巡抚唐景崧和岑春煊等人的支持和赞助下,创办了一个圣学会。圣学会的目的是通过宣传孔教,推行变法维新运动。梁启超对圣学会的评价非常高,他认为:"……北肇强学于京师,南开圣学于桂海,云雾既拨,风气大开。"①

1897年(光绪二十三年)7月,康有为返回广州,继续讲学于万木草堂。此时,康有为已到了不惑之年。

在万木草堂期间,康有为昼夜演讲,宣传变法的思想和理论。就在这一时期,康有为萌发出移民巴西,建立一个新中国的大胆设想。这一想法的产生,反映出他思想深处的痛苦和对前途的茫然。但胶州湾事件的爆发,使康有为改变了初衷。

1897年11月,三艘德国战舰以山东曹州府老百姓焚烧教堂,杀死德国传教士为借口,占据了胶州湾,并在1898年3月,迫使清政府签订了《胶澳租借条约》。一时间,沙皇俄国、法国、英国、日本等列强,以胶州湾事件为契机,寻找借口,纷纷向中国伸出掠夺之手,强迫清政府签订了一系列不平等条约。亡国的危机已迫在眉睫。对此,又回到京城的康有为忧心如焚,意识到变法维新已到了刻不容缓的地步。他于1897年12月的一天连夜赶写了一个奏折,上交工部,即《上清帝第五书》。

在上书中,康有为除尖锐地再次批评了清廷对侵略者采取的不抵抗政策外,还指出迟迟不肯变法维新是导致亡国危机的主要原因。他认为:"今日大患,莫大于昧,故国是未定,士气不昌,外交不亲,内治不举,所闻日陋,有援难持,其病皆在于此。"康有为奉劝光绪帝,"图存自保之策,舍变法外别无他途"②。但由于上书中有许多批评当政官员的激烈言辞,工部将康有为的奏折扣压下来,没有上报。

翁同龢
(1830—1904)

① 梁启超:《日本横滨中国大同学校缘起》,《时务报》第49期,1897年刊。
② 康有为:《上清帝第五书》,《戊戌变法》(二),中国史学会编,上海人民出版社,1953年。

第六章　戊戌变法与京师大学堂的正式开办

《上清帝第五书》虽未上达天庭，但如同康有为过去的几次上书一样，不但在进步人士和官员中传抄，还在上海等城市刊印出版。康有为本人也始终没有放弃变法维新的努力，又接连写了《上清帝第六书》和《上清帝第七书》，对中国的变法改革提出了一次比一次更详尽的建议。在这几次上书中，康有为一再强调办新式大学的必要性。然而，这几篇上书同样没有递到光绪的手中。

上书不成，康有为决定重提移民计划。这一计划得到李鸿章的支持，但李鸿章要求必须巴西代表亲自出面请求方才可行。为此，康有为准备回广东，全力以赴从事移民活动。

军机大臣翁同龢对康有为一向十分赏识，暗中策划将康有为推荐给光绪皇帝。在得知康有为离京的打算后，翁同龢十分吃惊，不顾可能招致的谗言，亲自赶到康有为的住处南海会馆，极力挽留他。这时，康有为正整车待发。翁同龢告诉康有为，他已向皇上说过："康某之才，过臣百倍。"[①]皇上会重用他的，请康不要离开。

在翁同龢的授意下，第二天，给事中高燮曾向光绪进折，夸奖康有为，并请求皇上接见康有为。曾经读过康有为《上清帝第三书》的光绪，对康颇有好感，即命总理衙门召见康有为。

1898年1月23日（光绪二十四年正月初二）下午三点，总理衙门奉旨约见康有为。当时在场的有李鸿章、翁同龢、荣禄、廖寿恒（刑部尚书）、张荫桓（户部左侍郎）等身居要职的朝廷命官。康有为与他们之间进行了一次影响深远的谈话。对此，康有为的弟子在《南海康先生传》中这样记载道：

荣禄曰："祖宗之法不能变。"

先师答曰："祖宗之法以治祖宗之地，今祖宗之地不能守，何有祖宗之法乎？即如此地为外交署，亦非祖宗之法所有也。因时制宜，诚非得已。"

[①] 陆乃翔、陆敦骙：《南海先生传》，见《追忆康有为》，50页，夏晓虹编，中国广播电视出版社，1997年。

廖寿恒问:"宜如何变法?"

先师答曰:"法律、官制为先。"

李鸿章曰:"然则六部尽撤,则例尽弃乎?"

先师答曰:"法积久而弊生,而且今昔异势。今之法律、官制诚宜改弦更张,即一时不能尽革,亦当斟酌为之,新政乃可推行。"

翁同龢问筹款事宜,先师答以日本之银行纸币,法国印花,印度田制。以中国之大,若制度既变,岁入可比今增十倍。于是详陈法律、度支、学校、农、工、商、矿、铁路、邮信、社会、海、陆军种种改革,并言日本维新仿效西法,制度甚备,与我国相近,最易仿摹。问答极多,至暮乃散。荣禄先行,是日恭、庆两邸因事未至。①

那一天,除荣禄因反对变法,中途退场外,翁同龢等大臣与康有为就变法问题讨论了很长时间。

次日,光绪召见大臣,听取汇报。翁同龢乘机再次向皇上推荐康有为。由于恭亲王的阻止,光绪无法亲自接见康有为,于是下令,让康有为将自己的主张写成奏折呈上。

1898年1月29日,康有为向光绪呈递《上清帝第六书》,即著名的《应诏统筹全局折》。

在上书中,康有为建议仿照日本明治维新的作法,采取四项措施变法:

(1)下诏明定国是,宣布变法维新。

(2)让大臣对变法明确表态,反对者一律免职。

(3)在午门设"上书所",畅通言路。

(4)在宫中设制度局,选用天下通才具体协助改革。

此外,康有为还提出在制度局下设12个局,作为新的国家行政

---

① 张伯桢:《南海康先生传》,见《追忆康有为》,115页,夏晓虹编,中国广播电视出版社,1997年。

第六章　戊戌变法与京师大学堂的正式开办

职能机构,分别负责各部门的改革。这12个局是:法律局、度支局、学校局、农局、工局、商局、铁路局、邮政局、矿物局、游会局、陆军局、海军局。

康有为主张彻底改革地方政权,每一道设立一个民政局,每县设立一个民政分局。其主要职能是创办新政,包括绘地图、查户口、修铁路、发展农工商各业、开学校、办卫生事业、设警察局等。

《上清帝第六书》集中反映了维新派的改革要求,对光绪几个月后发动的戊戌变法运动产生了巨大的影响。

几乎在同时,京师大学堂正式开办的工程开始启动。

对在京师建立大学堂一事,议论已有两年,却因种种原因而没有实质性的进展。1898年春节刚过,御史王鹏运就上奏折,又一次提出开办京师大学堂的请求。正月二十五日,光绪下了一道谕旨,再一次表明清政府对开办京师大学堂的态度:"……京师大学堂,迭经臣工奏请,准其建立,现在亟须开办。其详细章程,着军机大臣会同总理各国事务衙门王大臣妥议具奏。"[①]

谕旨是下了,但总理衙门仍然动作缓慢,不见结果。

1898年春,中国的国内局势非常严峻,俄国人索要旅顺大连湾,法国索要广州湾,英国索要九龙、威海,日本催逼战争赔款,德国人占领了胶州湾,民族的危亡又加剧了统治者内部保守派与改革派之间的矛盾。面对这种局势,光绪更坚定了变法改革的信念。

1898年3月12日,康有为又向光绪呈递了《上清帝第七书》和他赶写的《俄彼得变政记》一书。康有为暗示光绪,清王朝已面临灭亡,希望光绪学习彼得大帝的果断和大胆,下决心进行改革。在这几次上书中,康有为还一再强调了办新式大学的必要性。

3月,正好又是会试的季节,来自全国各地的万余名举人,再次在京城汇集。康有为决定再发动一次公车上书。3月下旬,康有为

---

① 见《北京大学史料》第一卷,43页,北京大学出版社,1993年。

口授了一份《乞力拒俄请众公车保疏》，让具有举人身份的弟子麦孟华、梁启超和龙应中等人牵头，联络各省举人签名。3月27日，一百多名举人到都察院请求代递上书。

在发动第二次公车上书的同时，康有为还策划发动御史、翰林院编修等一批中级官员向朝廷上书联合请愿，并组织成立了一个"保国会"。在保国会的成立大会上，康有为慷慨陈词，号召民众积极支持改革。

保国会的成立引起了守旧派官僚的极度反感和痛恨，他们要求逮捕和处死康有为。康有为的学生和朋友出于好心，一再劝他暂时离开北京，以免遭到迫害。但康有为还是留在北京继续领导维新运动。

6月6日，康有为再次给光绪上了一道《请定国是而明赏罚折》，请光绪下定变法决心。他写道："门户水火，新旧相攻，当此外患交迫，日言变法，而众议不一，此皆由国是未定之故。昔赵武灵之胡服，秦孝公之变法，俄彼得及日本维新之变法，皆大明赏罚，而后能行新政。"①

对于总理衙门在开办京师大学堂上行动缓慢一事，多年来一直积极提倡开办京师大学堂的康有为非常愤怒。在戊戌变法的前几天，康有为再一次为京师大学堂的开办发出呼吁。他在《请开学校折》中这样写道："……京师议立大学数年矣，宜督促早成之，以建首善而观万国。夫养人才，犹种树也。筑室可不月而就，种树非数年不荫。今变法百事可急就，而兴学养才，不可以一日致也，故臣请立学亟亟也。"②

满怀振兴中国抱负的光绪皇帝，看了康有为的奏折和文章后，对他十分赞赏，深感在国难当头之际，极为需要像康这样的人才，也深感开办京师大学堂之事，不能一等再等，已到了非办不可的时

---

① 张伯桢：《南海康先生传》，见《追忆康有为》，117页，夏晓虹编，中国广播电视出版社，1997年。
② 康有为：《戊戌奏稿》，14页，宣统三年印。

刻。在亡国危机的不断刺激下,光绪越来越坚定了变法改革的决心。但处处受到慈禧太后辖制的光绪,并不能随心所欲地按照自己的意志办事。要想实行新政,必得让慈禧太后认可才行。光绪便利用向慈禧请安的机会,一次次地提出唯有变法,才能振兴中国的请求。考虑到搞一些改革,尚可缓和一下国内的不满情绪,慈禧终于答应放一点权,让光绪进行维新改革。

慈禧虽然点了头,同意搞改革,但在荣禄等保守派的影响下,骨子里却坚决反对变法,对康有为这样的维新党人,也是厌恶和痛恨的。光绪虽对康有为倍加赏识,但有碍于慈禧的压力,不能重用康有为,甚至连召见他的想法都无法实现。对此,梁启超写道:"皇上欲大用康先生,而上畏西后,不敢行其志。数月以来,皇上有所询问,则令总理衙门传旨,先生有所陈奏,则著之于所进呈书之中而已。"[①]

光绪虽不能重用康有为,但却接受了康有为的主张。翁同龢根据康有为的主张起草了两篇《请定国是》奏折,先后交给御史杨深秀、侍读学士徐致靖,以他们的名义送给光绪。光绪在征得慈禧太后的同意后,于1898年6月11日(光绪二十四年四月二十三日)下了明定国是之谕。

1898年6月11日,光绪亲临天安门,观看宣诏官宣读《明定国是诏书》。震惊中外的戊戌变法,至此拉开了帷幕。《明定国是诏书》是一篇改革变法的宣言:

> 数年以来,中外臣工,讲求时务,多主变法自强。迩来诏书数下,如开特科,裁冗兵,改武科制度,立大小学堂,皆经再三审定,筹之至熟,甫议施行。惟是风气未大开,论说莫衷一是,或托于老成忧国,以为旧章必应墨守,新法必当摈除,众喙哓哓,空言无补。试问今日时局如此,国势如此,若仍以不练

[①] 梁启超:《戊戌政变记》,见《梁启超文选》,279页,夏晓虹编,中国广播电视出版社,1997年。

之兵,有限之饷,士无实学,工无良师,强弱相形,贫富悬殊,岂真能制梃以挞坚甲利兵乎?

朕惟国是不定,则号令不行,极其流弊,必至门户纷争,互相水火,徒蹈宋明旧习,于时政毫无裨益。即以中国大经而论,五帝三王不相沿袭,譬之冬裘夏葛,势不两存。用特明白宣示,嗣后中外大小诸臣,自王公以及士庶,各宜努力向上,发愤为雄,以圣贤义理之学,植其根本,又须博采西学之切于时务者,实力讲求,以救空疏迂谬之弊。专心致志,精益求精,毋徒袭其皮毛,毋竞腾其口说,总期化无用为有用,以成通经济变之士。

京师大学堂为各行省之倡,尤应首先举办,著军机大臣、总理各国事务王大臣,会同妥速议奏,所有翰林院编修、各部院司员、大门侍卫、候补后选道府州县以下官、大员子弟、八旗世职、各省武职后裔,其愿入学堂者,均准其入学肄业,以期人才辈出,共济时艰,不得敷衍因循,循私援引,致负朝廷谆谆告诫之至意。将此通谕知之。①

《明定国是诏书》全文并不长,却用了三分之一的篇幅,谈到正式创办京师大学堂。

诏书的颁布,将中国的改革变法提上了议事日程,其有关创办京师大学堂的决定,更是把成立一所现代化大学堂,列为中国教育改革迈出的重要一步。

《明定国是诏书》一颁布,支持变法者欢欣鼓舞。而关于创办京师大学堂一节,更是引起外省的积极响应。如江南道监察御史李盛铎在《奏京师大学堂办法折》中就这样写道:"窃上月二十三日暨本月初八日,迭奉谕旨,以京师大学堂为各行省之倡,尤应首先举办,饬令王大臣会同妥速议奏。中外臣民,同心鼓舞。"②他还提

---

① 见《德宗景皇帝实录》卷四一八,15页。
② 见《北京大学史料》第一卷,44页,北京大学出版社,1993年。

第六章 戊戌变法与京师大学堂的正式开办

出了"详定章程"、"择立基址"、"酌定功课"、"宽筹的款"、"专派大臣"等五条建议,为京师大学堂的开办出谋划策。

与此同时,变法改革的步骤也在加紧进行。

翁同龢、徐致靖、湖南巡抚陈宝箴、内阁大学士张百熙先后上奏折,推荐康有为"大才可用"。光绪下诏,宣布于6月16日召见康有为。

然而,朝廷中坚决支持光绪搞变法改革的大臣只有翁同龢等几个人,而对变法持反对态度的大臣却占大多数。他们纷纷到颐和园请慈禧太后出面阻止皇上的"任性乱为",并指使总管太监李莲英在慈禧面前告了翁同龢一状,力图剪除光绪的这个左膀右臂。荣禄还唆使杨崇伊等人参劾康有为"辩言乱政"。反对维新变法的保守派,在慈禧太后的周围,组成了一个维护旧制度的堡垒。

6月15日,慈禧强迫光绪下了三道朱谕,企图以此削弱维新派的力量:(1)将翁同龢革去一切职务,开缺回籍;(2)认命荣禄担任直隶总督,统率北洋三军;(3)规定二品以上官员凡有升调,必须到太后面前谢恩。

这三道谕旨一下,等于让慈禧太后重新掌握了对京津地区的军事控制权和对高级官员的任免权,在政治上和军事上完全架空了光绪,为其日后镇压变法运动打下了基础。

翁同龢被免职的消息,迅速传遍京城。康有为预感到变法的前途不容乐观,想离京南下。但是,为了感谢光绪皇帝的知遇之恩,他还是决定暂且留在北京,协助光绪推动变法改革。

6月15日,康有为来到颐和园,等待光绪的召见。其时,他已闻到异常的政治气氛。

6月16日,光绪在颐和园仁寿殿召见康有为。君臣之间进行了一次长达两个半小时的谈话。在张伯桢撰写的《南海康先生传》一文中,详细地记述了这次谈话的一部分内容:

> 皇上问先师年岁、出身毕,先师即言:"四夷交侵,分割渐至,覆亡无日。"皇上言:"皆守旧者所致耳。"先师奏言:"皇上之

圣明,洞悉病源。既知病源,则药即在是;既知守旧之致祸败,则非尽变旧法与之维新不能自强。"皇上言:"今日诚非变法不可。"先师言:"近岁非不言变法,然少变而不全变,举其一而不改其二,连累致败,终必无功。"皇上然之。先师又奏言:"所谓变法者,须将制度、法律先为改定,乃谓之变法。今言变法者,是变事耳,非变法也。"又请先开制度局,皇上以为然。先师又奏:"臣于变法之事,尝参考各国变法之故,曲折之宜,择其可施行于中国者,斟酌而损益之,章程条理皆已具备。若皇上决意变法,可备采择。"皇上曰:"汝条理甚详。"先师乃曰:"皇上之圣,既见及此,何为不厉行之?"皇上以目睨帘外,既而叹曰:"奈掣肘何?"

在议论了朝廷当前变法不顺的情况之后,康有为又就改革八股考制的问题谈道:

"今日之患,在民智不开;而民智不开之故,皆由以八股试士为之学。八股者,不读秦、汉以后之书,更不考地球各国之事。然可以通籍,累致大官。今群臣济济,然无以任事变者,介皆缘以八股考试致大位之故。"皇上曰:"然。西人皆为有用之学,而吾中国皆为无用之学,故致此。"先师对曰:"皇上既知八股之害,废之可乎?"皇上曰:"可。"先师对曰:"皇上既以为可废,请皇上即下明诏,勿交部议。若交部议,部臣必驳矣。"皇上曰:"然。"

皇上曰:"方今患贫,筹款如何?"先师略言中国矿产遍地,生财有道,但当设法开源,不患财用不足。先师又详奏译书、派游学、派游历各事,每终一事,稍息以待皇上命。皇上犹不命起,重及用人行政,末及推广社会,以瀹民智而激民气,并招抚会匪。因间,遂奏谢保国会被劾,皇上为保护之恩。皇上点头称是。久之,皇上点首云:"汝下去稍歇。"又云"汝尚有言,可具折条陈来。"先师乃起出,皇上目送之。苏拉迎问,盖对逾十

第六章　戊戌变法与京师大学堂的正式开办

刻,为从来所未有也。①

光绪皇帝召见康有为后,十分钦佩他的博学多才,但碍于朝中守旧派的反对和慈禧对康的不满,只授予康一个在总理衙门章京上行走的六品官衔。

光绪接受康有为的建议,于6月17日即命总理衙门草拟了废除八股的谕旨,并于6月23日正式下诏宣布废除八股。

6月26日,光绪再次下谕,严词敦促加紧京师大学堂的开办工作:"兹当整饬庶务之际,部院各衙门承办事件,首戒因循。前因京师大学堂为各省之倡,特降谕旨,令军机大臣、总理各国事务王大臣会同议奏,即着迅速复奏,毋再迟延。其各部院衙门,于奉旨交议事件,务当督饬司员,克期议复。倘再仍前玩愒,并不依限复奏,定即从严惩处不贷。"②

这道谕旨一下,军机处大臣和总理衙门大臣立即前去请康有为帮助起草大学堂章程。可康有为忙于其他变法事务,脱不开身,故将起草大学堂章程一事,委托给梁启超。梁启超参考英、美、日等国的大学学制,经反复斟酌,代总理衙门制定出京师大学堂章程,呈给光绪御批。这个章程的核心问题是把京师大学堂的大权,归于总教习。

同时,总理衙门章京张元济又请康有为代为起草回复光绪关于京师大学堂的奏折。康有为对此提出四点建议:(1)预筹巨款;(2)拨给官舍;(3)精选教习;(4)选刻教材。同时,康有为建议大学堂设总教习一职,总揽一切大权。

1898年7月4日(光绪二十四年五月十五日),总理衙门向光绪呈上《奏筹办京师大学堂并拟学堂章程折》。总理衙门先就没有

---

① 张伯桢:《南海康先生传》,见《追忆康有为》,117—119页,夏晓虹编,中国广播电视出版社,1997年。
② 见《北京大学史料》第一卷,43页,北京大学出版社,1993年。

及时回复三个上谕的原因作了检讨:"本年正月二十五日奉上谕'御史王鹏运奏请开办京师大学堂等语。京师大学堂,迭经臣工奏请,准其建立。现在亟须开办。其详细章程,著军机大臣会同总理衙门王大臣妥筹具奏。钦此。'臣等以事属创始,筹划匪易,当即查取东西洋各国学校制度,及各省学堂现行章程,参酌厘订,尚未就绪,旋于四月二十三日奉上谕:'京师大学堂为各行省之倡,尤应首先举办,著军机大臣、总理各国事务王大臣,会同妥速议奏。'臣等往返商榷,正在将章程妥议具复。复于本月初八奉上谕:'前因京师大学堂为各省之倡,特降谕旨,令军机大臣、总理各国事务王大臣会同议奏,即着迅速复奏,毋再迟延等因。'臣等跪咏之下,悚惧莫名。窃维今日中国,亟图自强;自必以育才兴学为要。"

接着,总理衙门提出:"中国当维新之始,京师为首善之基;创兹巨典,必当规模闳远,条理详备,始足以隆观听而育人才。臣等仰体圣意,广集良法,斟酌损益,草定章程,规模略具。"①

总理衙门向皇上提出四项请求:(1)拨专款。开办经费需三十五万两白银,常年经费为十八万两。并说明这个数目与西方国家比,"尚不及十分之一";(2)拨官地。可先拨给公中房室广大者一所,暂充学舍;(3)派大臣。奉谕旨停试八股,讲求西学,请简派大臣,管理京师大学堂事务,"即以节制各省所设之学堂,其在堂办事各员,统由该大臣慎选奏派";(4)精选总教习。②

总理衙门将维新志士梁启超执笔起草的大学堂章程随《奏筹办京师大学堂并拟学堂章程折》一并呈报给光绪。

当天,光绪皇帝就下谕旨,说这个章程"参用泰西学规,纲举目张,尚属周备。即着照所议办理。派孙家鼐管理大学堂事务;办理各员由该大臣慎选奏派;至总教习综司功课,尤须选择学贯中外之

---

①② 《总理衙门奏筹办京师大学堂并拟学堂章程折》,见《北京大学史料》第一卷,45—47页,北京大学出版社,1993年。

士,奏请简派。"①

光绪在批准京师大学堂章程的同时,不但委派吏部尚书、管理书局大臣孙家鼐为管学大臣,主持京师大学堂的开办。还委派庆亲王奕劻、礼部尚书许应骙会同管理大学堂的建设工程事务。对大学堂开办所需经费及常年用款,光绪命令户部分别筹拨,并命原官书局和不久前新设的译书局均一起并入京师大学堂,由管学大臣孙家鼐督率管理。至此,酝酿多年的京师大学堂的筹建工作终于走上正轨。1896年元月成立的官书局,从此承担起京师大学堂筹备机构的角色。

同一天,举人梁启超被光绪赏给六品衔,专门办理译书局事务。

受命分管大学堂校舍建设的奕劻和许应骙选择了地安门内,原乾隆皇帝的第四个女儿和嘉公主的一所空闲的府邸为大学堂校址,由军机处咨请内务府负责修葺后使用。1898年7月20日(光绪二十四年六月二日)光绪皇帝批准了这个选址方案。

1898年8月9日(光绪二十四年六月二十二日),管学大臣孙家鼐在一份报告京师大学堂筹办工作的奏折中,就大学堂的开办提出了八条相当有意义的建议,其主要内容是拟设立仕学院,让进士、举人出身的京官入院,以学习西学为主,中学仍可精益求精。作为进士的学生,由管学大臣严格品学,请旨录用。仕学院的学生所学专业都有专门的中央部门对口管理。学政治者归吏部,学商务、矿务者归户部,学法律者归刑部,学兵制者归兵部及水陆军营,学制造者归工商及各制造局,学语言、文字、公法者归总理衙门及使馆参随。②

孙家鼐在奏折中报告说,决定聘请同文馆总教习丁韪良为京师大学堂总教习,专理西学,月薪五百金。③同时提出不再给学生发膏火,而改设奖学金的主张。

---

① 《总理衙门奏筹办京师大学堂并拟学堂章程折》,见《北京大学史料》第一卷,45—47页,北京大学出版社,1993年。
②③ 北京大学综合档案·全宗一·卷一。

最后,孙家鼐提到:"惟房舍一日不交,即学堂一日不能开办。"①

光绪皇帝当天即批复了孙家鼐的奏折,下谕"其学堂房舍,业经准令暂拨公所应用,交内务府量为修葺。著内务府克日修理,交管理大学堂大臣,以便及时开办,毋稍延缓。至派充西学总教习丁韪良,据孙家鼐面奏请加鼓励,著赏给二品顶戴,以示殊荣。"②

可见,对于涉及京师大学堂开办的问题,光绪皇帝几乎是有求必应,大开绿灯,充分显示出他对京师大学堂的重视和热心。

1898年8月24日(光绪二十四年七月八日)礼部已铸妥了钦命管理大学堂事务大臣孙家鼐的关防(大印)。为此知照大学堂"该大臣备具文领,派员赴部请领可也"③。同一天,户部知照大学堂"所有大学堂常年经费及购买中西功课书等,银三万七千二百四十五两三钱二分。银库定于初十日开放相应片行。贵学堂务于是日卯刻持具印领,赴部关支可也"。④ 礼部铸妥了官印,户部划拨了经费,意味着京师大学堂于8月24日正式开办。

京师大学堂原址

---

① 北京大学综合档案·全宗一·卷一。
② 见《北京大学史料》第一卷,48页,北京大学出版社,1993年。
③ 北京大学综合档案·全宗一·卷二。
④ 北京大学综合档案·全宗一·卷七。

第六章 戊戌变法与京师大学堂的正式开办

关于京师大学堂总教习的人选问题,管学大臣孙家鼐曾考虑请康有为来担此重任,并两次当面向康有为提出自己的想法。当时朝中大臣李鸿章、陈炽等人也在孙家鼐面前竭力推荐康有为。但康有为一直没有答应。康有为认为:"时大学肄业,有部曹、翰林、道府州县等官,习气甚深,自度才德年位,恐不足以率之,度教无成,徒增谤议,故面辞之,时孙尚未睹卓如章程也。"①

也就是说,在孙家鼐没看到梁启超代拟的大学堂章程之前,他是曾想让康有为出任京师大学堂总教习一职的。但当他看到大学堂章程中写的大权归总教习的内容后,怀疑是康有为托李鸿章等人荐康当总教习,好独揽专权,架空他这个管学大臣,于是大动肝火,对康有为大加攻击和中伤。康有为得知后非常生气,命梁启超告诉孙家鼐,"誓不沾大学一差,以白其志"。②

后来,孙家鼐只聘了同文馆总教习、美国人丁韪良任京师大学堂西学总教习,刘可毅为中学总教习,并对丁"仍与订明权限,其非所应办之事概不与闻"③。而总教习一职,孙家鼐在6月17日上的《为大学堂总教习事请旨遵行疏》中,曾竭力推荐由工部左侍郎许景澄来担任。但因为当时许不在京城,所以暂由孙家鼐自己兼办。

孙家鼐可以说是帝党的代表之一。但他又和翁同龢不一样。翁同龢偏左,与维新党人关系密切,而孙家鼐在帝党中则是比较偏右的。在主管开办京师大学堂的过程中,孙家鼐办了两件事,决定了他在戊戌变法失败后的命运。第一件是孙家鼐怕主管译书局的梁启超专主康有为家之言"定为课本,败坏士习",于1898年7月17日上《奏译书局编纂各书请候钦定颁发并请严禁悖书疏》。孙家鼐不赞成康有为的孔子改制学说,认为"行之今时,窃恐以此为教,人人存改制之心,人人谓素王可作,是学堂之设;本以教育人才,而

---

① ② 《康南海自编年谱》,《戊戌变法》(四),150—151页,中国史学会编,上海人民出版社,1953年。
③ 北京大学综合档案·全宗一·卷一。

转以蛊惑民志,是导天下于乱也。"请将康有为书中凡有关孔子改制称王等字样,"宜明降谕旨,亟令删除"①。另外一件事就是任用丁韪良为京师大学堂西学总教习。

从1898年6月11日颁布《明定国是诏书》,到9月21日慈禧太后发动政变的百日维新期间,光绪发出的有关变法的上谕达200多条。这些上谕的内容可以归纳为几个方面。在政治上,广开言路,准许自由开设报馆、学会,鼓励官民上书言事;改革官制,裁减机构和冗员,废除满人寄生特权。在经济上,设立国家银行,编制国家预决算;提倡实业,设立农工商总局和矿务铁路总局,鼓励商办铁路、矿务,奖励各种发明,兴办农会和商会。在军事上,请起民兵以练陆军,购买铁舰以成海军;裁减绿营,裁兵并饷。在教育方面,开办京师大学堂,各省开办中小学堂;废除八股,改试策论;选派留学生去日本,设立译书局等等。

这些维新变法措施对顽固势力构成极大的威胁,加剧了维新派与保守派之间的矛盾。慈禧在守旧派大臣的影响下,对光绪搞维新变法原先并不赞成。后来,因为旅顺失陷,面对全国上下的谴责,慈禧十分恼怒,光绪便借此对慈禧施加压力。在一次面见慈禧太后时,光绪表示:"我不能为亡国之君。若不与我权,我宁逊位!"②慈禧不得已,只好以守为攻,表面上点头同意光绪搞变法,实际上在光绪周围安插了许多耳目,监视光绪的一举一动。光绪每公布一项改革措施,都有人随时向她做汇报。大臣之间意见不一致时,也都由慈禧太后最终拍板定夺。在这种情况下,朝中大臣和各省官员,对改革大都持观望不前的态度。

进入8月末9月初,为了扭转僵局,光绪连续采取了三项大刀阔斧的改革措施:8月30日,下令裁撤詹事府、通政司、光禄司、鸿

---

① 见《北京大学史料》第一卷,190页,北京大学出版社,1993年。
② 陆乃翔、陆敦骙:《南海先生传》,见《追忆康有为》,54页,夏晓虹编,中国广播电视出版社,1997年。

胪寺、太仆寺、大理寺等衙门及广东、湖北、云南巡抚、河东总督、各省粮道等官员；9月1日，下诏把阻挠主事王照上条陈的礼部尚书怀塔布、许应骙等人革职，交部议处，并撤去李鸿章总理衙门大臣的职务；9月5日，破格提拔谭嗣同、杨锐、刘光第、林旭等四人为军机处章京，参与新政。

这几项改革措施的一一颁布，犹如一颗颗重磅炸弹，震惊朝野，使那帮平日里碌碌无为、因循守旧的大臣们人人自危，维新派与守旧派之间的矛盾日益尖锐，几近白热化。

然而，无论维新派和顽固派的斗争怎么激烈，帝党和后党如何对立，但在对待尽早开办京师大学堂的问题上，双方的态度却显得格外一致。京师大学堂几乎成了两派之间激烈斗争的缓冲地带。由于各派都认识到了创办新式大学堂的重要性，致使京师大学堂的筹办工作在没有受到任何影响的情况下，加紧进行。

8月30日，管学大臣孙家鼐奏请派大学堂办事人员赴日本考察学务。奏折称："窃维大学堂事当创始，一切规条不厌求详。迭次奏定章程，均系参考东西洋各国之制。但列邦学校，日新月盛，条目繁多，必须详考异同，庶立法益臻美备。闻日本创设学校之初，先派博通之士赴欧美各国，遍加采访，始酌定规则，通国遵行，故能学校如林，人才蔚起。今大学堂章程略具，各省中学堂、小学堂已立者未能划一，未立者尚待讲求，均应由大学堂参核定议。至于每科子目若何分别，每日功课若何教授，考试以何等为及格，学问以何等为卒业，所有学堂法制，虽采取于翻译书中，究不如身历者更为亲切。惟欧美各国，程途窎远，往返需时。日本相距最近，其学校又兼有欧美之长，派员考察，较为迅速。拟派江南道监察御史李盛铎、翰林院编修李家驹、庶吉士宗室寿富、记名御史工部员外郎杨士燮前往日本游历，将大学、中学、小学一切规则课程并考试之法逐条详查，汇为日记，缮写成书，由臣进呈御览，仍发交大学堂存储,以备查考。……"①

9月9日,孙家鼐上《奏请另设医学堂折》建议另设医学堂,考求中西医学,并建议医学堂归大学堂兼辖。

光绪于当日批准了孙家鼐的奏折:"医学一门,关系至要。极应另设医学堂,考求中西医理,归大学堂兼辖,以期医学精进。即着孙家鼐详拟办法具奏。"②

在变法维新工作千头万绪的繁忙之中,日理万机的光绪皇帝对凡与筹办京师大学堂有关的奏折,几乎都是当天就予以批复,从未稍加拖延。这充分表明光绪对于开办京师大学堂的重视及迫切心情。

守旧派们知道皇上的改革措施,大都源自康有为的主张,因而对康有为、梁启超等人恨之入骨。他们一方面上书弹劾康梁等维新党人大逆不道,一方面唆使庆亲王和李莲英等在慈禧太后面前告状,说光绪要改变祖宗之法,请慈禧训政。荣禄等人则以天津为基地,密谋废掉光绪的皇位。慈禧太后也感到对光绪越来越难以驾驭,故而产生了发动政变,向光绪夺权的想法。因此,当光绪到颐和园向慈禧太后请安时,慈禧对他再也没有了好脸色。

此时的光绪,从慈禧对他态度的转变上,预感到变法的前途已岌岌可危。他既担心改革的夭折,也生怕自己皇位不保,但又苦于手中没有军权,危难之时无人相救。9月13日,光绪找来军机处章京中较为稳重的杨锐,商讨保全的办法。并让杨锐带出一封写给康有为等人的手谕:"朕惟时局艰难,非变法不能救中国,非去守旧衰谬之大臣而用通达之士,不能变法。而皇太后不以为然。朕屡次几谏,太后更怒。今朕位几不保。汝康有为、杨锐、林旭、谭嗣同、

---

① 见《北京大学史料》第一卷,131页,北京大学出版社,1993年。
② 同上书,182页。

刘光第等,可妥速密筹,设法相救。朕十分焦灼,不胜翼望之至。"①

康有为立即与梁启超、康广仁(康有为之弟)、徐菊人等一起商量如何救光绪。后决定游说袁世凯出兵勤王,将颐和园围起来,软禁慈禧,扶皇上登午门,杀荣禄,除旧党。由于袁世凯曾积极支持并加入过北京强学会,所以维新派人士对他比较有好感,觉得他比较可靠。光绪得知此办法后,即下诏令袁世凯进京。

袁世凯应诏到北京后,光绪在养心殿连续三次召见袁世凯,并予以破格提拔,等于把整个维新运动的生死命运,交到袁世凯手里。

诏书的下发,引起了直隶总督荣禄的警觉。当时驻守京津地区的三支部队分别由董福祥、聂士成和袁世凯统领。荣禄立即把聂士成调去守天津,以切断袁世凯部队进京之路,又把董福祥的部队调入京师,作为发动政变的后盾。一时间,北京城内人心惶惶,谣言四起。光绪皇帝知道大祸将至,为了保护变法维新的人才,以备日后东山再起,光绪打破朝廷的惯例,于9月17日下明诏,以派康有为到上海办官报为由,暗示康有为火速离京。

同日,光绪再次传密诏曰:"朕今命汝督办官报,实有不得已之苦衷,非楮墨所能罄也。汝可迅速出外,不可延迟。汝一片忠爱热肠,朕所深悉。其爱惜身体,善自调摄,将来更效驰驱,共建大业,朕有厚望焉!"②康有为等人读了密诏,知道光绪在情况万分危急之时,仍念念不忘嘱咐他们保全自己,都感慨万分,发誓要援救皇上。

当天晚上,谭嗣同单独拜访袁世凯,请求袁保护圣主,复大权,清君侧。袁世凯满口答应,并与谭嗣同详细商量了救皇上的具体方案。

与此同时,康有为前去专程拜访维新运动的积极支持者、英国传教士李提摩太,告诉他皇上处境危急,请他设法相助。李提摩太

---

①② 张伯桢:《南海康先生传》,见《追忆康有为》,127页,夏晓虹编,中国广播电视出版社,1997年。

认为如果请英国公使或美国公使出面说情,也许能迫使慈禧太后不对光绪采取过激行动。但不巧的是英国公使当时正在北戴河休假,美国公使也不在城内,以致请外国人相助的计划未能落实。

次日,康有为遵照光绪的指示离京南下,临行前一再嘱托弟弟康广仁和梁启超等人尽一切可能援救皇上。

同一天傍晚,即1898年9月19日(光绪二十四年八月初四),慈禧太后由颐和园返回紫禁城。9月20日,御史杨崇伊乘机进上由荣禄、庆亲王等人修改过的请慈禧太后训政的奏折。慈禧早已下定了剥夺光绪权力的决心,守旧派的大臣们借杨崇伊的奏折为契机,纷纷恳请太后复出,重掌大权。慈禧正好顺水推舟,再次开始垂帘听政。此时,荣禄赶回北京,报告了袁世凯密告的关于康有为、谭嗣同企图解救光绪皇帝的密谋。慈禧闻讯大怒,带人到光绪的住处,搜走所有文件,并下令将光绪囚禁到瀛台。

9月21日,以光绪皇帝的名义恳请太后训政的诏书向全国颁发了。慈禧正式接管了政权,并发布了逮捕康有为等人的通缉令,开始了对维新党人的残酷镇压。

历时103天的维新变法运动,至此落下了帷幕。

9月21日中午,北京城的九个城门同时关闭。全城开始大搜捕。维新党人康广仁、谭嗣同、林旭、杨锐、刘光第、杨深秀、徐致靖、李端棻、宋伯鲁、陈宝箴、张荫桓等人均先后遭逮捕。9月28日,杨深秀、杨锐、林旭、刘光第、谭嗣同、康广仁等六位维新志士,因"参预新政,同奏密诏,大逆不道"的罪名被杀于北京菜市口。其余一些与维新党人有牵连的人,有的被流放,有的被监禁,有的被罢官。如礼部尚书李端棻,因"滥保匪人",被革职流放到新疆;署礼部右侍郎徐致靖,因"奏定国是,废八股,条陈新政",被革职下狱永禁;内阁大学士张百熙因保奏康有为,被革职留任;御史宋伯鲁因"主张新政最力",被革职永不叙用。康有为在英国驻上海领事的帮助下,乘英国军舰辗转逃到香港。梁启超也由日本使馆保护起来,后化装逃离北京,经天津流亡日本。

第六章 戊戌变法与京师大学堂的正式开办

在镇压维新党人的同时,慈禧太后开始了恢复旧体制的全面复辟。

9月26日,慈禧下诏恢复詹事府等衙门;停止"不应奏事人员"上书言事;取消《时务报》。不久又下令恢复八股考试制。总之,百日维新期间光绪皇帝下诏颁布的所有改革变法措施,均被一笔勾销。但已开办的京师大学堂却被保留了下来。

1898年11月22日(光绪二十四年十月九日),即戊戌变法运动被镇压后两个月,内务府将已修好的大学堂校舍正式移交管学大臣孙家鼐。

1898年12月3日(光绪二十四年十月二十日),就京师大学堂开办一事,孙家鼐向慈禧太后上《奏大学堂开办情形折》。奏折说:"窃惟京师筹设大学堂以来,所有酌定章程,节次陈奏在案。本月初九日,内务府将大学堂房屋移交臣处接收,当即派办事人员移住堂内,一面出世晓谕,凡愿入堂肄业者,报名纳卷,甄别取去。现在斋舍仅能容住二百余人,而报名者已一千有零,当先择人品纯正文理优长者,录取入堂,以广造就。"①

1899年1月8日(光绪二十四年十一月二十七日),孙家鼐咨行各省送交学堂章程、教习姓名、学生额数等项工作,通知各省:"照得现在京师大学堂,业已开办。各省会暨外府州县,所有已设之学堂,均须将学堂章程、教习姓名、学生额数,咨送本大学堂。以便核考。为此咨行贵部堂、院,希即查照施行可也。"②

1899年1月17日(光绪二十四年十二月六日),《申报》的《学堂纪事》转载了大学堂总办开学的告示:

> 兹照录总办告示曰:为传到事,前经出尔,本学堂学生斋舍,按照定章原额尚不敷。兹将例应住堂各学生,分作三项,

---

① 见《北京大学史料》第一卷,49页,北京大学出版社,1993年。
② 北京大学综合档案·全宗一·卷二。

核定名数。计仕学院学生三十名,中学生六十名,小学生七十名。除照章报名入仕学院之学生十二名,由本学堂另行知会外,其余各生姓名具列如左,仰该生等于十八日到堂,十九日开学。如有不愿住堂者,限于十八日以前报明。如届期不报,立即扣除,以便续传足数。切切勿违,特示。

京师大学堂,这所在戊戌变法的血雨腥风中唯一得以保存的维新成果,中国近代第一所名副其实的国立最高学府,正式诞生了。

第七章

京师大学堂的整顿

张百熙
(1847—1907)

1898年9月21日(光绪二十四年八月六日),慈禧太后在朝中顽固势力的一再怂恿和筹划下,囚禁了光绪皇帝,开始了她一生中的第三次垂帘听政。戊戌变法失败了,维新党人遭到残酷镇压,谭嗣同等六君子英勇就义,康有为和梁启超流亡海外。曾经支持过维新运动的大臣们,有的被罢官,有的被流放,有的被监禁,有的被判永不叙用。

光绪在百日维新中颁布的所有改革政令与措施,除京师大学堂外,均被一笔勾销。光绪指望通过维新变法振兴中国的梦想,化作过眼烟云。

一时间,中国的旧体制全面复辟。只有京师大学堂,这所戊戌变法后硕果仅存的中国近代第一所国立最高学府,仍在按部就班地筹建之中。

显然,慈禧太后对戊戌变法中的几乎一切改革措施都深恶痛绝,但却对京师大学堂情有独钟。其原因何在呢?近百年来,人们始终没有找到一个令人信服的答案。

笔者在研究京师大学堂的创办经过时,将大量的历史资料进行分析和研究,终于找到了问题的症结所在。这就是:严格地说,京师大学堂并非像人们普遍认为的那样,是戊戌变法的产物,而是甲午战争的产物。

甲午战争中北洋水师的全军覆没,标志着以洋务运动救国的道路是走不通的。《马关条约》的签订更使中国举国上下陷入前所未有的屈辱之中。此时此刻,寻觅一条新的、行之有效的救亡图存道路,再一次成为上至最高统治者,下至每一个仁人志士冥思苦想的主题。康有为领导的"公车上书",吹响了变法维新拯救中国的号角,也迫使光绪皇帝下决心在中国创办一所新式大学堂,开始了"广兴学校,力行西法,使人才辈出而救中国"的尝试。

1896年,光绪通过任命孙家鼐为管理书局大臣和批准刑部左侍郎李端棻关于创办京师大学堂的奏折,启动了创办京师大学堂的筹备工作。光绪的这一作法,一直得到慈禧太后的默许。作为当时清政府最高统治者的慈禧,从巩固政权的角度出发,对培养人才一贯是重视的。本书第二章曾经提到,早在1862年在创办京师同文馆的问题上,当朝中的保守派和洋务派为课程设置和学生来源等问题争论不休的时候,慈禧始终站在坚决支持洋务派的立场上,对保守派的种种责难进行了驳斥,最终使京师同文馆得以逐步从一所语言专科学校发展成一所具有一定规模的高等学堂,并在1902年底与京师大学堂合并。1898年,光绪在百日维新中就大学堂开办事宜所下的一道道谕旨,则加快了京师大学堂筹办的步伐,从而使京师大学堂的创办成为戊戌变法的一项重要内容。

正因为京师大学堂的筹办先于戊戌变法,所以慈禧在废除戊戌变法中的一切改革措施之时,才对京师大学堂网开一面,不但允许它继续存在,还始终关注着它的每一步进展。

对慈禧来说,京师大学堂所面临的不是"办不办"的问题,而是"如何办"的问题。所以,在镇压了戊戌变法之后,对京师大学堂的整顿,便势在必行。

第七章 京师大学堂的整顿

慈禧一直反对以康有为、梁启超等维新派的主张办大学堂。

慈禧认为,京师大学堂培养出来的人才,首先应该是对清政府、对祖宗之法效忠的人才。因此,在光绪于1898年6月11日颁布《明定国是诏书》的五天之后,慈禧太后便毫不手软地铲除了光绪皇帝的一位积极主张变法的老师翁同龢,却保留了光绪皇帝的另一位老师孙家鼐。其原因就在于在筹备大学堂问题上,孙家鼐与康有为发生过多次冲突。孙不但排挤康有为担任京师大学堂的第一任总教习,而且还抵制了康有为在教育方面的变法主张。

如1898年6月,孙家鼐曾上《奏请译书局编纂各书请候钦定颁发并请严禁悖书事》一折,对康有为的办学思想提出异议,他写道:

> 臣观康有为著述,有《中西学门径七种》一书,其第六种幼学通议一条,言小学教法,深合古人《学记》中立教之意,最为美善。其第四种、第五种春秋界说、孟子界说言公羊之学及孔子改制考。其八卷中,《孔子制法称王》一篇,杂引谶纬之书,影响附会,必证实孔子改制称王而后已。言《春秋》既作,周统遂亡,此时王者即是孔子。无论孔子之心,断无此僭乱之心,即使后人有此推尊,亦何必以此事反复征引、教化天下。方今圣人在上,奋发有为。康有为必欲以衰周之事行之今时。窃恐以此为教人人存改制之心,人人谓素王可作。是学堂之设,本以教育人才,而转以蛊惑民志,是导天下于乱也。履霜坚冰,臣实惧之,一旦反上作乱之人,起于学堂之中,臣何能当此重咎?皇上既令臣节制各省学堂,臣以为康有为书中,凡有关孔子改制称王等字样,宜明降谕旨,亟令删除。①

1898年8月9日(光绪二十四年六月二十二日),孙家鼐又在《奏覆筹办大学堂情形折》中再次对康有为提出不点名的批判:

> 若以一人之私见,任意删节割裂经文,士论必多不服。盖

---

① 见《光绪政要》卷二四,上海崇义堂,宣统元年(1909年)。

学问及天下万世之公理,必不可以一家之学而范围天下。昔宋王安石变法,创为三经新义,颁行学官,卒以祸。宋南渡后旋即废斥,至今学者犹诟病其书,可以殷鉴。臣愚以为经书断不可编辑,仍以列圣钦定者为定本,即未经钦定而旧列学官者,亦概不准妄行增减一字,以示尊经之意。①

孙家鼐的上述观点,得到慈禧的赏识,因此,在戊戌变法被镇压之后,慈禧仍然让孙家鼐主持京师大学堂的工作。

对于京师大学堂的开办,慈禧一直寄予厚望。1898年9月26日(光绪二十四年八月十一日),就在发动政变五天之后,慈禧即下旨,对京师大学堂予以肯定:"大学堂为培植人才之地。"②

同年11月16日,慈禧又下旨道:"泰西各国风俗政令,与中国虽有不同,而兵、农、工、商诸务,类能力致富强,确有明效。苟能择善举办,自可日起有功等因。"③鼓励管学大臣孙家鼐抓紧大学堂的开办工作。为此,孙家鼐称颂慈禧太后"圣鉴广远,乐育弥宏","睿虑周详,勤求治理,无远不周"。

1898年11月22日,内务府将修缮一新的京师大学堂房屋移交管学大臣孙家鼐。孙家鼐当即派办事人员移住大学堂内,并贴出告示正式招生。

12月3日,孙家鼐在《奏大堂堂开办情形折》中,汇报了他的办学思想:

> 然储才之道,尤在知其本而后通其用。臣于来堂就学之人,先课之以经史义理,使晓然于尊亲之义,名教之防,为儒生立身之本;而后博之以兵农工商之学,以及格致、测算、语言、文字各门;务使学堂所成就者,皆明体达用,以仰副我国家振兴人才之至意。所有学堂开办缘由,谨缮折具陈,伏乞皇太

---

① 见《北京大学史料》第一卷,47页,北京大学出版社,1993年。
②③ 同上书,49页。

第七章 京师大学堂的整顿

后、皇上圣鉴。①

孙家鼐强调"经史义理"为立身之本,道出了他与维新人士康有为等人在办学方针上的根本区别。

然而,朝中的顽固势力对此并不满意。御史吴鸿甲和几位军机大臣上奏折,状告大学堂"靡(糜)费太甚",请饬"归并删除"。奏折中说:

> 据称京师大学堂原议招学生五百人,今合仕学中学小学生只有一百三十余人,而延定教习,添设分教,并此外办事诸人,名目繁多,岁糜巨款,徒为调剂私人之薮。学生功课不分难易,统以分数核等第,至天文、地舆、兵法、算学等经世之务,开办半年,尚安苟且。体操一事,竟有强肄致伤者,其于学生几于束缚而驰骤之,章程多未妥善等。②

为了彻底肃清维新派思想在办京师大学堂上的影响。1899年5月6日(光绪二十五年三月二十七日),慈禧下谕旨命令对京师大学堂。

谕旨首先对孙家鼐提出批评:

> 大学堂之设,原以培植人材,备国家任使,孙家鼐职司总理,自应悉心经画,俾入堂肄业者,鼓舞奋兴,期收实效。乃开办以来,时滋物议,是办法未得指归,更何以激扬士类,殊失朝廷实事求是之意。③

接着,慈禧就整顿大学堂提出具体要求:"着孙家鼐按照原奏所指各节,破除情面,认真整顿,并将提调以下各员,分别删除归并,其岁支薪水,仍严行核减,以节虚糜。至堂中一切功课,尤须妥定章程,总以讲求实学为主,毋得铺张敷衍,徒饰具文,至负委任,

---

① 见《北京大学史料》第一卷,49页。
②③ 《光绪二十五年三月二十七日为整顿大学堂谕》,见《北京大学史料》第一卷,49—50页,北京大学出版社,1993年。

仍将整顿情形,据实复奏。原折片着钞给阅看,将此谕令知之。"①

最后,谕旨又针对吴鸿甲等人奏折中的不实之处,做了解释,以示公正:

> 寻奏,查奏定章程,以各省中学堂未能遍立,当于大学堂中寓小学、中学之意,并非降格相就。去冬甄别考取学生五百余人,现时传到者二百十八人,皆有册可稽,并不止传到一百三十人。习西学者百人之数,教习职员人数,皆比原定章程有减无增,薪水拟俟本年四月以后,酌量减发。课程皆按定章办理,体操并不相强。办事诸人,亦无日出新法束缚之事,不敢过刻以拂人情,亦不敢过宽以坏士习,惟有认真整理,以仰副朝廷作人之意。②

孙家鼐在受到旁人的指责和慈禧的批评后,心情抑郁,加之对慈禧囚禁光绪心怀不满,于是便称有病,请了长假。

1899年7月17日(光绪二十五年六月十日),慈禧任命吏部右侍郎许景澄代替孙家鼐,暂时管理京师大学堂事务。

许景澄原是一名外交官。曾分别于1884年和1890年担任过出使欧洲主要国家的大臣。1898年在总理各国事务衙门行走,兼署礼部右侍郎,调补吏部右侍郎,转为左侍郎。后又派充大学堂总教习,管学大臣。著有《外国师船图表》、《光绪堪定西北边界》、《奏疏录存》及《出使函稿》等书。

许景澄暂任管学大臣后不久,即开始对大学堂进行整顿。

1900年初,慈禧下《为详京师大学堂情形谕》:"京师大学堂,开办已经年余,教习学生究竟作何功课,有无成效,着许景澄详析具奏。"

"寻奏大学创办仅及年余,现分教经史、政治、舆地、算学、格

---

①② 《光绪二十五年三月二十七日为整顿大学堂谕》,见《北京大学史料》第一卷,49—50页,北京大学出版社,1993年。

第七章　京师大学堂的整顿

致、化学、英法德俄日各国文字等科,宽以时日,必能成材。"[①]

此后不久,义和团运动兴起。1900年5月,义和团在北京城内焚烧洋馆,社会秩序大乱,为大学堂储存经费的华俄银行也遭到破坏。京师大学堂的住校学生纷纷告假回家避难。鉴于此,许景澄于1900年7月1日(光绪二十六年六月五日)上奏折,建议京师大学堂暂行停办。他写道:

> 窃查大学堂自光绪二十四年七月,经前协办大学士吏部尚书孙家鼐议定课程,奏明开办。嗣值该尚书请假,旋即开缺。蒙恩派臣暂行管理。曾将该堂功课情形并酌减学生额数,于本年正月、三月具奏在案。现在京城地面不靖,住堂学生均告假四散。又该大学堂常年经费,系户部奏明在华俄银行息银项下拨给。现东交民巷一带,洋馆焚毁,华俄银行均经毁坏。所有本年经费,尚未支领。而上年余存款项,向系存放该银行生息。虽有折据,此时无从支银,以后用费亦无所出。溯查创建大学堂之意,原为讲求实学,中西并重。西学现非所急,而经史诸门,本有书院官学与诸生讲贯,无庸另立学堂造就。应请将大学堂暂行裁撤,以符名实。如蒙俞允,容臣分饬总办提调,将书籍器具等项妥筹安顿。[②]

许景澄的建议很快得到批准。京师大学堂暂行停办,其医学堂等也一并停办。大学堂被派人看守,所用款项截至7月11日造册报销。大学堂的十余万两存款在当时的华俄银行及中国通商银行存放。其字据、存折等均交送户部保存;关防印章送缴礼部;房屋行文等移交内务府。但内务府不肯接受大学堂的书籍、仪器和家具。总之,在许景澄的领导下,京

许景澄
(1845—1900)

---

① 见《北京大学史料》第一卷,50页,北京大学出版社,1993年。
② 北京大学综合档案·全宗一·卷一一。

师大学堂的关闭工作做得很完备。

但是,由于许景澄反对义和团围攻焚烧外国使馆,力主对其镇压,遭到顽固派的诬陷而被判死罪,并于7月28日被杀害。

许景澄一死,情况更为恶化。

同年8月15日,八国联军攻占北京。俄国兵和德国兵先后占领学堂作为兵营,看守人员四处逃散。大学堂的房屋遭到严重的毁坏。学堂内所存的书籍、仪器、家具、案卷等物品,被乱兵抢的抢,毁的毁,荡然无存。

从此,京师大学堂被迫停办了两年。

大学堂虽然暂时停办了,然而清政府并未忘记它的存在和它的重要性。鸦片战争以来的大量事实一再说明,愚昧落后是造成中国一败再败的最根本原因。

1901年10月2日,刘坤一、张之洞联名上奏折,就育才兴学之事阐述他们的看法。他们认为:中国之所以贫困,不是因为缺钱,而是因为缺少人才;不是弱于兵力不足,而是弱于志气不足。他们奏道:"人才之贫,由于见闻不广,学业不实;志气之弱,由于苟安者无履危救亡之远谋,自足者无发愤好学之果力。保邦政治,非人无由。"①

他们建议"育才兴学"应从四个方面做起:一是设文武学堂;二是酌改文科;三是停罢武科;四是奖励游学。

在谈到兴办学堂时,他们认为关键在于要做到道艺兼通、文武兼通、内外兼通。每个省城都应设一所高等学校。大省的学校应能容二三百人,中小省城的学校应能容百余人。学历均为四年。学生毕业之后,先由督抚学政考试,再由主考官考试,取中者除送入京师大学堂深造外,也可授以官职,令其效用。大学堂学业又益加精,门目与省城所设高等专门学校相同。三年学成后会试,由总裁考之,取中者授以官。学生自八岁入小学起,至大学堂毕业止,

---

① 见《北京大学史料》第一卷,28页,北京大学出版社,1993年。

第七章 京师大学堂的整顿

共需在校学习十七年。

在八国联军攻占北京之后,废科举,兴学校,又成为清廷的中心议题。历史发展的轨迹总是螺旋式前进的。当戊戌变法遭到镇压,社会出现暂时停滞和倒退之时,也为社会的更大进步和发展创造了条件。

1902年1月10日(光绪二十七年十二月一日),慈禧在挟光绪皇帝逃往西安避难,国内局势稍加缓和后,即下谕旨,派刑部尚书张百熙为管学大臣,负责京师大学堂的全面恢复工作。上谕道:

> 兴学育才,实为当今急务。京师首善之区,尤宜加意作养,以树风声。从前所建大学堂,应即切实举办。着派张百熙为管学大臣,将学堂一切事宜,责成经理,务期端正趋向,造就通才,明体达用,庶收得人之效。应如何核定章程并著悉心妥议,随时具奏。①

这条谕旨颁发后的第二天,即1902年1月11日,慈禧又颁发了将京师同文馆归并入京师大学堂,一并由张百熙统管的上谕。旨在壮大京师大学堂。

张百熙是继孙家鼐之后,第二个对京师大学堂的发展做出卓越贡献的人。

张百熙,同治十三年考中进士。光绪二十年,朝鲜战争初发,朝中的大臣多数主战。张百熙上奏折弹劾李鸿章耍两面派,表面上做打仗的准备,私下里支持主和。他认为左宝贵、聂城均是勇敢善战之将,由于粮饷枪弹供应不上而战败,其责任应该由李鸿章负。同时,张百熙又弹劾礼亲王世铎分管枢务,招权纳贿,战争中只知道倚仗李鸿章,从而贻误战机。

戊戌变法失败之后,张百熙因举荐过康有为而被革职留任。

1900年,张百熙先被授予礼部侍郎,后提升左都御史,充头等

---

① 见《北京大学史料》第一卷,60页,北京大学出版社,1993年。

专使大臣。庚子年之乱后,朝廷下诏征求改革意见,张百熙上奏折陈述大计,要求改官制,理财政,变科举,建学堂,设报馆。第二年,张百熙调任工部尚书,后又调刑部,再后被任命为京师大学堂管学大臣。

张百熙上任后,立即对京师大学堂的现状做了调查研究,随之给慈禧太后写了一篇很长的《奏筹办京师大学堂情形疏》,从确定办学办法、扩建校舍、附设译书局、广购书籍仪器及增加经费等五个方面,报告了将如何恢复京师大学堂。张百熙写道:"以中国准之,小学堂即县学堂也,中学堂即府学堂也,高等学堂即省学堂也。""省学堂卒业学生,一并由大学堂考取,升入专门肄业。""分为二科;一曰政科,二曰艺科。以经史、政治、法律、通商、理财等事隶政科,以声、光、电、化、农、工、医、算等事隶艺科。""再由各省督抚学政,就地考取各府州县高才生,咨送来京,由管学大臣复试如格,方准送大学堂肄业。其外省考试之法,由大学堂拟定格式,颁发各省,照格考取,以免歧异。学生入学之后,俟三年卒业,由管学大臣择及格者,升入大学正科;有不及格者,分别留学撤退。""大学堂预备科卒业生,与各省省学堂卒业生,功课相同,应请由管学大臣考验如格,择优带领引见,候旨赏给举人,升入正科。"

张百熙的这段话,第一次根据中国的国情,为当时学堂的种类,划定了界线,并同道出了京师大学堂是国内最高学府这一事实。

接着,张百熙对京师大学堂的恢复工作提出自己的设想。

关于大学堂的建制和建设规模,张百熙认为:"应请于预备之外,再设速成一科。速成科亦分二门:一曰仕学馆,一曰师范馆。凡京员五品以下八品以上,以及外官候选,暨因事留京者,道员以下,教职以上,皆准应考,八仕学馆。举贡生监等皆准应考,入师范馆。"

在扩建校舍方面,"查现在大学堂,从前原系暂拨应用,原议本须另拨地面,俾可建合格之屋,又须令四面皆有空地,以便陆续增

第七章 京师大学堂的整顿

造工医等项专门学堂。将来另须拨地新造,方足便推广而壮规模。惟目前一切尚待推求,一面赶为开办,只好仍就旧基修葺,并将附近地方增拓办理。""学堂四面围墙,计南北不过六十丈,东西不过四十丈,中间所有房屋,仅敷讲堂及教官役人等之用。其西北两边讲舍,共计不足百间,非大加开拓,万万不敷居住。现勘得学堂东、西、南三面,皆可拓开数十丈,其地面所有房屋,多系破旧民房,若公平估价,购买入官,所费当不甚巨。此项新拓地面,即作为增建学舍之需。查大学堂开办约有二年,学生从未足额,一切因陋就简,外人往观者,至轻之等于蒙养学堂,此于上国声名,极有关系。""况一经开办,学生足额之后,若再加以同文馆学生,以及官员、司役人等,总在千人以上,断非此方数十丈之地所能容纳。"

为了保证大学堂的书籍及教学设备能满足需要,张百熙建议:

关于译书局"查现隶大学堂之官书局,开办最早,当时即选择各局书籍及外洋各种报章"。"译书一事,实与学堂相辅而行。拟即就官书局之地开办译局一所。盖欲求中国经史政治诸学,非藏书楼不足以供探讨之资。""采买西书,刷印译本,更宜设分局于上海。"

在购买书籍和设备方面:"查大学堂去岁先被土匪,后住洋兵,房屋既残毁不堪,而常中所储书籍仪器,亦同归无有。""查近来东南各省,如江南、苏州、杭州、湖北、扬州、广东、江西、湖南等处官书局,陆续刊刻应用书籍甚多,请准由臣咨行各省,将各种调取十余部不等。此外民间旧本时务新书,并已译未译西书,均由臣择定名目,随时购取,归入藏书楼,分别查考翻译。至仪器一项,除算学家所用以测量、图学家所用以绘画外,如水、火、气、力、声、光、电、化以及医学、农学专门应用甚多,不特每门皆有器具全副,即随时试验材料药水等项,学生愈多则购用愈繁,学问愈精则考验愈数,此类尤不可省。""拟先向上海、日本等处,购办万余金,以为开办普通要需。"

接着,张百熙又就大学堂的经费问题奏报道:

增加经费,学堂之设,其造就人才为最重,其需用款项亦最繁。从前大学堂教习,功课仅分语言文字数科,略教公法格致数事,教习既无多人,学生亦未足额,计每岁所费,已在十万金上下。今议规模既须宏备,则款项何止倍增,加以现在情形,一切讲舍书籍仪器等项,或半归残破,或扫地无遗,计修理旧屋,增造新斋,暨购买各项政学应用书籍舆图,艺学备验器具材料等件,又增添翻译西书编辑课本等局,项费亦不资,将来推广博物院、验工场以及派员考察之资、学生游历之费,亦动需巨款。查户部向有存放华俄银行库平银五百万两,每年四厘生息,应得库平银二十万两,申合京平二十一万二千两。光绪二十四年经户部奏准,以此项息银,由该行按年提出京平银二十万零六百三十两,拨作大学堂常年用款,仅余一万一千三百七十两未拨。今请将此项存款银两,全数拨归大学堂,仍存放华俄银行生息。则款项既有专注,名目亦免涉纷歧,将来或支或存,由学堂自与银行结算。每年年终,开单呈览,免其造册报销,似此较为直截。至去岁学堂停办,尚有未经付出存款,当时一律交回华俄银行暨中国银行,暂行收管,并经知照户在案。现在学堂事同创始,需用一切开办经费甚多,应请将前项存款,仍发回学堂应用。今大学堂既定高等功课专门教习,则前项学生赴外肄业可送外国者,亦可送大学堂。且大学堂专门正科,本为各省高等学堂卒业学生资送肄业地步,则各省理宜合筹经费拨济京师,应请饬下各直省督抚,大省每年筹款二万金,中省一万金,小省五千金,常年拨解京师。

最后,管学大臣张百熙对京师大学堂的恢复做了总结:"以上五条,以预定办法一条为总立大纲,以购买书籍仪器、附设译局二条为讲求实用,以增建学舍一条为渐拓规模,而尤以宽筹经费一条为诸事根原。"①

---

① 见《光绪政要》卷二八,上海崇义堂,宣统元年(1909年)。

第七章 京师大学堂的整顿

张百熙为恢复京师大学堂的这个奏折,当天就得到了慈禧的批复:

> 张百熙奏筹办学堂大概情形一折,披阅所拟章程,大致尚属周妥。着即认真举办,切实奉行,朝廷于此事垂意至殷。原冀兴学储才,以备国家任使,务各殚精竭虑、争自濯磨。总之学术纯疵,为人才消长之机,亦风俗污隆所系。一切规条,将来即以通行各省,必当斟酌尽善,损益得中。期于一道同风,有实效而无流弊。张百熙责无旁贷,仍着细心筹划,逐渐扩充,次第兴办,以副委任。所需经费,着各省督抚量力认解。其有未尽事宜,应即随时具奏,钦此。①

慈禧的这道上谕,既是对张百熙的鼓励,也表达了清廷对京师大学堂所寄予的厚望。

在张百熙的领导下,京师大学堂的修复工作有条不紊地开展起来。

与此同时,一部新的京师大学堂章程也在酝酿之中。

1902年8月15日,在经过半年多的反复修改之后,张百熙将新拟就的京师大学堂章程等六个学校章程,奏报朝廷(除大学堂章程外,还有考选入学章程、各省高等学堂、中学堂、小学堂和蒙学堂章程等)。

慈禧阅后下谕道:"张百熙奏筹议学堂章程开单呈览一折,披阅各项章程,尚属详备,即着照所拟办理。并颁行各省,著各该督抚按照规条,宽筹经费,实力奉行,总期造就真才,以备国家任使。其京师大学堂,着责成张百熙悉心经理,加意陶熔,树之风声,以收成效,期副朝廷兴学育才之至意。开办之后,如有未尽事宜,应行增改,仍著随时审酌奏明办理。"②

根据这个上谕,张百熙把京师大学堂章程拿回去,经再三推敲

---

① 见《光绪政要》卷二八,上海崇义堂,宣统元年(1909年)。
② 见《光绪朝东华录》(五),中华书局,1958年。

修改,终于当年十一月(阴历)颁布。这就是京师大学堂历史上的第二个建校章程——《钦定京师大学堂章程》。

在张百熙废寝忘食的努力工作下,京师大学堂于1902年12月17日(光绪二十八年十一月十八日)再次开学。

中国第一档案馆至今还保留着京师大学堂当年开学时的告示底册,上面详细记述着开学典礼的安排:

十七日示

十八日午刻开学。提调率学生仍依斋舍次序鱼贯而行。诣圣人堂前月台下行礼。

又示

祀礼毕,管学大臣更衣,堂提调率两馆学生由院右门出,至前堂阶下分班北面立。总、正、分、助各教习,序立于东阶下西南面。编译局及堂中执事各员,序立于西阶下东南面。堂提调俟学生班定,仍入执事各员班内。管学大臣出临前及阶。两馆学生北面三揖,谒见管学大臣,又东北三揖谒见总正分助教习。均答揖。又西北面与编译执事各员行相见礼,彼此一揖。堂提调率两馆学生各归斋舍。①

京师大学堂的再次开学,引发了当朝大臣们对中国教育改革的兴趣。直隶总督袁世凯、盛京将军赵尔巽、两湖总督张之洞、两江总督周馥、两广总督岑春煊、湖南巡抚端方等联名上折,奏请"立停科举以广学校"。

他们在奏折中深刻地论述了培养人才乃是中国的当务之急的道理,并对废除科举,广兴学校提出种种建议。如袁世凯和张之洞在《奏请递减科举》一折中写道:

国无强弱,得人则兴;时无安危,有才斯理。诚以人才者国家之元气,治道之根本。譬犹饥渴之需食饮,水陆之资舟

---

① 中国第一历史档案馆·学部·教学学务·卷六七。

第七章 京师大学堂的整顿

车,而不可须臾离者也。中国今日贫弱极矣,大难迭乘,外侮日逼,振兴奋发正在此时。然而诸务未遑,求才为亟。无人才则救贫救弱,徒属空谈;有人才则图富图强,易于反掌。进言者皆曰天下非无人才也,求之于临时则不见其多,储之于平日则不患其少。储之维何,学校是已。……致治必赖乎人才,人才必出于学校,古今中外莫不皆然。是科举一日不废,即学校一日不能大兴,学校不能大兴,将士子永远无实在之学问,国家永远无救时之人才,中国永远不能进于富强,即永远不能争衡于各国,……胶庠所讲求者,无非实学,国家所登进者,悉是真才。政教因之昌明,百度从而振举,其程功之速,收效之宏,固有不难如期操券者。①

又如袁世凯等联名所上的《奏请立停科举以广学校折》中不但一再强调办学的重要性,同时还对培养师范人才乃是兴学之根本的道理做了阐述:

> 兴学培才计者,用意至为深远,就目前而论,纵使科举立停,学堂遍设,亦必须十数年后人才始盛。……人人获有普及之教育,具有普遍之知能,上知效忠于国,下得自谋其生。其才高者,固足以佐治理,次者亦不失为合格之国民。无地无学,无人不学,以此致富奚不富,以此图强奚不强?故不独普之胜法,日之胜俄,识者皆归其功于小学校教师。……故欲补救时艰,必自推广学校始,而欲推广学校,必自先停科举始。……师范宜速造就也。各省学堂之不多,患不在无款无地,而在无师。东西洋各国富强之效,亦无不本于学校。②

大臣们一致建议朝廷要敦促各省尽快开办学堂,并提出"尊经学、崇品行、给出路"等具体的办学方针。

---

① 见《光绪政要》卷二九,上海崇义堂,宣统元年(1909年)。
② 见《光绪政要》卷三一,上海崇义堂,宣统元年(1909年)。

清廷接受了群臣的建议,批准"所有乡会试一律停止,各省岁科考试亦即停止"①,彻底废除了中国历史上绵延了一千多年的科举制度。从此,中国的近代教育史掀开了新的篇章。

尽管张百熙为了京师大学堂的恢复而尽心尽力,但朝廷内的保守派仍然因为他曾保举过康有为而对他心怀不满,攻击他"喜用新进",建议再增设一名满族大臣主管教育,同时也对大学堂章程提出疑义。

1903年6月(光绪二十九年五月),慈禧又任命荣庆为管学大臣,分散了张百熙的权力。

保守派的攻击和荣庆的出任,给张百熙带来了巨大的压力,也迫使他考虑如何应付这一局面。

1903年6月27日,张百熙上疏,奏请湖广总督张之洞参与京师大学堂的领导工作:

>……上年因编辑课本事恐歧误,曾经臣百熙于开办译书局折内声明,与湖广督臣张之洞商定会办之法。嗣该督疏陈湖北学堂章程,其中足补臣百熙奏进章程所不及者,当即一律照改,奏明在案。学堂为当今第一要务,张之洞为当今第一通晓学务之人,湖北所办学堂颇有成效,此中利弊阅历最深。臣等顾念时艰,究心学务,窃愿今日多一分考求,即将来学术人才多一分裨益。虽在前函电往还,商榷多次,近日该督展观入都,臣等复请其来堂考察各项科学,该督指示窾要,竟日尽之处,闻商约诸政,均有旨饬该督商办。学堂尤政务之大端,所关更重,伏恳天恩,特派该督会同商办京师大学堂事宜。一切章程,详加厘定,嗣后有应行修改之处,由臣等随时咨行该督会商具奏,实于整饬条规,维持教育,大有补助。②

对张之洞在兴办新式教育方面的才能和贡献,慈禧是心知肚

---

① 见《光绪政要》卷三一,上海崇义堂,宣统元年(1909年)。
② 见《北京大学史料》第一卷,57—58页,北京大学出版社,1993年。

第七章　京师大学堂的整顿

明的,于是批准了张百熙的举荐,并于当天下谕旨命张之洞会同张百熙、荣庆重新厘定大学堂章程:

>京师大学堂为学术人才根本,关系重要,着即派张之洞会商张百熙、荣庆将现办大学堂章程一切事宜,再行切实商定,并将各省学堂章程一律厘定,详悉具奏。务期推行无弊,造就通才,俾朝廷收得人之效,是为至要。①

1904年1月13日(光绪二十九年十一月二十六日),在经过半年的七易其稿之后,京师大学堂的第三个建校章程——《奏定大学堂章程》正式上报朝廷。

新章程把管学大臣改为总理学务大臣,以统辖全国学务。另设大学总监督一职,专管京师大学堂的事务。77岁高龄的京师大学堂第一任管学大臣孙家鼐,被任命为晚清第一任学务大臣。原大理寺少卿、浙江学政张亨嘉被任命为京师大学堂总监督。

《奏定京师大学堂章程》为中国第一所国立最高学府制定了一个宏伟的蓝图。京师大学堂将下设八个分科大学,即:

(1)经学科大学

(2)政法科大学

(3)文学科大学

(4)医科大学

(5)格致科大学

(6)农科大学

(7)工科大学

(8)商科大学

章程对各分科大学的功课也做了详细的规定,如经学科大学功课共为11门,即:周易学、尚书学、毛诗学、春秋左传学、春秋三传学、周礼学、仪礼学、礼记学、论语学、孟子学、理学。

---

① 见《北京大学史料》第一卷,57—58页,北京大学出版社,1993年。

政治科大学功课共2门,即政治学和法律学。

文学科大学功课共9门,即:中国史学、万国史学、中外地理学、中国文学、英国文学、法国文学、德国文学、俄国文学、日本国文学。

医科大学功课为2门,即医学和药学。

格致科大学功课共6门,即:算学、星学、物理学、化学、动植物学、地质学。

农科大学功课共4门,即:农学、农艺化学、林学、兽医学。

工科大学功课共9门,即:土木工学、机器工学、造船学、造兵器学、电气学、建筑学、应用化学、火药学、采矿及冶金学。

商科大学功课共3门,即:银行及保险学、贸易及贩运学、关税学。①

新的大学堂章程颁布实施后,京师大学堂的各项工作逐步走上正轨。然而在办学方针上,张百熙和荣庆却有分歧。比如张百熙提倡选派留学生游学东西洋,尽管荣庆始终表示反对,但张百熙仍然坚持,并且亲自将学生送到火车站,目送登车。中国各省派公费生留学即是从这时开始的。

1904年2月(光绪三十年元月),管学大臣一职分为学务大臣和京师大学堂总监督两个职位。行政部门也分为总理学务部与大学堂。管学大臣的印章分别改为京师大学堂总监督印章和学务大臣印章,标志着现代意义上的教育部的正式成立。京师大学堂也开始了独立运行。

1905年12月10日(光绪三十一年十一月十四日),政务处大臣和硕庆亲王奕劻等上奏折提议,因科举已废除,礼部国子监已没什么事可做,建议宜将其裁撤归并总理学务部,教学职能归并大学堂,同时将翰林院也归并总理学务部。

总理学务部也在与大学堂分开后,得到充实与加强,学务大臣

---

① 《奏定学堂章程·大学堂章程(附通儒院)》,见《北京大学史料》第一卷,97页,北京大学出版社,1993年。

第七章　京师大学堂的整顿

孙家鼐于1905年12月12日(光绪三十一年十一月十六日)上奏折,就从中央到地方的教育体制做了精细的设计,他建议:

1. 中央一级设立学部,统管全国教育。

学部拟设尚书一人,侍郎二人,左右丞二人,左右参议二人。学部下设四个司:

(1)考绩司。负责考核各学堂校长、教员的成绩,分别登记后决定升降。大学堂高等学堂教员的讲义应按学期上报。如有纰缪悖道者,由该司纠劾,呈请撤惩。

(2)甄选司。负责管理学生毕业递升之事。自高等学堂以上出身者,凭照由学部发给证明。自高等学堂以下出身者,凭照由各省学政发给证明,送交学部注册。

(3)图籍司。负责管理颁发各学堂教科书及图书仪器之事,兼检查私家撰述,并负责每月纂学报一册发行各学堂,以作参考。

(4)会计司。负责管理各学堂开支经费及出洋游学经费、学部官员的薪俸和各省官私建造学堂之事。

大学堂、高等学堂和中学堂校长、教习均应设立专官,以便归学部节制。

大学堂校长拟定为三品,高等学堂校长拟定为四品,中学堂校长拟定为五品。教员拟一律称助教。大学堂教员拟定为六品,高等学堂教员拟定为七品,中学堂教员拟定为八品。校长、教员均以学堂毕业之期为一任,不得中途告退,亦不得另谋其他职务。对成绩突出者,及各省学政三品以上者,拟请加学部侍郎衔;四品以下者,拟请加学部左丞衔抚兼尚书侍郎、都御史、副都御史之制。学政二年为一任,亦归学部大臣考核,这样一来,可使全国学务有所统辖而不致分歧。

2. 各省的教育领导体制归学政专理。

各省学堂自开办以来,全由督抚主持,于省会立学务处,设总办、提调、文案等各项名目。总办提调由道府指派,文案由州县指派。由于学务繁杂,所以成效甚微。既然学政奉特旨专门负责考校学堂,各省所设学务处,均应请降旨即行裁撤,一概归学政经理。所有各府厅州县创立的中小学堂,各项实业学堂及民间办的蒙小学堂,均应呈报学政,由学政再咨报学部。其高等小学堂校长、教员均应由学政考验后发给凭照,方能担任。

3. 府厅州县设学官,管辖学务。

今日广立学堂,拟将府厅州县各设学官一员,管辖一方学务。州县虽有提倡之责,但如今州县通晓学务的人不到十分之一,再加上还有其他许多杂事,更没有时间留心学务,惟有责成教官,专司稽核,学堂增其品秩,优其禄糈,才能一心办事。现在实缺教官,应由学政择其谙晓学务智识开通者,准予留任,其年老罢软者,一律黜退。候选各项教职人员,均由学政调齐会考,优者即擢补实缺。此外,举贡生员,如有学问优长深明教育者,由学政保荐委充。惟嗣后教职应改归外补,不由吏部铨选,亦不由藩司委署,专归学政主持。出缺补署由学政咨报学部复核。学政有进退教职之特权,则奋勉者自多,不致有滥竽充数之虑。

4. 学生毕业,专业对口,按需分配。

《奏定大学堂章程》规定,大学堂分科毕业生中最优秀者奖以编检,优等者奖以庶吉士,中等者派到各部留用,下等者授以知县职。这样所用仍非所学,与科举制时没什么区别。今拟更定分科奖励之法,如长于文学者,留翰林院,长于交涉法者留外务部,长于商学者留商部,长于财政学者留用户部,长于法律学者留刑部,长于兵学者留兵部,长于工者留工部,但现在兵工两部名不符实,应将官制从新改订。如吏礼两部,政治、经学两科学之优秀者均可通用,所以不能像科举之进士授职那样,优翰林而次部属,以至将来农工商各项实业、京外还须另添设官缺。

5. 改革大学堂的课程设置。

大学堂设有经学科一门,国文学一门,所以保存国粹用意至为深远。高等学科原有经学大义,中国文学两门,学生由小学、中学递升高等,其于这两种科学经过数年的研究,当已深窥其意蕴。大

第七章 京师大学堂的整顿

学堂为国家储备任用之才,意在讲求政事见诸施行,自宜注重专门实业经学国文,但应听其自行温心,不要讲堂课授。再加上现在大学堂设有伦理学一门,专尚理想空谈,无裨政学实际,乃以重金延聘东洋教习,未免虚糜可惜,似应裁去。高等学堂学科设有心理辩学一门,亦宜删去。

6. 对中学堂以上奖励生员、举人、进士,要定名额。

向来各省乡试取中的举人,各州县岁科取进的生员,都有定额,会试进士额临时酌定,按省份远近人数多寡为断,所以应试者虽多,来而入选者只有此数,士子亦各安义命无所怨尤。今查奏定学堂章程考试条内,若不限以定额,而但以分数为衡,则考官录取必宽,将来到处都是生员、举人和进士,而且各省除高等学堂外程度相等者又有高等、实业、优级师范、方言学堂等,其升学一律给举人,所有各省中学堂、高等学堂奖励生员举人,似宜仍照科举原定额数取录,就人数多寡酌量录用。现在各省学堂虽设立迟早不一,但据奏定章程,大学堂预备科与外省高等学堂通限三年毕业者,照顺天府乡试例,届期奏请简放主考,则升学考试,似应通定限期。应请旨饬下学务大臣会同妥议奏定。

7. 解决废科举兴新学之后,新旧体制转换问题。

各省中学堂、高等小学堂学生入学年限,应适当放宽。其二十五岁以上至四十岁者,由地方官考验,分别送入中学堂、高等小学堂肄业,以广造就而免向隅。而四十岁以上之童生,即不能入学堂。

8. 扩大招走读生。

凡省会及府厅州县学生,住居城市者,朝夕往来学堂甚便,毋庸寄宿,一律作为附学,以便腾出斋舍,栖寓远方学生。如此一来,一堂可容百人者当可容二百人。惟讲堂必须宏敞庶听者无挤拥之虞。附学既不住堂,应免收费,以示体恤。

9. 派留学生,要限于讲求实学。

派学生出洋宜限习专门实业。自辛丑以来,各省遣派学生游学东洋者,络绎不绝,为数不下数千人,糜费不下数百万,其最无谓者曰速成师范、曰政法速成,徒侈空谈无关实际,多则一年,少仅数月,毕业回国仍属茫然。且现在留学东洋学生惑自由之邪说,张民约之谬论,聚党结会,妄议国事其为后患。今后各省遣派学生出洋,应以陆军、工艺、农政、商业、矿务各项专科为准,而不得派学师范、政法两门,敷衍塞责。现在东洋各学生,应遵本月初三日上谕,讲求实学,专科分门肄习庶学成回国,方可得致用之成效。

10. 严禁用钱买官位。

于朝廷用人取士舍学堂外别无他途,除军营异常劳绩外,其余概不准保奖官职。①

身为学务大臣的孙家鼐所提的十点建议,对京师大学堂以后的建设产生了极大的影响。他的许多治学观点在今天看来也是站得住脚的。

1909年(宣统元年),京师大学堂宣布要在第二年开办经科、文科、格致、工科等四个分科大学堂,而实际只开办了经学和文学两个分科大学。为了保证生员,学务部要求大省送八个候选人、中省送六个候选人,再经学务部复试挑选合格者,补选额数。

从1910年开始,学务部批准京师大学堂可以招收各国留学生。清政府还拨款白银二十五万两,作为分科大学开办经费。

1910年第五期《教育杂志》曾刊登过一份有关京师大学堂的资料,从中可对京师大学堂当时的情况有所了解:

(1) 经费 分科大学开办后,一切费用皆从节省。正月份各项用费约八千余金;二月份一万二千金;三月份则已用去一万五千余金,据支应员之预算,每年分科用费,总不离三十万两左右。

(2) 校舍 分科大学校舍,前由日本工程师估价,须二百数十万。拟先造经文两科,亦须六十余万。唐尚书莅任,以现在学生不多,而款又绌,拟暂停止。刘监督谓:经文两科恐有外国人来入学,

---

① 见《学部官报》第1期,学部编辑发行,1906年,北京创刊。

须预备,监国临视势难中止,估仍拟建筑。

(3) 学生　现在七科学生陆续入堂,至四月十九日止,共三百八十七人,惟直隶省人最占多数,新疆省尚无一人。校中斋舍已不敷住宿,拟再行添盖数十椽。

(4) 奖励　自分科大学开学以后,连日学部各堂会议该学毕业奖励,决议将翰林部曹官阶及进士出身,一律取消另改设博士、俊士、学士、得业士诸学位,以所考等第量授之。①

曹广权　　　　李家驹　　　　朱益藩

刘廷琛　　　　柯劭忞

---

① 见《中国近代学制史料》第二辑,上册,859页,华东师范大学出版社,1987年。

为了加强京师大学堂的工作,学部于宣统元年安排了一大批政府的高级官员担任京师大学堂各分科大学的监督。如前翰林院侍读、贵州提学使柯劭忞被派到经科大学任监督,学部参事官林棨被派到法政科大学任监督,吏部主事孙雄被派到文科大学任监督,花翎二品衔直隶补用道屈永秋被派到医科大学任监督,二品顶戴翰林院侍读汪凤藻被派到格致科大学任监督,学部参事罗振玉被派到农科大学任监督,学部专门司主事何燏时被派到工科大学任监督,内阁中书权量被派到商科大学任监督。①

历史进入20世纪之后,清朝的政局已岌岌可危,清政权处在风雨飘摇之中,京师大学堂的领导人也频频更换。

然后,无论政局怎样,领导人是谁,对京师大学堂的管理和建设再没有中断过。经过多年的努力,京师大学堂终于度过了它步履蹒跚的幼年期,逐渐走向成熟,为中国的民族振兴不断做出自己的贡献。

京师大学堂历任负责人

姓名	任职期	职名
孙家鼐	1898年7月—1899年12月	管理大学堂事务大臣
许景澄	1899年7月—1900年7月	暂行管理大学堂事务大臣
张百熙	1902年1月—1904年1月	管理大学堂事务大臣
张亨嘉	1904年2月—1906年2月	大学堂总监督
曹广权	1906年2月—1906年3月	代理大学堂总监督
李家驹	1906年3月—1907年7月	大学堂总监督
朱益潘	1907年7月—1907年12月	大学堂总监督
刘廷琛	1908年1月—1910年9月	大学堂总监督
柯邵忞	1910年9月—(不详)	暂行署理大学堂总监督
劳乃宣	(不详)—1912年	京师大学堂总监督
刘经铎	1911年12月—(不详)	暂行代理
严复	1912年	京师大学堂总监督

---

① 见《北京大学史料》第一卷,67页,北京大学出版社,1993年。

第八章
光绪、慈禧与京师大学堂的三个章程

历史上,京师大学堂曾有过三个重要的建校章程。一个是由光绪皇帝谕示总理各国事务衙门于1898年(光绪二十四年五月十五日)奏拟、梁启超执笔的《总理衙门奏拟京师大学堂章程》;另一个是由慈禧授意,张百熙主持于1902年(光绪二十八年十一月)撰写的《钦定京师大学堂章程》;再一个也是慈禧下令,由张之洞会同张百熙、荣庆于1904年(光绪二十九年十一月)重新拟订的《奏定大学堂章

慈禧太后
(1835—1908)

程》。一个大学有三个截然不同的建校章程,而这三个章程又分别与光绪皇帝和慈禧太后有关,这在中国教育史上是绝无仅有的。那么,起草这三个章程的出发点是什么?三个章程之间到底有什么不同?光绪皇帝和慈禧太后想怎样通过京师大学堂的建校章程体现各自的政治主张和教育思想?这些问题不能不引起人们的深思。

要寻找正确答案,首先应从三个章程诞生的不同历史背景开始。

先看一下总理衙门奏拟的京师大学堂章程。

前文已经提到,光绪于1898年6月11日在天安门向全国颁布的《明定国是诏书》,吹响了戊戌变法的号角。光绪在这一近五百字的诏书中,用三分之一的篇幅向朝野上下宣布了创建京师大学堂的决定,并将开办工作交给军机大臣和总理各国事务王大臣"妥速议奏"。为了使京师大学堂早日开办,光绪在一个月中两次下谕旨,敦促有关部门"迅速复奏,毋再迟延"①。由此可见光绪对改革旧式教育,创办京师大学堂的高度重视。

光绪皇帝
(1871—1908)

在光绪的一再督促下,军机处和总理衙门苦于无人懂得如何创办大学,便派人去找康有为,想请他代为起草一份建校章程。因为他们深知,康有为在过去接连写的五个上清帝书中,提出了一系列关于如何废除科举制,创立新式学堂的设想。他们认为光绪热心于变法维新,而他的许多变法措施又都出自康有为的主张,所以康应该是京师大学堂章程起草者的最佳人选。可是由于当时康有为正忙着为光绪皇帝召见做准备,所以委托他的学生、戊戌变法的另一个领导人梁启超代为完成这一重任。

梁启超是中国近代史上与康有为齐名的维新派领袖和文化巨

---

① 见《北京大学史料》第一卷,43页,北京大学出版社,1993年。

第八章 光绪、慈禧与京师大学堂的三个章程

匠。他8岁开始学作八股文,11岁参加县试就考中了秀才,16岁考中举人。1890年,梁启超经人引荐认识了康有为,立即就被康有为过人的才华和变法改革、振兴中国的宏论所折服,毅然拜康为师,踏上了经世致用、救国救民的道路。从公车上书到创办强学会;从办《时务报》到成立"保国会"①,梁启超始终追随着康有为,是康有为最忠实的弟子和亲密战友。梁启超写得一手好文章,还去欧洲考察过大学教育,又对康有为历来改革旧式教育、兴办新式学堂的主张了如指掌,因此,在接受了康的嘱托后,梁启超参照英、美、日等国的大学教育制度,仅用了几天的时间,就草拟出一份京师大学堂的建校章程。康有为看了梁启超草拟的章程,认为"甚周密",略事修改后,便交给总理各国事务衙门,作为该衙门的奏折,上报光绪。这就是现存于北京大学档案馆的《总理衙门奏拟京师大学堂章程》的由来。

可以说,《奏拟京师大学堂章程》是维新变法的产物。章程中所反映的治学建校纲领,是以康有为、梁启超为首的维新派人士对改革旧中国绵延一千多年的封建科举制度,引进西方高等教育体制,建立一整套培养新式人才的大学教育学制的体现。《奏拟京师大学堂章程》提出了中学为体、西学为用的办学方针,认为"二者相需,缺一不可,体用不备,安能成才",并把"乃欲培植非常之才,以备他日特达之用"②奉为创办大学堂的目的。

果然,《奏拟京师大学堂章程》很快就得到光绪的认可。1898年7月3日,光绪皇帝批准了这个章程,委派吏部尚书、官书局管学大臣孙家鼐为管理大学堂大臣,负责京师大学堂的具体开办工作。从此,京师大学堂便以《奏拟京师大学堂章程》为蓝图,开始了她的初创生涯。这也使得早在1896年便被皇帝批准的,由孙家鼐以官

---

① "保国会"成立于1898年4月17日。康有为和江南道监察御史李盛铎为发起人。该会以"使爱国之忧,当为天下所共与"为目的,将更多的知识分子吸引到维新变法运动之中。后因遭到守旧派的弹劾而被迫停止活动。

② 见《北京大学史料》第一卷,82页,北京大学出版社,1993年。

书局为基础创办京师大学堂的筹备工作,更加具有了权威性和法律依据。

京师大学堂既然已经有了一个"甚周密"、规则多达五十余条的章程,为什么在1902年,在仅仅过了四年之后,又要重新拟定一份新的建校章程呢?其实答案很简单,这就是:《奏拟京师大学堂章程》是百日维新的产物,它所代表的是光绪以及康有为、梁启超等一批维新志士的教育改革思想。戊戌变法被无情镇压后,慈禧太后对一切新政视为"眼中钉、肉中刺",却偏偏保留了京师大学堂这一戊戌变法中的新生儿(其原因第七章已论述)。京师大学堂是保留了,但慈禧对由梁启超起草的《奏拟京师大学堂章程》始终耿耿于怀,担心维新思潮对大学堂的影响会再次动摇她的权力宝座。只是由于后来闹八国联军和义和团,慈禧忙于逃命,才未顾得上对大学堂进行整治。

由于京师大学堂的第一任管学大臣孙家鼐,为反对慈禧太后废黜光绪而在1900年辞职,1901年底(光绪二十七年十二月初一),慈禧下了一道谕旨,派工部尚书张百熙为新的京师大学堂管学大臣,并责令他考虑如何修改大学堂章程。谕旨道:"兴学育才,实为当今急务。京师首善之区,尤宜加意作养,以树风声。从前所建大学堂,应即切实举办。着派张百熙为管学大臣,将学堂一切事宜,责成经理,务期端正趋向,造就通才,明体达用,庶收得人之效。应如何核定章程,并著悉心妥议,随时具奏。"①

与此同时,清政府还决定将具有四十余年办学历史的京师同文馆,由总理衙门属下转而合并入京师大学堂。

张百熙,早年当过光绪皇帝的侍读,曾出任过山东学政和四川的典试官,后任内阁大学士。"百日维新"后,因举荐过康有为而被革职留任。1900年被重新起用,任礼部侍郎、左都御史。1901年调

---

① 见《北京大学史料》第一卷,51页,北京大学出版社,1993年。

第八章 光绪、慈禧与京师大学堂的三个章程

任工部尚书。

张百熙被任命为管学大臣后,虽也想有一番作为,但对于究竟应该怎样修改京师大学堂章程,心中其实也没有多少底。他主持一班人马,查阅了不少国内外有关资料,用了半年多的时间,拟了一份新的大学堂章程,上报朝廷。这期间,为了使所拟章程能够得到认可,张百熙还曾两次将修订章程的详情上奏慈禧太后。

1902年12月(光绪二十八年十一月),一个新的、由慈禧太后"钦定"的京师大学堂章程问世了。虽然《钦定大学堂章程》的总纲里也体现了"开通智慧,振兴实业,造就通才"这一洋务派的办学思想,但它与前一个章程却有着极大的不同。慈禧在谕旨中已对新的章程提出了"务期端正趋向"、"明体达用"的要求,故钦定章程强调的是对朝廷"激发忠爱",对变法的异端邪说要"端正趋向","有明倡异说,干犯国宪,及与名教纲常相违背者,查有实据,轻则斥退,重则究办"[①]。充分显示出虽然戊戌变法已事隔四年,但清政府对有关变法维新的学说仍然谈虎色变,持坚决肃清和镇压的态度。

慈禧太后虽说"钦定"了新的大学堂章程,但并非对这个章程就十分满意了。不久,朝中就有人对张百熙提出弹劾,借口他曾在奏折中提到"今值朝廷锐意变法,百度更新,大学堂理应法制详尽",认为他"喜用新进",受维新思潮的影响较深,从而对他主持拟定的大学堂章程提出异议。

张百熙从接受主持修改京师大学堂章程的那天起,就生怕所拟章程不合慈禧太后的心意,知道有人对他提出弹劾后,为了避免慈禧的追究,主动写了一道奏折,请朝廷召湖广总督张之洞进京,共同对章程再次进行修改。张百熙在奏折中写道:"学堂为当今第一要务,张之洞为当今第一通晓学务之人,湖北所办学堂颇有成

[①] 《钦定京师大学堂章程》,见《中国近代学制史料》第二辑,上册,753页,华东师范大学出版社,1987年。

效,此中利弊阅历最深。……学堂尤政务之大端,所关更重,伏恳天恩,特派该督会同商办京师大学堂事宜。一切章程,详加厘定,嗣后有应行修改之处,由臣等随时咨行该督会商具奏,实于整饬条规,维持教育,大有补助。"①

慈禧本来就从心眼里憎恨和惧怕维新思潮,看了弹劾张百熙的奏折后,真不知道该怎么办了,因为新的大学堂章程不管怎么说也是她"钦定"过的。如今有人对张百熙提出弹劾,罢了他的官吧,等于承认自己用人不善,且对新章程没有认真核查;对弹劾不加理睬吧,又着实担心维新思潮的流毒会影响大学堂的办学宗旨。张百熙本人的建议倒使她有了主意。慈禧当即下令:"着即派张之洞会商张百熙、荣庆将现办大学堂章程一切事宜,再行切实商定,并将各省学堂章程一律厘定,详悉具奏。"②

这样一来,1902年底颁布的《钦定大学堂章程》还未及实施,便等于被废止了。

在这里,有必要介绍一下张之洞其人,看看生性多疑的慈禧,为什么对这个洋务运动的积极倡导者如此信任。

张之洞,直隶南皮人。他的祖辈是世受皇恩的官宦之家。张之洞自幼聪明过人,4岁发蒙读书,8岁时就已读完了四书五经。以后,张之洞12岁考中了秀才,15岁考中举人,沿着科举仕途一步步攀缘。1862年,张之洞的族兄张之万在河南当巡抚,因深知张之洞的才华,特请他入巡抚府代草奏章。张之洞时年25岁。1863年,张之洞进京参加会试,中"探花",成进士,授翰林院编修,正式步入宦途。1867年,张之洞被任命为浙江乡试副考官,从此开始了历经十年的学官生涯。他先后担任过浙江乡试主考、湖北提督学政、四川乡试副考官、四川学政等职。这期间,他亲眼目睹科举取

---

① 《张百熙奏请添派张之洞会商学务折》,见《北京大学史料》第一卷,57页,北京大学出版社,1993年。
② 见《北京大学史料》第一卷,57页,北京大学出版社,1993年。

第八章　光绪、慈禧与京师大学堂的三个章程

士的种种弊端,倡导通世致用,改良传统教育,是清朝官场中少有的经世务实的文官。

鸦片战争之后,魏源、龚自珍等倡导今文经学,反对颂古非今,要求"更法、变古"。今文经学是联系中学与西学、新学与旧学之间的桥梁。它是儒学的一支,易为士大夫所接受。但它又不是正统的儒学,易于接受西方的思想。张之洞虽然也提倡"通经致用",但他认为古人的知识胜于今人。所以,后来他一方面主张改革,一方面又不赞成"离经叛道";虽然接纳西学,但又常以维护正统为前提。

1880年1月,张之洞写了一份《详筹边计折》的上疏,对朝廷的内政外交发表了一番不同于他人的议论。这份奏折受到两宫太后的赏识,还召见了他,并特许他对时政有什么看法可随时到总理衙门投诉。这在当时是一般京官所无法想象的殊荣。此后,张之洞平步青云,仕途坦荡。从1882年开始,他先后历任山西巡抚、两广总督、湖广总督,并两度任两江总督等要职。1907年,70岁高龄的张之洞入参军机,升任军机大臣,成为清政府中最高权力机构中的要员。对中国近代教育产生过重要影响的"中学为体、西学为用"理论,就是张之洞总结、阐发而定形的。

在数十年的从政生涯中,张之洞可谓政绩累累。其中最有影响的就是他在任湖广总督期间改革传统书院、兴办新式学堂的各种兴学育才举措。张之洞在湖北大规模地兴办新式学堂,推行实业教育、师范教育和国民教育,并通过兴学办学,形成了一整套比较系统的近代教育思想。1898年5月,张之洞发表了著名的《劝学篇》,对清末的学制改革提出了一系列改革设想。但是,张之洞的《劝学篇》与维新人士康有为的办学思想是大相径庭的。张之洞认为"中国之祸不在四海之外,而在九州之内","夫不可变者,伦纪也,非法制也;圣道也,非器械也;心术也,非工艺也"。张之洞在《劝学篇》中宣扬的是"今日时局惟以激发忠爱,讲求富强,尊朝廷,卫社稷为第一义"的忠君思想。

当然,如果仅仅因为通晓学务,慈禧太后还不至于对张之洞如此

器重,以至于最后委他以军机大臣的重任。慈禧太后之所以对张另眼看待,主要是他在"庚子之乱"时的"忠君"表现,深得慈禧的赏识。

1900年(庚子年)8月,八国联军攻入北京,慈禧太后携带光绪及载漪、刚毅等王公大臣逃出北京。李鸿章、奕劻、刘坤一和张之洞被任命为议和大臣。八国联军提出以惩办祸首、两宫回銮为议和的先决条件。李鸿章对此表示赞成,希望两宫速回北京,以便早日开始谈判。张之洞却持反对态度。他担心两宫回京会受到列强的挟持,对议和不利。就在一个月之前,张之洞曾约李鸿章、刘坤一联名致电上海各国总领事,请求严禁上海、香港及南洋各地报馆刊登攻击慈禧太后的言论,并为慈禧进行辩护。八国联军攻占北京前,张之洞又致电上海各国总领事,要求立刻停止进攻北京,以免惊动太后和皇上。慈禧太后逃往西安后,他还专门选择慈禧喜爱的物品,由湖北送往西安。

此后,出于维护传统伦理道德的宗旨,张之洞又不止一次在不同场合为慈禧辩护,开脱她的责任,维护她的地位。在张之洞看来,慈禧太后是唯一能够在危局下保存中国的关键人物。试想在当时那种情境下,张之洞的所作所为怎能不深得慈禧的欢心呢?因此,张百熙一提出请张之洞出面参与修改大学堂章程,慈禧立刻就同意了,并增派刑部尚书荣庆为管学大臣,协助张之洞、张百熙共同管理京师大学堂的事务。不但如此,1903年6月29日(光绪二十九年五月初三)慈禧还下旨在修改大学堂章程的同时,连各省学堂的章程一并修订出来,等于将全国的教育大权,交给了他们:

> 京师大学堂为学术人才根本,关系重要,着即派张之洞会商张百熙、荣庆将现办大学堂章程一切事宜,再行切实商订,并将各省学堂章程一律厘定,详悉具奏。务期推行无弊,造就通才,俾朝廷收得人之效,是为至要。①

---

① 《命张之洞会同张百熙荣庆厘定学章》,见《北京大学史料》第一卷,57页,北京大学出版社,1993年。

第八章 光绪、慈禧与京师大学堂的三个章程

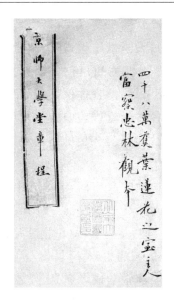

1898年(光绪二十四年)由梁启超起草、康有为审定的总理各国事务衙门《奏拟京师大学堂章程》

1904年1月13日(光绪二十九年十一月二十六日),管学大臣张百熙和张之洞、荣庆向慈禧太后上《奏遵旨重定学堂章程妥筹办法折》,将近半年来如何修改大学堂章程的情况,做了详细的汇报。一份全新的大学堂章程呈报到慈禧太后面前。慈禧看后甚为满意,当天就予以批准实行。这就是京师大学堂的第三个建校章程——《奏定大学堂章程》。

同一天被批准在全国实行的还有张之洞等人拟定的《高等学堂章程》、《中学堂章程》、《高等小学堂章程》、《初等小学堂章程》、《蒙养院章程及家庭教育法》、《优级师范学堂章程》、《初级师范学堂章程》、《实业教员讲习所章程》、《高等农工商实业学堂章程》、《中等农工商实业学堂章程》、《初等农工商实业学堂章程》、《译学馆章程》、《进仕馆章程》、《各学堂奖励章程》、《各学堂管理通则》、《任用教员章程》等共16个学校章程。

京师大学堂的三个建校章程虽然体现了拟定者的不同指导思想和建校纲领,但从总体上说倒是一个比一个更为完备。

现将三个章程做一比较。

1898年颁布的《奏拟京师大学堂章程》全文约9000余字,共8章,54节。

在第一章"总纲"中,章程开宗明义地提出了创办京师大学堂的宏伟目标是"为各省之表率、万国所瞻仰,规模当极宏远,条理当

极详密,不可因陋就简,有失首善体制"。

接着,章程明确规定各省学堂皆归大学堂统辖,让大学堂扮演既是全国最高学府,又是最高教育行政机关的角色。章程指出,"各省近多设立学堂,然其章程功课皆未尽善,且体例不能划一,声气不能相通。今京师既设大学堂,则各省学堂皆当归大学堂统辖,一气呵成;一切章程功课,皆当遵依此次所定,务使脉络贯注,纲举目张"。

章程指出,京师大学堂与西国大学堂略有不同,考虑到中小学在各省还不普遍,大学堂的生源是个大问题这一情况,京师大学堂应加设中、小学堂。从而提出京师大学堂将包含从小学到大学的教育全过程的这个"兼容并包"的教育体制的主张。

章程说:"西国大学堂学生,皆由中学堂学成者递升,今各省之中学堂,草创设立,犹未能遍;则京师大学堂之学生,其情形亦与西国大学堂略有不同。今当于大学堂兼寓小学堂、中学堂之意,就中分列班次,循级而升,庶几兼容并包,两无窒碍。"

著名的北京大学校长蔡元培先生所倡导的"兼容并包"的办学思想,可以说也正源于《总理衙门奏拟京师大学堂章程》。把在教育体制上的兼容并包,引申发展到学术研究的范畴,即提倡学术自由,提倡各种学术流派并存,而这一主张已经成为当今北京大学的一个重要的学术传统和学术特色。

师范教育是京师大学堂最重视的学科。章程写道:"西国最重师范学堂,盖必教习得人,然后学生易于成就。中国向无此举故省学堂不能收效。今当于堂中别立一师范斋,以养教习人才。"

教材是大学堂及各中小学堂能否办成功的先决条件。因此,教材的编写是大学堂的首要任务。京师大学堂为此设立编译局,专门负责教材的编辑:"其言中学者,荟萃经子史之精要,及与时务相关者编成之,取其精华,弃其糟粕。其言西学者,译西人学堂所用之书,加以润色,既勒为定本。除学堂学生每人给一份外,仍请旨颁行各省学堂,悉遵教授,庶可以一趋向而广民智。"

第八章 光绪、慈禧与京师大学堂的三个章程

章程明确规定在大学堂设立藏书楼和仪器院：

> ……泰西各国于都城省会，皆设有藏书楼，即是此意。近年张之洞在广东设广雅书院，陈宝箴在湖南设时务学堂，亦皆有藏书。京师大学堂为各省表率，体制尤当崇闳。今拟设一大藏书楼，广集中西要籍，以供士林流览而广天下风气。

> 泰西各种实学，多藉实验始能发明，故仪器为学堂必需之事。各国都会，率皆有博物院，搜集各种有用器物，陈设其中，以备学者观摩，事半功倍。今亦宜仿其意，设一仪器院，集各种天算、声、光、化、电、矿、机器制造、动植物各种学问应用之仪器，咸储院中，以为实力考求之助。

总纲还宣布，京师大学堂开办后，各省、各府、各县务使在一年之内，迅速开办中小学堂。人们把京师大学堂视为中国第一所国立最高学府，视为中国近代高等教育开端的根据即是由此而来的："现时各省会所设之中学堂尚属寥寥，无以备大学前茅之用。其各府州县小学堂，尤为绝无仅有。如不克期开办，则虽有大学堂而额数有限，不能逮下，成就无几。今宜一面开办，一面严饬各省督抚学政迅速将中学堂小学堂开办，务使一年之内，每省每府每州县皆有学堂，庶几风行草偃，立见成效。"

《奏定京师大学堂章程》第二章是"学堂功课例"。这一章共六节，强调课程的设立，要以"中体西用"为原则。指出"中西并重，观其会通，无得偏废；以西义为学堂之一门，不以西义为学堂之全体，以西文为西学发凡，不以西文为西学究竟"是课程和专业设置的出发点。该章为京师大学堂学生规定了多达25门的必修和选修课，并首次提出按西方大学的办法，用积分法对学生的功课好坏进行考核。如在第一节中，进一步强调中学为体、西学为用的办学思想，指出："二者相需，缺一不可，体用不备，安能成才。"

> 近年各省所设学堂，虽名为中西兼习，实则有西而无中，

且有西文而无西学。盖由两者之学未能贯通,故偶涉西事之人,辄鄙中学为无用。各省学堂,既以洋务为主义,即以中学为具文。其所聘中文教习,多属学究贴括之流;其所定中文功课,不过循例咿唔之事。……中国学人之大弊,治中学者则绝口不言西学,治西学者亦绝口不言中学。此两学所以终不能合,徒互相诟病,若水火不相入也。夫中学,体也,西学,用也。二者相需,缺一不可,体用不备,安能成才。且既不讲义理,绝无根底,则浮慕西学,必无心得,只增习气。前者教员学堂之不能成就人才,其弊皆由于此。且前者设立学堂之意,亦与今异。当同文馆、广方言馆初设时,风气尚未大开,不过欲培植译人以为总署及各使馆之用,故仅教语言文字而于各种学问皆从简略。此次设立学堂之意,及欲培植非常之才,以备他日特达之用。则其教法亦当不同。夫仅通西国语言文字之人,亦不能谓为西学之人才。西文与西学二者判然不同,各学堂皆专教西文,而欲成就人才必不可得矣。功课之完善与否,实学生成就所攸关,故定功课为学堂第一要著。今力矫流弊,标举两义:一曰中西并重,观其会通,无得偏废;二曰以西文为学堂之一门,不以西文为学堂之全体,以西文为西学发凡,不以西文为西学究竟。宜昌明此意,颁示各省。

章程规定十门"通学"为必修课,其中包括体操,说明大学堂对体育的重视。五门外国语言,学生可各选一门。还有十门为"专门学",在学生读完三年通学结业后,方可选修一两门。

第二章第二节依泰西日本通行学校功课之种类,参以中学,规定如下:

经学第一,理学第二,中外掌故学第三,诸子学第四,初级算学第五,初级格致学第六,初级政治学第七,初级地理学第八,文学第九,体操学第十,以上皆溥通学。其应读之书,皆由上海编译局纂成功课书,按日分课。无论何种学生,三年之内必须将本局所纂之书,全数卒业,始得领学成文凭。惟体操学不在功课书内。英国语言文学第十一,法国语言文学第十二,俄国语言文学第十三,德国语言文学第十四,日本语言文学第十五。以上语言文字学五种,凡学生每人自认一种,与溥通学同时并习,其功课书悉各该国原本。高等算学第十六,高等格致学第十七,高等政治学第十八(法律学归此门),高等地理学第十九(测绘学归此门),农学第二十,矿学第二十一,工程学第二十二,商学第二十三,兵学第二十四,卫生学第二十五(医学归此门)。以上十种专门学,俟溥通学卒业后,每学生各占一门或两门。其已习西文之学生,即读西文各门读本之书;其未习西文之学生,即读编译局译出各门之书。

章程强调,功课设定要"严密切实,以实事求是为主":"本学堂以实事求是为主,固不得如各省书院之虚应故事,亦大如前者学堂之仅袭皮毛。所定功课,必当严密切实,乃能收效。今拟凡肄业者,每日必以六小时在讲堂,由教习督课,以四小时归斋自课。其在讲堂督课之六小时,读中文书西文书时刻各半。"

在第三章"学生入学例"中,主意规定了大、中、小学堂学生的来源、人数以及升留级制度。

如规定学生来源由两部分组成,第一由翰林院编检、各部院司员、大门侍卫、候补候选道府州县以上及大员子弟、八旗世职、各省武职后裔之愿入学堂肄业者组成;第二由各省中学堂学成领有文凭咨送来京肄业者组成。

学生分作两班。其治各种溥通学已卒业者,作为头班。现治溥通学者,作为二班。

学生规模暂以500人为额。其第一项学生,额设300人。第二项学生,额设200人。若取额已满续行投到咨到者,暂作为外课,俟缺出乃补,外课生不住学堂,不给膏火。

章程对京师大学堂的招生质量皆有严格规定,并建立淘汰制度:"凡学生留学补额,宁缺毋滥,宁严毋宽,以昭慎重。其有本在优级者,或功课不如格,则随时黜降,以优者补升。或犯堂规,轻者降为外课,重者摈出。"

在第四章"学成出身例"中,指出从前的各种学堂之所以不能成就人才,既有功课设置不得法,教习素质不高的原因;也有国家不从中选拔人才委以官职的原因。所以应变通科举,从大学堂选拔人才,"以励人才而开风气"。该章还规定对培养人才有功的教习,也要酌情给予奖励。如规定京师大学堂,多有已经授职之人员,其卒业后应如何破格擢用之处,出自圣裁。其各省中学堂生,如有已经中举人者,其卒业升入大学堂之时亦即可作为进士,与大学堂中已经授职之人员一体相待。

在第五章"聘用教习例"中,指出教习的选用,不看官阶高低,不看年龄大小,应以品学兼优通晓中外者为最佳人选。该章还对各专业的教习人数作了规定:

> 同文馆及北洋学堂等,多以西人为总教习。然学堂功课,既中西并重,华人容有兼通西学者,西人必无兼通中学者。前此各学堂于中学不免偏枯,皆由以西人为总教习故也,即专就西文而论:英法俄德诸文并用,无论任聘何国之人,皆不能节制他种文字之教习,专门诸学亦然,故必择中国通人,学贯中西,能见其大者为总教习,然后可崇体制而收实效。

> 学生之成就与否,全视教习。……此举既属维新之政,实事求是,必不可如教习庶吉士、国子监祭酒等之虚应故事。宜取品学兼优通晓中外者,不论官阶,不论年齿,务以得人为主,或由总理衙门大臣保荐人才可任此职者,请旨擢用。

> 设溥通学分教习十人,皆华人。英文分教习十二人,英人、华人各六;日本分教习二人,日本人、华人各一;习俄德法文分教习各一个,或用彼国人,或用华人,随所有而定。专门学十种分教习各一个,皆用欧美洲人。

第八章 光绪、慈禧与京师大学堂的三个章程

在第六章"设官例"中,章程对上从管学大臣开始,下至藏书楼、仪器院办事人员的京师大学堂行政管理人员数做了规定。

设管学大臣一员,以大学士、尚书、侍郎为之,略如管国子监事务大臣之职。

设总教习一人,不拘资格,由特旨擢用,略如国子监祭酒、司业之职。

设分教习汉人二十四员,由总教习奏调,略如翰林院五经博士、国子监助教之职。其西人教习者不以官论。

设总办一人,以小九卿及各部院司员充。

设提调八人,以各部院司员充。以一人管支应,五人分股稽查学生功课,以二人管堂中杂务。

设供事十六员,誊录八员。

藏书楼设提调一员,供事十员。

仪器院设提调一员,供事四员。

以上各员,除管学大臣外,皆须常川驻扎学堂。

在第七章"经费"中,先介绍了西方国家无论干什么事情,只要关系到用钱,必用预算表和决算表进行经费管理的办法。而以前中国却不知道采用这种科学的方法,政府的财政管理非常落后。该章规定,为了力除积弊,京师大学堂也要采用西方的作法,列出常年的预算表,各项支出,按表拨款办理,对旧的财政管理制度进行彻底改造。该章对大学堂的管理人员薪俸、学生膏火及伙食费、课本纸张费、奖励费、杂用费等列出了预算表,并规定所有费用由总办提调经理,且一切费用采取"实支实销"。

> 西国凡一切动用款项,皆用预算表决算表之法。预算者,先估计此事应需款若干,甲项用若干,乙项用若干,拟出大概数目,然后拨款措办也。决算者,每年终,将其开销实数分别某项某项开出清单也。中国向一无列表预算之法,故款项每患舞弊,费帑愈多成效愈少。今宜力除积弊,采用西法,先列为常年预算表,开办预算表,然后按表拨款办理。

该章还提出"高薪养廉"的思想,也是意义非凡的:"中国官制向患禄薄。今既使之实事求是,必厚其薪俸,使有以自养,然后可责以实心任事。"

在大学堂开办所需经费方面,章程做了详细的计划,如:

教习及办事人薪俸预算:统计每年开销银八万一千五百两。

学生膏火预算:统计每年开销银五万二千三百二十两。

其余杂用预算:共需银五万六千六百两。

合计每年共应开销银十九万零四百二十两之谱,是为常年统计经费之数。

开办经费,以建学堂购书、购器及聘洋教习来华之川资为数大宗。今略列于下:建筑学堂费约十万两,建筑藏书楼费约二万两,建筑仪器院费约二万两,购中国书费约五万两,购西文书费约四万两,购东文书费约一万两,购仪器费约十万两,洋教习川资约一万两。

开办经费预算表约三十五万两。

一切工程及购书购器等费,皆由总办提调经理,皆当实支实销,不得染一毫官场积习。

1902年(光绪二十八年)由张百熙主持起草的《钦定大学堂章程》

在第八章"暂章"中,章程对一些具体问题做了补充说明,指出上述各章执行起来如有考虑不周的地方,可随时由各分管提调或会同有关部门再做其他规定。如:

功课之缓急次序,及每日督课,分科分课及记分数之法;其章程皆归总教习分教习续拟。

一切堂规,归总办提调续拟。

建筑学堂,分股分斋一切格式,归总办提调续拟。

第八章 光绪、慈禧与京师大学堂的三个章程

应购各书目录及藏书楼收藏借阅详细章程,归藏书楼提调续拟。

应购各器并仪器院准人游观详细章程,归仪器院提调续拟。

学成出身详细章程,应由总教习会同总理衙门礼部详拟。

各省府州县学堂训章,应由大学堂总教习总办拟定,请旨颁示。①

总的来看,《奏拟京师大学堂章程》虽已面面俱到,对大学堂的诸项事宜作了种种规定,但毕竟是当时中国的第一部有关大学堂的法规,与后来的两个章程比起来,还是较简单的,基本上只是定了一些原则。但它却体现了康有为、梁启超的变法主张,是戊戌变法的一个重要成果,也是中国近代史上第一个较全面的教育章程。这个章程为中国新式高等教育的发展指明了道路,打下了基础。章程中提出的一些办学的思想和原则,如"兼容并包"、"中西并用",重视师范教育、基础学与专门学结合,办学要以"实事求是为主",课程设置要"严密切实",把大学教育放在为国家培养人才的高度来认识等,都与今天高等教育的一些办学思想完全一致。

1902 年颁布的《钦定京师大学堂章程》全文约 15000 字,共 8 章,84 节。比第一个章程多了 6000 字,30 节。可以说是一个更为完备、全面的章程。它的一个重要贡献就是提出"全学"的、和"通才"的概念,即要把京师大学堂办成一个拥有"全学"的、培养"通才"的大学。它综合欧、美、日办大学的长处而提出的这一办学思想,可以说也是对世界高等教育的一个贡献。

然而,《钦定京师大学堂章程》第一章中提出的办学宗旨,与第一个京师大学堂章程却有着极大的不同。

第一章"全学纲领",共 11 节,较之《奏拟京师大学堂章程》多出

---

① 《总理衙门奏拟京师大学堂章程》,见《北京大学史料》第一卷,81—87 页,北京大学出版社,1993 年。

3节。该章指出京师大学堂的建校纲领是"激发忠爱,开通智慧,振兴实业",并要遵谕旨"端正趋向,造就通才"。该章强调中国素以"伦常道德为先",要把修身伦理,作为培养人才的基础,同时指出,学堂的所有人员,凡有"明倡异说,干犯国宪,及与名教纲常相违背者,查有实据,轻则斥退,重则究办"。该章还规定京师大学堂要把全国的学校都统管起来,一切条规,都要颁行各省;各省办学的情况,每年要上报京师大学堂,再由京师大学堂汇总后,报告皇太后和皇上。

该章的第一节用41个字,点明了京师大学堂的办学宗旨:"京师大学堂之设,所以激发忠爱,开通智慧,振兴实业;谨遵此次谕旨,端正趋向,造就通才,为全学之纲领。"

在第二节中,提出了智育、体育、德育全面发展的辩证教育思想,强调德育是培植人才的基础:"中国圣经垂训,以伦常道德为先;外国学堂于智育体育之外,尤重德育,中外立教本有相同之理。无论京外大小学堂,于修身伦理一门,视他学科更宜注意,为培植人才之始基。"

章程指明在大学堂里不得"明倡异说,干犯国宪":"欧美日本所以立国,国各不同,中国政教风俗亦自有异;所有学堂人等,自教习、总办、提调、学生诸人,有明倡异说,干犯国宪,及与名教纲常相违背者,查有实据,轻则斥退,重则究办。"

章程提及的京师大学堂在中国高等教育中的领导地位和第一个章程是一致的:"京师大学堂主持教育,宜合通国之精神脉络而统筹之。现奉谕旨,一切条规,即以颁行各省。将来全国学校事宜,请由京师大学堂将应调查各项拟定格式簿,分门罗列,颁发各省学堂。于每岁散学后,将该学堂各项情形,照格填注,通报京师大学堂,俟汇齐后,每年编订成书,恭呈御览。"

"京师大学堂本为各省学堂卒业生升入专门正科之地,无省学则大学堂之学生无所取材。今议先立预备一科,本一时权宜之计,故一年之内,各省必将高等学堂暨府厅州县中小学堂一律办齐,如有敷衍迟延,大学堂届期请旨严催办理。"

第二章"功课",共22节,较之《奏拟京师大学堂章程》多出16节。该章详细地列举出京师大学堂大学分科门目表、预备科课程门目表、预备科课程分年表、预备科课程一星期时刻表、仕学馆课程门目表、仕学馆课程分年表、仕学馆课程一星期时刻表、师范馆课程门目表、师范馆课程分年表、师范馆课程一星期时刻表等10种不同的课程安排表。该章还对每个班级学生的人数、外国教习和中国教习上堂教授的课时、考试分数的评定等作了规定。此外,该章还规定外省学堂所用课本,一律照京师大学堂奏定的课本编印,不能"自为风气"。

章程规定:"欲定功课,先详门目,大学堂全学名称:一曰大学院,二曰大学专门分科,三曰大学预备科。其附设名目:仕学馆,师范馆。除大学院为学问极则、主研究不主讲授、不立课程外,兹首列大学分科课程,次列预备科课程;其仕学、师范二馆课程亦以次附焉。前次学堂有医学一门,兼施学堂中之诊治,今请仍旧办理,照外国实业学堂之例附设一所,名曰医学实业馆。所有医学馆章程另编具奏。"

在第二节里,该章程详细列举了大学分科的科目:

政治科第一,文学科第二,格致科第三,农学科第四,工艺科第五,商务科第六,医术科第七。

政治科之目二:政治学、法律学。

文学科之目七:经学、史学、理学、诸子学、掌故学、辞章学、外国语言文学。

格致科之目六:天文学、地质学、高等算学、化学、物理学、动植物学。

农学科之目四:农艺学、农业化学、林学、兽医学。

工艺科之目八:土木工学、机器工学、造船学、造兵器学、电气工学、建筑学、应用化学、采矿冶金学。

商务科之目六:簿计学、产业制造学、商业语言学、商法学、商业史学、商业地理学。

医术科之目二：医学、药学。

关于预备科的科目，章程，也做了详细规定：

预备科课程分政、艺两科，习政科者卒业后升入政治、文学、商务分科；习艺科者，卒业后升入农学、格致、工艺、医术分科。各省高等学堂课程，照此办理。

政科第一年

伦理，考求三代汉唐以来诸贤名理，宋元明国朝学案及外国名人言行，务以周知实践为归。……

政科第二年

伦理、经学、《三礼》、《尔雅》，自汉以来注家大义。……

政科第三年

伦理、经学、《春秋三传》、《周易》，自汉以来注家大义。……

艺科第一年

伦理，同政科。中外史学，同政科。外国文，同政科。……

艺科第二年

伦理，同政科。中外史学，同政科。……

仕学馆招考已入仕途之人入馆肄业，自当舍工艺而趋重政法，惟普通各学亦宜略习大概。

课程规定为：算学第一，博物第二，物理第三，外国文第四，舆地第五，史学第六，掌故第七，理财学第八，交涉学第九，法律学第十，政治学第十一。以上各科，均用译出课本书，由中教习及日本教习讲授，惟外国文由各国教习讲授。

学制三年。第一年：算学，加减乘除、比例、开方。博物，动植物形状及构造。物理，力学声学浅说。外国文，音义。……

第二年：算学，平面几何。博物，生理学。物理，热学光学浅说。

第三年：算学，立体几何、代数。博物，矿物学。……

凡入仕学馆者，英、德、法、俄、日本文字任择一门习之，不能习者，听其自便。

学生班数,按其功候之浅深定之,每班至多不得过四十人;每学过一学期则递升一班。其升班有考试不及格者,不升,随后再试。

学生如甲科功候颇深,乙科功候较浅,应移甲科之日力补习乙科,如史学功候深,算学功候浅,则移史学之功候补习算学,余以类推。

凡考学生之成绩,由教习将学生平日功课分数,数日一呈总教习,总教习通一之分数而榜于堂。

在教材方面,章程规定:外省学堂,一律照京师大学堂奏定课本办理,不得自为风气。如将来外省所编课本,实有精审适用过于京师编译局颁发原书者,经大学堂审定后,由管学大臣随时奏定改用。

第三章"学生入学",共5节,较之《奏拟京师大学堂章程》少了3节。该章分别就京师大学堂专门学生、预备科学生、速成科学生来源及学生人数做了规定。如:

京师大学堂专门学生,将来由本学堂预备科卒业生升补外,其各省高等学堂卒业生咨送到京者,经考验及格,一并升入正科肄业。

现办预备科之学生,京师由本学堂招考,各省照原奏由大学堂拟定格式,颁发各省照格考取后,咨送到京复试,方准入学肄业。

学生现定额500名,约以200名为预备科学生之数,以300名为速成科学生之数,随后再议扩充。

第四章"学生出身",共11节,较之《奏拟京师大学堂章程》多出6节。该章对京师大学堂各分科、速成科、仕学馆、师范馆等各科肄业学生将分别给予何种文凭和官爵做了较详细的规定。这是最终废除科举取士制度最有效的举措。如:

恭绎历次谕旨,均有学生学成后赏给生员、举人、进士明文。大学堂预备速成两科学生卒业后,分别赏给举人、进士。……大学堂分科卒业生,由本学堂教习考过后,再由管学大臣复考如格,带领引见，候旨赏给进士。其举人进士均应给予文凭。至京师大学堂现办之预备、速成两科卒业生，应照臣筹办大概情形原奏办理。

现办速成科仕学馆人员，应俟三年卒业，由教习考验后，管学大臣复考如格，择优保奖，予以应升之阶，或给虚衔加级，或咨送京外各局所当差，统俟临时量才酌议。

现办速成科、师范馆学生，今定俟四年卒业，由教习考验后，管学大臣复考如格，择优带领引见。如原系生员者，准作贡生，原系贡生者，准作举人，原系举人者，准作进士，均候旨定夺，分别给予准为各处学堂教习文凭。

各项学生，由本学堂总理教习考验合格之后，该总理及教习须出具切结。将来本府官立中学堂，本省高等学堂及京师大学堂复考之日，如察有冒滥，即将原考验之总理及教习分别议处。轻者罚减薪赏，重者分别黜革。如此，则总理及教习考验之时不敢含混，即教习授课之日亦不敢疏虞，实于防弊之中兼寓督课之意，庶为取士最公最严之法。

第五章"设官"，共11节，较之《奏拟京师大学堂章程》多出2节。该章仅对襄办以上的管理人员数做了规定，并划分了职权范围：

设管学大臣一员以主持全学，统属各员，由特旨派大臣为之。

设总办一员，副总办二员，以总理全学一切事宜，随事秉承管学大臣办理。

设堂提调四员，以稽查学生勤惰出入，并照料学生疾病等事。遇学生因事争讼，堂提调应随时排解，有大事会同总理审理。司事、杂役人等，有不按定章办事应差，并在堂内滋事者，堂提调查明分别轻重办理。

设文案提调一员，襄办二员，以总理往来文件。

设支应提调一员，襄办二员，以总稽银钱出入。

设杂务提调二员，襄办一员，以照料学生饮食，并随时置办堂中应用一切物件。

设藏书楼、博物院提调各一员,以经理书籍、仪器、标本、模型等件。

设医学提调一员,稽查医学馆学生功课,兼司学堂诊治及照料一切卫生事宜。

设收掌供事书手若干员名,俟开办时视学务繁简再行酌定。

以上各员,自总办以下,皆受考成于管学大臣;除管学大臣外,皆须常川驻堂。

自副总办以下,供职勤惰,应由正总办按照章程严密稽查,年终出具考语,报明管学大臣查核。

第六章"聘用教习",共 9 节,较之《奏拟京师大学堂章程》多出 4 节。

该章除对各科及中外教习的聘用做了规定外,还特别加上了"西学教习不得在学堂中传习教规"一项。

设总教习一员,主持一切教育事宜;副总教习二员,佐总教习以行教法,并分别稽查中外各教习及各学生功课。

现在学生额数未定,西学教习拟暂聘欧美人六员或四员,教授预备科学生;日本人四五员,教授速成科学生。按照所定功课章程办理。

同文馆归并办理,仍照向例用英、法、俄、德、日本五国文教授,聘用外国教习五员;又医学实业馆聘用外国教习一员。

设西学功课监督一员,如外国教习有不按照此次所定功课教授者,监督得随时查察,责成外国教习照章办理。

学问之与宗教本不相蒙,西学教习不得在学堂中传习教规。

自副总教习以下,教课勤惰,均由正总教习按照章程严密稽察,年终出具考语,报明管学大臣查核,自总教习以下,皆受考成于管学大臣。

第七章"堂规",共 11 节,是《奏拟京师大学堂章程》中所没有的。

该章第一节就规定无论教习还是学生,一律要遵奉《圣谕广训》,每个月的第一天,大学堂的总教习和副总教习都要招集学生,在礼堂宣读《圣谕广训》。该章还规定每年逢皇太后、皇上、皇后过生日都要举行礼仪。突出了"忠君"的奴化教育内容。对于每年的节假日、教习的考勤、学生的功课勤惰、请假制度都做了相应的规定。如:

> 教习学生,一律遵奉《圣谕广训》,照学政岁科试下学讲书宣读御制训饬士子文例,每月朔,由正总教习、副总教习传集学生,在礼堂敬谨宣读《圣谕广训》一条。
>
> 凡开学散学及每月朔,由总教习、副总教习、总办各员,率学生诣至圣先师位前行礼。礼毕,学生向总教习、副总教习、总办各员各三揖,退班。
>
> 每岁恭逢皇太后、皇上万寿圣节,皇后千秋节,至圣先师诞日,仲春仲科上丁释奠日,皆由总教习、副总教习、总办各员率学生至礼堂行礼如仪。
>
> 学生平日见管学大臣、总教习、副总教习、分教习,皆执弟子礼,遇其他官员及上等执事人一揖致敬。
>
> 每年以正月二十日开学,至小暑节散学,为第一学期;立秋后六日开学,至十二月十五日散学,为第二学期。
>
> 学生在堂,寝兴食息皆有定时;出入大门,皆由总办堂提调等员查察,立簿记之。
>
> 学生无故不得请假,如遇家人宾客通问,于外室会谈,不得入内,亦不得过久。
>
> 学生举止行为有无过失,除由教习按日登记外,倘有干犯一切定章,其所应管束之员,皆得随时禁止。

第八章"建置",共4节,也是《奏拟京师大学堂章程》中所没有的。该章对京师大学堂的建筑设施、教学器具,以至食具寝具、衣服冠靴等的供给都做了明文规定。如:

> 京师大学堂建设地面,现遵旨于空旷处所择地建造。所

第八章 光绪、慈禧与京师大学堂的三个章程

应备者,礼堂,学生聚集所,藏书楼,博物院,讲堂(讲堂分二式:一式为通常讲堂,一式为特别讲堂),寄宿舍,寝室,自修室,公毕休息房,食堂,盥所,养病所,厕所,体操场(体操场分二处:一处为屋外体操场,一处为屋内体操场)。此外职员所居室,教习所居室,执事人所居一切诸室。

堂内所应备者,图书,黑板,几案,椅凳,时辰表,风雨表,寒暑表,以及图画、算学、物理、化学、地质、矿学、舆地、体操之各种器具标本模型,皆随时购置,以应各科之用。①

1904年(光绪三十年)颁布的由张之洞
等人主持拟定的《奏定大学堂章程》

《钦定京师大学堂章程》比1898年制定的《奏拟京师大学堂章程》从入学堂的管理方面来说,各种规定要具体、翔实得多,但比起一年后由张之洞主持拟定的新章程,就又是小巫见大巫了。该章程提出的把京师大学堂办成"全学",培养"通才"的办学思想,以及德、智、体全面发展是培养人才的基础等,都对今天的教育有着积极的意义。

---

① 《钦定京师大学堂章程》,见《中国近代学制史料》第二辑,上册,753—769页,华东师范大学出版社,1987年。

1904年颁布的《奏定大学堂章程》全文约45000余字,共7章,72节。

《奏定大学堂章程》在办学的指导思想上,与《钦定京师大学堂章程》是一致的,是《钦定京师大学堂章程》的细化和发展,并第一次提出在京师大学堂设立通儒院及各省都要设立大学的主张。

第一章"立学总义",共7节,较之《钦定京师大学堂章程》少了4节。该章首次提出了在大学堂内设通儒院(当时外国称大学院,即现今的研究生院)的主张。该章把"谨遵谕旨,端正趋向,造就通才"作为大学堂的办学宗旨,并对各分科大学和通儒院的学习年限做了规定。如:

> 设大学堂,令高等学堂毕业者入焉,并于此学堂内设通儒院(外国名大学院,即设在大学堂内),令大学堂毕业者入焉。以谨遵谕旨,端正趋向,造就通才为宗旨。大学堂以各项学术艺能之人才足供任用为成效。通儒院以中国学术日有进步,能发明新理以著成书,能制造新器以利民用为成效。大学堂讲堂功课,每日时刻无一定,至少两点钟,至多四点钟。通儒院生不上堂不计时刻。大学堂视所习之科,分别或三年毕业、或四年毕业,通儒院五年毕业。

大学堂内设分科大学堂,为教授各科学理法,俾将来可施诸实用之所。通儒院为研究各科学精深意蕴,以备著书制器之所。通儒院生但在斋舍研究,随时请业请益,无讲堂功课。

各分科大学之学习年数,均以三年为限;惟政法科及医科中之医学门以四年为限,通儒院以五年为限。

大学堂分为八科:一、经学科大学下设十一门专业,理学列为经学之一门。二、政法科大学下设二门专业。三、文学科大学下设九门专业。四、医科大学下设二门专业。五、格致科大学下设六门专业。六、农科大学下设四门专业。七、工科大学下设九门专业。八、商科大学下设三门专业。

第八章 光绪、慈禧与京师大学堂的三个章程

以上八科大学,在京师大学堂务须全设,若将来外省有设立大学者可不必限定全设;惟至少须置三科,以符学制。

在这一章的第七节中,提出先在京师设立大学一所,然后再推及各省:

> 泰西各国国内大学甚多,日本亦有东京、西京二大学,现尚欲增设东北、西南二大学,筹议未定;此外尚有以一人之力设立大学者,以故人才众多,国势强盛。中国地大民殷,照东西各国例,非各省设立大学不可。今先就京师设立大学一所,以为之倡,俟将来各学大兴,即择繁盛重要省份增设,并以渐推及于各省。

第二章"各分科大学科目",共13节,虽较之《钦定京师大学堂章程》少了8节,但其内容却多了5倍。该章不但一一列举了经学、政法、文学、医科、格致、农科、工科、商科等各学科应修的课程,还对每一个不同学年每星期各课程应学多少课时也做出了规定。此外,该章用大量的篇幅,介绍了各科的学习重点及国外各课程的研究方向。这在前两个大学堂章程中是没有的。

关于经学科大学(附理学),章程规定:

> 经学分十一门:一、周易学门,二、尚书学门,三、毛诗学门,四、春秋左传学门,五、春秋三传学门,六、周礼学门,七、仪礼学门,八、礼记学门,九、论语学门,十、孟子学门。愿兼习两经者,听。十一、理学门。

章程强调学科的研究方法,做了详细的阐述。仅以经学为例:

> 通经所以致用,故经学贵乎有用;求经学之有用,贵乎通,不可墨守一家之说,尤不可专务考古。研究经学者,务宜将经义推之于实用,此乃群经总义。……
>
> 经学以国朝为最精,讲专门经学者宜以注疏及国朝诸家之书为要,而历朝诸儒之说解亦当参考,其应用各书学堂中皆

当储备。

诸经皆同。……

公羊家后世经师之说，多有非常可怪不合圣经本义之论，如新周王鲁以春秋当新王之类，流弊无穷，适为乱臣贼子所借口，关系世教甚巨。近来康梁逆党即是依托后世公羊家谬说，以逞其乱逆之谋，故讲《公羊春秋》者，必须三传兼讲，始免借经术以祸天下之害。……

《孝经》卷帙甚简，前已讲诵，其义已散见于各经内，不必另立专门。……

凡治经及理学者，无论何门，每日讲堂钟点甚少，应于以上各科目外兼习随意科目如下：

第一年应以中国文学、西国史、西国法制史、心理学、辨学（日本名论理学，中国古名辨学）、公益学（日本名社会学，近人译作群学，专讲公共利益之理法，戒人不可自私自利）等，为随意科目。

第二年应以中国文学、比较法制史、辨学、公益学等为随意科目。

第三年应以中国文学、西国文学史、心理学、公益学等为随意科目。

以上各随意科目，此时初办碍难全设，应俟第一期毕业后体察情形，酌量渐次添设。各分科大学之随意科皆同。……

大清会典要义，全书浩博，宜用现在坊间通行之《大清会典》节本及《吾学录》，摘其精义编为成书讲授。两书如有缺漏之要义，教员可由会典原书考取补入，令学生先知纲要。

关于文学科大学，章程规定：

文学科大学分九门：一、中国史学门，二、万国史学门，三、中外地理学门，四、中国文学门，五、英国文学门，六、法国文学门，七、俄国文学门，八、德国文学门，九、日本国文学门。

以上各科目外,尚有随意科目如下:

第一年应以辨学、各国法制史、中国文学为随意科目。第二年应以人类学、公益学、教育学、中国文学为随意科目。第三年应以金石文字学(日本名古文书学)、古生物学(即考究发掘地中所得之物品,如人骨兽骨刀剑砖瓷以及化石之类,可以为史家考证之资者)、全国人民财用学、国家财政学、法律原理学、交涉学为随意科目。……

章程规定,高等学堂毕业生,升入分科大学时,有呈明愿就各分科大学课程中选习一门科目,能成家数者,如政法科政治门内或选习理财,或选习行政,法律门内或选习商法,或选习民法,文学科中国史学门内,或选习某几代史;医学门内或选习内科、或选习外科之类,均谓之选科。其补习课目,仍须全习。至所选科目不能成家数者,不得以选科论,概不核准。

第三章"考录入学",共5节,与《钦定京师大学堂章程》所列内容无大区别,但强调了从高等学堂大学预科毕业生中经考试择优录取的原则。如规定:

各分科大学,应以高等学堂大学预科毕业生升入肄业,但其应升入学人数若逾于各分科大学预定之额数时,则须统加考试,择尤取入大学。已经考取而限于额数不得入者,至下次入学期,可不须再考,按其名次先后依次令入大学。

各分科大学入学人数,若不满预定之额数时,各项高等学堂与大学预科程度相等之毕业生,经学务大臣察实,亦准其入大学肄业。

分科大学毕业生,因欲学习他学科,更请入学者,可不须考验,即准其入学。

凡已准入学之学生,须觅同乡京官为保人,出具确实具保印结。

第四章"屋场图书器具",共9节,对各分科大学校址的选择、教学设置的安排等做了原则规定。

建设大学堂,当择地气清旷、面积宏敞适合学堂规模之地。各分科大学宜设置于一处,惟农科大学可别择原野林麓河渠附近之地设之。

各分科大学当择学科种类,设置通用讲堂及专用讲堂,以便教授。各种实验室、列品室及其他必须诸室,各分科大学均宜全备。

大学堂当置附属图书馆一所,广罗中外古今各种图书,以资考证。

格致科大学,当置附属天文台以备观测,并置附属植物园、附属动物园,一以资学生实地研究,一以听外人观览,使宏多识。

农科大学当置农场、苗圃、果园及附属演习林,使得练习实业,并置家畜病院,使实究兽医学术。

商科大学当置商业实践所,使得实习商业。

医科大学当置附属医院,诊治外来病人,即以供学生之实事研究。

……每学生一人应占宽大斋舍一间,令其宽舒;自习室及寝室可合为一处。

第五章"教员管理员",共24节,等于将《钦定京师大学堂章程》中的"设官"和"聘用教习"两章进行了合并。其内容更为详细,各教职人员的职责更为分明。如:

> 大学堂应设各项人员如下:大学总监督,分科大学监督、教务提调、正教员、副教员、庶务提调、文案官、会计官、杂务官、斋务提调、监学官、检察官、卫生官、天文台经理官、植物园经理官、动物园经理官、演习林经理官、医院经理官、图书馆经理官。

> 大学总监督受总理学务大臣之节制,总管全堂各分科大学事务,统率全学人员。

> 分科大学监督,每科一人,共八人,受总监督之节制,掌本科之教务、庶务、斋务一切事宜。凡本科中应兴应革之事,得以博采本科人员意见,陈明总监督办理。每科设教务提调一人、庶务提调一人、斋务提调一人以佐之。提高调分任一门,监督统管三门。

> 教务提调每科一人，共八人，以曾充正教员之最有学望者充之，受总监督节制，为分科大学监督之副，诸事与本科监督商办，总管该门功课及师生一切事务；正教员副教员属之。
>
> 庶务提调每科一人，共八人，以明学堂规矩之职官充之，受总监督节制，为分科大学监督之副，诸事与本科监督商办，管理该科文案、收支、厨务及一切庶务；文案官、会计官、杂务官属之。
>
> 斋务提调每科一人，共八人，以曾充教员又有学望者充之，受总监督节制，为分科大学监督之副，诸事与本科监督商办，管理该科整饬斋舍、监察起居一切事务；监学官、检察官、卫生官属之。
>
> 各分科大学亦设教员监学会议所，凡分科课之事，考试学生之事，审察通儒院学生毕业应否照章给奖之事，由分科大学监督邀集教务提调、正副教员、各监学公同核议，由分科监督定议。
>
> 事关更改定章、必应具奏之事，有牵涉进士馆、译学馆、师范馆及他学堂之事，及学务大臣总监督咨询之事，应由总监督邀集各监督、各教务提调、正教员、监学会议，并请学务大臣临堂临议，仍以总监督主持定议。
>
> 凡涉高等教育之事，与议各员，如分科监督、各教务提调、各科正教员、总监学官、总卫生官意见如有与总监督不同者，可抒其所见，径达于学务大臣。

第六章"通儒院"，共10节，也是前两个章程中所没有的。这一章主要对进通儒院（相当于今天的研究生院）学生的资格、学年、毕业生资格等做了规定。如：

> 凡某分科大学之毕业生欲入通儒院研究学术者，当具呈所欲考究之学艺，经该分科大学教员会议，呈由总监督核定。
>
> 非分科大学毕业生而欲入通儒院研究某科之学术者，当

经该分科大学教员会议所选定,复由总监督考验,视其实能合格者,方准令升入通儒院。

通儒院学员之研究学期,以五年为限,以能发明新理、著有成书、能制造新器、足资利用为毕业。

通儒院学员至第五年之末,可呈出论著,由本分科大学监督交教员会议所审察;其审察合格者即作为毕业,报明总监督咨呈学务大臣会同奏明,将其论著之书籍图器进呈御览,请旨给以应得之奖励。

第七章"京师大学堂现在办法",共4节,主要是针对京师大学堂现状做了一些补充规定。如:

> 京师大学堂为各省学堂弁冕,现暂借地试办,当一面新营学舍,于规模建置力求完善,以树首善风声,早收实效。
>
> 分科大学应选各省高等学堂毕业生入堂肄业,此时各省高等学堂方议创办,未出有合入大学之学生,应变通先立大学预备科,与外省高等学堂同时兴办,其科目程度一如高等学堂,俟预备科毕业,再按照分科大学办法。
>
> 现在京师大学堂既系先教预备科,其学堂执事人员,自当按照高等学堂章程设置,俟将来升教分科大学,即按照分科大学规制办理。
>
> 原定大学堂章程有附设之仕学馆、师范馆,现在大学预备科及分科大学尚未兴办,暂可由大学堂兼辖。将来大学堂开办预备科及分科大学,事务至为繁重,仕学师范两馆均应另派监督自为一学堂,径隶于学务大臣。其仕学馆课程应照进士馆章程办理,师范馆可作为优级师范学堂,照优级师范学堂章程办理。①

---

① 《奏定大学堂章程》,见《中国近代学制史料》第二辑,上册,770—823页,华东师范大学出版社,1987年。

总的来看,《奏定大学堂章程》充分体现了张之洞在《劝学篇》中倡导的办学思想。这个章程已不单单是针对京师大学堂而言。它的各项规定在制定时,就具备了对以后全国各地所办大学堂的普遍指导意义。京师大学堂从办学之初,就是一所极具特色的高等学府,也是全国办大学的样板和典范。

第九章
京师大学堂的课程设置与教学实施

京师大学堂从初创直到1912年改名为北京大学之前，历次确立学科，设置课程，皆以"中体西用"为指导思想。

1896年（光绪二十二年）5月，刑部左侍郎李端棻在委托梁启超起草的《请推广学校折》中建议设立京师大学堂，同时主张"学中课程，一如省学，惟益加专精，各执一门"①。意思

京师大学堂译学馆出版的教科书

是说大学堂的课程，既要像各省学堂一样学经史和国朝掌故，并辅之以天文、舆地、算学、格致、制造、农桑、兵、矿、时事及交涉等，又要各执一门，分斋讲习，以便精益求精。

另外，他认为讲习西学，不能只学西语、西文，而应着重于探讨治国之道，富强之原。

同年7月，管理官书局大臣孙家鼐在议复开办京师大学堂办法时，也首先指出西方列强广立学校，人才辈出，国势骤强，方得以争

---

① 见《光绪朝东华录》（四），中华书局，1958年。

第九章 京师大学堂的课程设置与教学实施

雄竞长,与中国抗衡,而并非仅仅靠的是"船坚炮利"。他感慨于外国"其都城之所设大学堂,规模闳整,经费充盈,教习数百计,生徒以数万计。其学有分四科者、五科者、六科者,仍广立中学、小学,以次递升"。他建议京师大学堂课程应分立十科:一为天学科,附算学;二为地学科,附矿学;三为道学科,附各教源流;四为政学科,附西国政治及律例;五为文学科,附各国语言文字;六为武学科,附水师;七为农学科,附种植水利;八为工学科,附制造格致各学;九为商学科,附轮舟、铁路、电报;十为医学科,附地产、植物、化学。即所谓"总古今,包中外,赅体用,贯精粗"①。

1898年5月,军机大臣及总理衙门王大臣在议复大学堂章程时,首先检讨近年各省所设学堂虽明为中西兼习,实则有西而无中,且有西文而无西学。各省学堂以洋务为主,义理之学固不讲究,经史掌故也不精通,浮慕西学而无心得,徒增习气而有余,这就是各省学堂不能造就人才的主要原因。军机大臣等奏请京师大学堂课程应分为普通学与专门学两类,另加选一种外语。

普通学包括:经学、理学、中外掌故学、诸子学、初级算学、初级格致学、初级政治学、初级地理学及体操等十科,为学生必修科目。另外学生还要在英、法、俄、德、日五门外语中任选一门与普通学同时并习。

专门学包括:高等算学、高等格致学、高等政治学、高等地理学、农学、矿学、工程学、商学、兵学、卫生学等十科。学生必须在普通学毕业后,才能在专门学中选一门或两门学习。②

同年6月,鉴于京师大学堂普通学课程分立十门,按日分课,门类太多,一般的学生很难兼顾,于是孙家鼐奏请酌加变通,每门各立子目,多寡由学生自选。理学并入经学一门,诸子学不另设一

---

① 《孙家鼐议复开办京师大学堂折》,见《变法自强奏议汇编》卷四。
② 见《皇朝道咸同光奏议》卷七,变法类,学堂条。

门,其中有关政治经学附入专门学内,任学生选修。专门学中的兵学一门,另议改隶于武备学堂。①

1902年(光绪二十八年)2月,京师大学堂在战乱后准备复课时,管学大臣张百熙奏请将预备科课程合并为政、艺二科。政科包括经史、政治、法律、通商、理财等;艺科包括声、光、电、化、农、工、医、算等科。这一课程设置,同样体现了政艺并重,新旧兼学"中体西用"的精神。②

1902年7月,《钦定京师大学堂章程》颁布。章程规定大学专门分科分为政治、文学、格致、农业、工艺、商务、医术七科。政治科又分为政治学和律学二门;文学科分为经学、史学、理学、诸子学、掌故学、辞章学、外国语言文字学七门;格致科分为天文学、地质学、高等算学、化学、物理学、动植物学六门;农业科分为农艺学、农业化学、林学、兽医学四门;工艺科分为土木工学、机器工学、造船学、造兵器学、电气工学、建筑学、应用化学、采矿冶金学八门;商务科分为簿计学、产业制造学、商业语言学、商法学、商业史学、商业地理学六门;医术科分为医学与药学两门。

章程规定预备科的课程,政科分为伦理学、经学、诸子学、辞章学、算学、中外史学、中外舆地学、外国文学、物理学、名学、法学、理财学、体操学十三门;艺科分为伦理学、中外史学、外国文学、算学、物理学、化学、动植物学、地质矿产学、图书学、体操学十门。学习政科的学生,毕业后升入政治、文学、商务等分科大学;学习艺科的学生,毕业后升入农业、格致、工艺、医术等分科大学。③

当时,京师大学堂的速成科仕学馆由于招的学生均为已入仕

---

① 《孙家鼐奏复办京师大学堂情形折》,见《北京大学史料》第一卷,48页,北京大学出版社,1993年。
② 《张百熙奏设立京师大学堂办法折》,《光绪朝东华录》(七),中华书局,1958年。
③ 《钦定京师大学堂章程》,《中国近代学制史料》第二辑,上册,754—763页,华东师范大学出版社,1987年。

第九章 京师大学堂的课程设置与教学实施

途的人员,所以轻工艺而重政法,章程规定其应修的课程主要为算学、博物、物理、外语、舆地、史学、掌故、理财学、交涉学、法律学、政治学等十一门①。为使读者能具体了解京师大学堂当时学生所学课程,现将仕学馆各学年课程安排列表(见表1)②。

表1 《钦定京师大学堂章程》速成科仕学馆各学年课程安排

科 目	第一学年	第二学年	第三学年
算 学	加减乘除、比例、开方	平面几何	立体几何、代数
博物学	动植物形状及构造	生理学	矿物学
物理学	力学、声学浅说	热学、光学浅说	电气、磁气浅说
外 语	音义	翻译	文法
舆地学	全球大势,本国地理	外国地理	地文地质学
史 学	中国史典章制度	外国史典章制度	考中外治乱与衰之故
掌故学	国朝典章制度沿革大略	现行会典则例	考现行政事之利弊得失
理财学	通论	国税公产、理财学史	银行保险、统计学
交涉学	公法	约章使命、交涉史	通商传教
法律学	刑法总论、分论	刑事诉讼法、民事诉讼法、法制史	罗马法、日本法、英国法、法国法、德国法
政治学	行政法	同上学年	国法、民法、商法

京师大学堂速成科师范馆学生所学习课程包括:伦理学、经学、教育学、习字、作文、算学、中外史学、中外舆地学、博物学、化学、外国文学、图画、体操等共十四门功课。其每学年的课程安排如表2所示。③

---

①②③ 《钦定京师大学堂章程》,《中国近代学制史料》第二辑,上册,754—763页,华东师范大学出版社,1987年。

表 2　《钦定京师大学堂章程》速成科师范馆各学年课程安排

科 目	第一学年	第二学年	第三学年	第四学年
伦理学	考中国名人言行	考外国名人言行	考历代国朝圣训	伦理学教学法
经 学	考经学家法	同上学年	同上学年	同上学年
教育学	教育宗旨	教育之原理	教育原理及学校管理法	实习
习 字	楷书	楷书、行书	楷、行书、篆书	行、篆、草书及习字教学法
作 文	作记事文	作论理文	学章奏传记、辞赋诗歌诸体文	考文体流别
算 学	加减乘除、分数、比例、开方	账簿用法、算表成式、几何面积、比例	代数、分数、方程、立体几何	代数、级数、对数及算学教学法
中外史学	外国上世史、中世史	本国史典章制度	外国近世史	外国近世史及历史教学法
中外舆地	全球大势、本国各境兼仿绘地图	外国各境兼仿绘地图	地文地质学	地理教学法
博物学	动植物之构造及形状	同上学年	生理学	矿物学
物理学	力学、声学、热学	热学、光学	电气、磁气	理科教学法
化 学	考质求数	无机化学	同上学年	有机化学
外国文学	音义	句法	文法	文法
图 画	就实物模型授毛笔画	就实物模型帖谱手本毛笔画	用器画大要	图画教学法
体 操	器具操	器具操	兵式	兵式体操教学法

第九章 京师大学堂的课程设置与教学实施

1903年底颁发的《奏定大学堂章程》将经学单独立为一科,理学列为经学的一门。章程规定京师大学堂分科大学共分为八科,即:经学、政法、文学、格致、医学、农、工、商。经学课程包括周易学、尚书学、毛诗学、春秋左传学、春秋三传学、周礼学、仪礼学、礼政学、论语学、孟子学、理学等十二门;政法科大学分政治学和法律学二门;文学科大学包括中国史学、万国史学、中外地理学、中国文学、英国文学、法国文学、俄国文学、德国文学、日本国文学等九门;格致科大学包括算学、星学、物理学、化学、动植物学、地质学六门;医科大学分医学和药学二门;农科大学包括农学、农艺化学、林学、兽医学四门;工科大学包括土木工学、机器工学、造船学、造兵器学、电气工学、建筑学、应用化学、火药学、采矿及冶金学等九门;商科大学包括银行及保险学、贸易及贩运学、关税学三门。①

《奏定大学堂章程》颁布时,因分科大学还没有合格的学生,所以先设了大学预科。大学预科的课程是按照奏定高等学堂的课程安排的。学生共分为三类:

第一类是预备入大学经学科、政法科、文学科、商科的学生,其必修课程包括人伦道德、经学大义、中国文学、外语、历史、地理、辨学、法学、理财学、体操等十门。②

第二类是预备入大学格致科、工科、农科大学的学生,其必修课程包括人伦道德、经学大义、中国文学、外语、算学、物理、化学、地质、矿物、图画、体操等十一门。

第三类是预备入大学医科的学生,其必修课为人伦道德、经学大义、中国文学、外语、拉丁语、算学、物理、化学、动物、植物、体操等十一门。

1904年,京师大学堂将原师范馆改为优级师范科,课程分为公

---

① 《奏定大学堂章程》,见《中国近代学制史料》第二辑,上册,771—815页,华东师范大学出版社,1987年。
② 《奏定高等学堂章程》,见《中国近代学制史料》第二辑,上册,570—579页,华东师范大学出版社,1987年。

共科、分类科和加习科三种。学生入学后第一年上公共科的课程，包括：人伦道德、群经源流、中国文学、东语、英语、论理学、算学、体操等八科。分类科为二年级学生就其兴趣及专长分门别类所设的学科，共分四类：第一类以中国文学和外语为主，课程包括：人伦道德、经学大义、中国文学、历史、教育学、心理学、周秦诸子学、英语、德语（或法语）、辨学、生物学、生理学、体操等十三门。第二类以地理、历史为主，课程包括：人伦道德、经学大义、中国文学、教育学、心理学、地理、历史、法制、理财、英语、生物学、体操等十二科。第三类以算学、物理、化学为主，课程包括：人伦道德、经学大义、中国文学、教育学、心理学、算学、物理学、化学、英语、图画、手工、体操等十二科。第四类以植物、动物、矿物、生理为主，课程包括：人伦道德、经学大义、中国文学、教育学、心理学、植物学、动物学、生理学、矿物学、地学、农学、英语、图画、体操等十四科。除必修课程外，分类科学生还可选修一些其他课程。加习科是学生读完分类课程后，自愿留堂进修一年，继续选修有关教育的课程，如教育学、教育制度、教育政令机关、美学、实验心理学、学校卫生、专校教育、儿童研究及教育演习等。①

1910年（宣统二年）2月，京师大学堂正式开办分科大学。经学科大学先设了毛诗学、周礼学、春秋左传学三门课程，并以四书为通习课；法政科大学设了法律和政治两门课；文学科大学设了中国文学、外国文学两门课；格致科大学设了化学、地质两门课；农科大学只设农学一门课；工科大学设了土木工学、采矿及冶金两门课；商科大学设了银行保险学一门课。各分科大学还有必修课程，即四书及大学衍义。民国成立后，将经科并入文科内，改设经学一门。②

京师大学堂的课程设置体现了"中体西用"的原则，其教学实

---

① 《优级师范学堂章程》，见《中国近代学制史料》第二辑，下册，248—257页，华东师范大学出版社，1987年。
② 见《中国近代学制史料》第二辑，上册，857页，华东师范大学出版社，1987年。

施更是以"中学为主,西学为辅;中学为体,西学为用"为宗旨。此外,京师大学堂自1902年复课后,还特别强调教育要"以忠孝为本,以经史之学为基"①。1906年,学部又提出以"忠君、尊孔、尚公、尚武、尚实"为教育目标。为此,京师大学堂十分重视教材的编撰工作,并在有关教材中,充分体现出"以经史之学为基"的原则。

晚清时期,中国虽然办起了不少新式学堂,但全国却没有一份大致统一的教材,而且对教材的编辑并不重视。当时中学的内容非常广泛,四库七略,浩如烟海,大多数学生只能望洋兴叹;西学则是东抄西抄,断章取义,顾此失彼,徒袭皮毛。而外国的学校都有编好的课本,教材由浅入深,条理清楚,学生容易掌握所学的知识。鉴于此,大学士孙家鼐在议复开办京师大学堂的奏折中,就提出设编译局,统筹编辑课本之事。奏折中写道:"今宜在上海等处,开一编译局,取各种普通学,尽人所当习者,悉编为功课书,分小学、中学、大学三级,量中人之才所能肄习者,每日定为一课。……其言中学者,荟萃经子史之精要及与时务相关者编成之。取其精华,弃其糟粕(泊);其言西学者,译西人学堂所用之书加以润色,即勒为定本。除学堂学生每人给一份外,仍请旨颁行各省学堂,悉遵教授,庶可以一趋向,而广民智。"②

1902年京师大学堂继续开办时,管学大臣张百熙又奏请在京师官书局旧址,办一所编书局,在翻译西书的同时,专门负责编撰各科的教材。如将诸子百家之书编成简要本,将西书中与中国风气不同及涉及宗教信仰的地方增删润色等。

京师大学堂除采用了一部分编书局所编的课本外,各科教习也自编了不少讲义。如伦理学的讲义,就是由当时京师大学堂的副总教习张鹤龄编撰的。这本讲义全书共二十章。第一章为"公

---

① 张之洞、张百熙、荣庆:《遵旨重订学堂章程妥筹办法折》,见《光绪朝东华录》(九),5108页,中华书局,1958年。
② 《孙家鼐奏复筹办大学堂情形折》,北京大学综合档案·全宗一·卷一。

理公法",第二章为"爱敬",第三章为"感应",第四章为"人己",第五章为"及身交际",第六章为"公众相关",第七章为"合群理法",第八章为"自尽交尽",第九章为"境界",第十章为"世界",第十一章为"国种界",第十二章为"法律关系",第十三章为"学术关系",第十四章为"教育关系",第十五章为"知行",第十六章为"经权",第十七章为"内情外感",第十八章为"性理",第十九章为"命理",第二十章为"仁义理智信"。

张鹤龄在伦理学讲义的绪论中首先指出东西政教文物,有"可变者"与"不可变者"之分,前者为"法",后者为"理"。他写道:"今日之设学堂,以变法自强为宗旨。凡事势人情之适宜,而不可不变者,皆法也;凡管乎成败兴衰之本源,而必不可变者,皆理也。今东西各强国保种、理财、尚武之术,考之吾古之陈迹,往往不合,法之事也;及究其政体,求其所以然之故,则又与吾古圣贤所言者往往而合理之事也。"①

以后,张鹤龄又编了一本《修身伦理教育杂说讲义》。这本讲义的内容包括修身伦理、教育学及杂说三类,并附有"论私德与公德之关系"和"论知识不全害于行事之弊"两篇文章。

经学科的讲义是由教习王舟瑶负责编撰的。

王舟瑶在"读经法"一文中提出学问有精神与形式之分。他认为:精神之学问属于"为己之学",其主题思想在于"明乎物竞天择之义,优胜劣败之理。思我国何以弱,彼国何以强,推究原因,知所从事。其读史书,知何者可行,何者不可行,究人群之进化,知立国之本原,坐言起行,见诸实用";形式之学问则属于"为人之学",其主题思想在于"贪多务博,西抹东涂。泛览群书,为古人之奴隶。涉猎新史,拾西士之唾余。"②但无论为精神或形式之学问,均须以

---

① 张鹤龄:《伦理学讲义》,见《京师大学堂》,68页,庄吉发撰,台北,精华印书馆,1970年。

② 王舟瑶:《京师大学堂经学科讲义》,见《京师大学堂》,70页,庄吉发撰,台北,精华印书馆,1970年。

德育为本,以智育、体育为辅。

经学科讲义共十一章:第一章为"孔门传授";第二章为"易家";第三章为"尚书家";第四章为"诗家";第五章为"礼家";第六章为"春秋家";第七章为"孝经家";第八章为"论语家";第九章为"孟子家";第十章为"尔雅家";第十一章为"小学家"。讲义还附有"群经大义述"、"通变篇"、"自强篇"等三篇文章。

王舟瑶编的这本经学讲义,主要讨论了自强的实质。提出所谓自强,可分为强以力,强以智,强以德三个阶段。简单地说,就是乱世兢力,升平世兢智,太平世兢德。教育应提倡德育、智育、体育三育并举,即中庸所谓的"智、仁、勇"。一个国家是强盛还是衰退,与其民力、民智、民德成正比。自强的内涵就在于充实民力,培养民智,陶冶民德。

历史科讲义包括史学科讲义、中国史讲义、中国通史讲义、万国史讲义等四种。

史学科讲义由教习屠寄编撰,全书分为二编。第一编讨论太古史,共四章。第一章为"自开辟至叙命纪";第二章为"自钜灵氏至神农";第三章为"自黄帝至帝挚";第四章为"人民开化之度"。史学讲义的第二编讨论的是上古史,共分五章三十三节。第一章为"唐虞"史,内分唐虞治绩,唐虞以前种族之争,唐虞以前之疆域等四节;第二章为"夏后氏",内分夏之兴起,启之嗣位,后羿寒浞之乱,少康中兴,夏之衰亡等五节;第三章为"商史",内分商之先世,成汤之兴,伊尹略传,殷之中叶,商之衰亡,商时疆域属国,夏商官制田制,夏商礼俗等八节;第四章为"西周史",内分周之先世,武王克商,周初封建,周公东征,周公政绩,周初外交,成康致治,昭王南征不复,穆王巡狩四方,共懿孝夷四王,厉王监谤,周宣王中兴,幽王之乱,平望东迁,西周制度等十四节;第五章为"春秋史",内分春秋十三国之原始及位置,齐桓宋襄之霸等二节。①

中国史用的是原有的讲义,但已残缺不全,仅存"政治之原理"、"社会之原理"、"孔子作春秋"、"孔子之门"、"孔子弟子之轶闻"、"孔子弟子之派别"、"老墨之学"等七章。由教习陈黻宸授课。

中国通史讲义也由教习王舟瑶编撰,全书共六章三十七节。第一章为"三皇五帝",内分伏羲、神农、黄帝、尧舜等四节;第二章为"三代",内分夏、商、周初、墨家、名家、法家、阴阳家、纵横家、农家、兵家、医家、杂家等十三节;第三章为"秦汉",内分秦、西汉、东汉三节;第四章为"汉学别派",内分诸经立学先后、易家、尚书家、诗家、礼家、春秋家、论语家、孝经家、小学家、黄帝辩、黎民辩等十节;第五章为"三国、晋、南北朝",内分概论、三国儒学、晋儒学、南北朝儒学、老庄之学、文学等五节第六章为"隋唐五代",内分隋、唐二节。②

万国史讲义是由京师大学堂的日本教习服部宇之吉编撰的。这本讲义首先介绍了万国史的释义、万国史的开卷时间、万国史的分期等问题。全书共四章,第一章为"埃及与亚细亚诸国之关系";第二章为"希伯来族全盛之时代";第三章为"亚西里亚帝国,四大强国崛起";第四章为"希腊国发达概略"。③

中国地理讲义分《中国地理》和《中国地理志》两类,均由教习邹代钧编撰。

中国地理讲义共两卷,卷首为地理学总论,内分三节:第一节为"数理地理学",讨论地球与天体的关系,地球的体式及面积、体积,地球的运动、方位、气候带及经纬度;第二节为"自然地理",讨

---

① 屠寄:《京师大学堂史学科讲义》,见《京师大学堂》,71页,庄吉发撰,台北,精华印书馆,1970年。
② 王舟瑶:《京师大学堂中国通史讲义二编》,见《京师大学堂》,72页,庄吉发撰,台北,精华印书馆,1970年。
③ 服部宇之吉:《京师大学堂万国史讲义》,见《京师大学堂》,72页,庄吉发撰,台北,精华印书馆,1970年。

第九章 京师大学堂的课程设置与教学实施

论水陆的配置,大陆的区别,地面的改变,水的区别,海水的运动,以及大气、风、云、雾、雨、雪、霰、雹、虹霓、雷电、气候、植物、动物、人类、矿物等问题;第三节为"政治地理学",分别叙述了各国国民的生业,社会的情态、语言、文字、宗教、政体、交通等问题。卷一为《亚细亚洲总论》,包括:释名、位置、境界、面积、人口、地势、海岸线、岛及半岛、海及海湾、高地、平原、沙漠、分水界、江河、气候等。①

中国地理志讲义共三十五课,分别讨论中国疆域、地势、海岸等问题。

经济学讲义分为经济学通论与经济学各论二类,均由日本教习于荣三郎编撰。

经济学通论讲义共五篇十五章。第一篇为"总论",内分经济学之释义及门类、经济学之基础观念等二章;第二篇为"生产",内分生产之释义及要质、自然、劳力、资本、余论等五章;第三篇为"交易",内分交易之释义、物价、货币、信用、交通、保险等五章;第四章为"分配",内分分配之释义、贷金、利息、企业利益等四章;第五篇为"消费",内分消费之释义及分类、奢侈等二章。②

货币学列入经济学各论之中,没有独立为一科,分为上下二篇。上篇为"硬币",共十七章,分别讨论货币的起源、货币的定义、货币的职分、货币的材料、铸造货币、货币的单位名称、货币的处理、本位的争论、货币方式、货币沿革等问题;下篇为"纸币",共十章,分别讨论纸币的性质、纸币的利害、纸币的发行权、纸币的分类、兑换纸币发行法、证券准备、纸币发行机关、纸币的技术等问题。③

---

① 邹代钧:《京师大学堂中国地理讲义初编》,见《京师大学堂》,72页,庄吉发撰,台北,精华印书馆,1970年。
② 于荣三郎:《京师大学堂经济学讲义》,见《京师大学堂》,73页,庄吉发撰,台北,精华印书馆,1970年。
③ 于荣三郎:《京师大学堂经济学各论》,见《京师大学堂》,73页,庄吉发撰,台北,精华印书馆,1970年。

心理学讲义共二篇九章,由日本教习服部宇之吉编撰和讲授。

讲义第一篇为"知之作用及理法",包括感觉之作用及理法、知觉之作用及理法、想象之作用及理法、思想之作用及理法等四章。第二篇为"情之作用及理法",包括恐怖及愤怒、同情及爱情、自我之情、异性相爱之情、情之简单者进成情之复杂者之情形等五章。①

掌故学讲义的编撰者是教习杨道霖。

保存在北京大学图书馆的各种教科书

杨道霖首先指出,所谓掌故,不仅是强记轶闻琐事,凡有益于国计民生者都应当搜集起来,所以应取皇朝通考、通典、通志、列朝圣训、方略、大清会典、王氏潘氏东华录、满汉名臣传、魏氏皇朝经世文编、圣武记、海国图志、诸名臣奏议书牍,并采辑洋务时政等事择要编辑。他所编的掌故学讲义条目包括:开国祖德、武烈、政教、国宇、风俗、圣武、官制、税输、典礼、科举、学校、疆域、各国大势、中外交涉、商务、兵政、刑律、工政等依类编撰,并将按语附陈论说。杨道霖在最后就"中体西用"的思想写道:"大抵中学多主义理,其弊易涉于虚;西学多主实用,自宜急以西学补吾不足。中学如权术;西学如百货,两者交相为用,不可偏废,推求其是,贵于会通。"②

以上仅是举了几个例子。列出每章的题目,也仅是为了使读者对京师大学堂的讲义深度有一个大概的了解。实际上,京师大学堂的教科书种类和数量都是非常丰富的。

---

① 服部宇之吉:《京师大学堂心理学讲义》,见《京师大学堂》,74 页,庄吉发撰,台北,精华印书馆,1970 年。

② 杨道霖:《京师大学堂掌故学讲义》,见《京师大学堂》,74 页,庄吉发撰,台北,精华印书馆,1970 年。

第九章 京师大学堂的课程设置与教学实施

中国第一档案馆现还存有京师大学堂译学馆的一部分教科书和教学参考书的目录,现摘录其中之一二,以使读者对其有所了解:甲柜(理科,约 1000 余册)

自问自答平面几何学通解　　数学研究会　　两部,每部一本
第二版几何圆锥曲线法　　长泽龟之助　　一本
初等平面三角法讲义录　　上野清　　一本
初等平面三角法例题正解　　原滨吉　　二部,每部一本
几何教科书　　田中矢德　　五本
轴式圆锥曲线法　　上野田　　一本
立体几何学　　上野田　　一本
几何圆锥曲线法　　奥平浪太郎　　一本
解析几何学大意　　理学士泽田吾一　　一本
对数表及三角表　　理学士汹泽镜之个　　一本
球面三角法　　长泽龟之助　　一本
解析几何学入门　　芦野敬三郎　　一本
平面几何学例题正解　　奥平浪太郎　　一部,二本
解析几何学讲义　　原滨吉　　一部,二本
初等解析几何学　　长泽龟之助　　一部,二本
解析几何学问题集　　长泽龟之助　　一本
初等微分积分学　　长泽龟之助　　两部,每部两本
立体及近世几何学例题正解　　奥平浪太郎　　二部,每部一本
立体几何学解式　　白井义督　　一本
立体几何学讲义录　　上野继光　　一本
立体几何问题解法自在　　三木清二　　一本
三面平角法例题详解　　原滨吉　　一本
四元法讲义　　木村骏吉　　一本
数学讲义录　　东京数学院　　一本
大日本数学史　　远藤利贞　　一本
微分积分学　　独免桦正董　　四部,每部一本
几何圆锥曲线例题解式　　市原佐四郎　　二部,每部一本
自问自答立体几何通释　　数学研究会　　两部,每部一本

几何教科书解式　　竹贯登代多　　五本

微分学例式解式　　长泽龟之助　　一本

微分学　长泽龟之助　　一本

积分学　长泽龟之助　　一本

平面几何学教科书　　三木清二　　一本

解析几何学教科书　　宫本藤吉　　一本

初等平面三角学　　长泽龟之助　　一本

初等球面三角学　　长泽龟之助　　一本

初等平面三角法解　　长泽龟之助　　一本

宥克立例题解式　　长泽龟之助　　一本

宥克立　长泽龟之助　　一本

平面三角法问题讲义　　佐之井愿甫　　一部,二本

平面几何问题解法自在　　奥平浪太郎　　二部,每部一本

初等平面三角　　松岗文太郎、望月信诏　　一部,一本

大代数学讲义录　　上野清　　二部,每部三本

大代数学　长泽龟之助　　一部,每部三本

代数教科书解式　　铃木长利　　一部,每部二本

代数学例题解式　　市乡弘义　　一本

代数学上卷　　上野清　　一本

代数因子分解法　　松冈文太郎　　一本

摘要代数　原滨吉　　一本

初等代数问题解法自在　　三木清三　　一部,二本

高等代数问题解法自在　　三木清三　　一本

大代数例题详解　　奥平浪太郎　　一部,三本、续一本

小代数问题详解　　宫田耀之助　　一本

普通教育近世代数解法　　奥平浪太郎　　一本

初等代数学例题解义　　五十岚丰吉　　一部,二本

普通教育中代数学解式　　上野清　　一本

大代数学讲义　　上野清　　一本

小代数学　上野清　　一部,二本

普通教育中代数学　　上野清　　一本

中等代数教科书　　田中矢德　　一部,四本

初等代数学教科书	藤则泽利喜太郎	一部,二本
续初等代数学教科书	藤则泽利喜太郎	一本
近世代数	上野清	一部,二本
初等代数学	佐久间文太郎	一部,二本
代数因子分括	武藤铁吉	一本
小代数学讲义录	上野清	一本
论理方程式	长泽龟之助	一本
论理方程式例题解式	市东佐四郎	一本
方程式之理论	长泽龟之助	一本
abc 对数表	真野肇、远藤政之助	一本
王桁之对数表	宫本藤吉	一本
张白引文英文对数表	张白	一本
初等教育近世算术	佐久间文太郎	两部,每部二本
初等教育近世算术解式	井田继卫	一本
初等近世算术	上野清	一本
算术问题聚汇	荒山乙吉、铃木万太郎	一部,二本
算术问题解法如何	中岛喜一	一本
中等教育新算术例题详解	奥平浪太郎	一本
算术问题之解方	长泽龟之助	两部,每部二本
普通教育近世算术解式	森喜太郎	一部,二本
中等教育算术问题	长泽龟之助	一本
算术应用问题解法自在	三木清二	二部,每部一本
中等教育算术教科书问题解	藤森温和	一本
新编算术疑问详解	真田兵义	一本
高等算术教科书	田中矢德	两部,每部二本
高等算术教科书问题解式	田中矢德	二部,每部二本
中等教育算术教科书	寺尾寿	二部,每部三本
算术三千题	上野清	二部,每部四本
新撰算术问答	竹贯登代多	一本
新撰几何问答	竹贯登代多	一本
算学公式及原理	白井义督	一本
数学公式及原理	白井义督	一本

数学公式　　原滨吉　　一本

应用数学公式　　金井彦三郎　　一本

数学精蕴　　两部，每部三本

简易庵算稿　　四本

算学启蒙　　三本

九数通考续集　　四本

畴人传　　六本

决疑数学　　二本

九章算术细草图说　　三本不全

算学启蒙　　一本不全

梅式丛书辑要　　六本

白芙堂算学丛书　　八本

广方言馆算学课艺　　二本

算经十书　　八本

几何原本　　四本

对数术　　四本

中等教育新算术　　东京数学院　　一部，二本

新算术教科书　　上野清　　一部，两本

算术原理　　长泽龟之助　　一本

珠算教科书　　竹贯登代　　一部，三本

四位一位乘除表　　矢野恒太　　一本

大学堂审定中等课本舆地全图　　一百二十本

排内司与地图详文　　三十本

一号科学入门六种

　　地质学　　一百本

　　计　学　　一百本

　　名　学　　一百本

　　地文学　　一百本

　　植物学　　一百本

　　格　致　　一百本

球面三角法例题解式　　市东佐四郎　　一本

初等代数问题解法自在　　三木清二　　上卷一本

乙柜(文理兼而有之)

帝国全科全书

世界文明史

日本新地理

东洋西洋伦理学史

肥料学

宗教哲学

新撰算术

农产制造学

万国新地理

支那文学史

农业泛论

论理学

栽培泛论

植物营养学

邦语英文典

法律泛论

新撰代数学

地质学

森林学

民法亲族编相继论释义

国际私法

国际公法

伦理学

日本历史

民事诉讼法释义

法理学

日用化学

商法泛论

民法总则编物权编释义

财政学

西洋哲学史
日本帝国宪法论
哲学泛论
商工地理学
提要造林学
商业经济学
气候及土壤学
最新统计学
西洋历史
分析化学
民法债权编释
税关及仓库论
东西洋教育史
政治史
政治泛论
日本风俗史
运送法
社会学
日本法则史
支那文明史
畜产泛论
畜产各论
森林保护学
国法学
霉菌学
船舶论
应用化学
星学
农用器具学
新撰三角法
有机化学
邦语独逸文典

第九章 京师大学堂的课程设置与教学实施

新撰解析几何学

通俗百科全书①

上面仅列举了京师大学堂译学馆两个书柜的存书清单,其他还有丙、丁、戊三个书柜未列举。其中丁柜里存有二十四史等书。

京师大学堂的教学法比较灵活,各科可根据实际情况的不同而采取相应的教学方法。

从前中国由于没有师范学校,教习的质量又参差不齐,像京师同文馆那样的洋务学堂,一般都不太讲究教学方法和教学效果。京师大学堂从成立时起,为了加强教学效果,一直比较注重学习西方的教学法。如京师大学堂开办前,总理衙门就奏请模仿西方国家的学校,设立仪器院,以给学生创造更多的实践机会,增加感性认识,巩固所学知识。

京师大学堂还常利用暑假,组织学生进行参观教学活动,开拓学生的眼界。1903年6月(光绪二十九年五月),京师大学堂曾筹议组织学生赴日本游历参观。学生自筹一些经费,不足的部分由官方补助。并请仕学馆的日本教习,法学博士严谷孙藏担任领队。②

鉴于京师大学堂的大多数日本教习都不会讲汉语,上课须由翻译转述教授的内容,往往影响学生的理解,所以大学堂后来规定师范、仕学两馆的所有学生都得学习日语。③

因为仕学馆和师范馆的学生一般年龄较大,又大多是进士、举人出身,国学的根底较深厚,所以京师大学堂在教学法上特别注重讨论的方式,从而养成了师生之间"互相讨论,坐而论道"的良好风气。

---

① 中国第一历史档案馆·学部·教学学务,卷七三。
② 《苏报》,光绪二十九年五月初五日。
③ 《苏报》,光绪二十九年二月初十日。

京师大学堂还十分重视对学生进行写作训练,要求学生做课堂笔记和课外阅读心得笔记。同时规定每天对经义、史事、政治、时务等问题各抒己见,写成日记,不论篇幅长短,第二天上课时交给分教习评阅。分教习批改后,根据情况,优者画双圈,次者画单圈,再次者画尖圈,更次者打叉,并按月呈交提调转请总教习查核。

京师大学堂初创时,学生程度不一,为便于教学,统一进度,京师大学堂采取能力分组制度。

对于中学和西学的时间分配,一般每日各以两小时在课堂内学习。自修时则听其自然。1899年时,京师大学堂曾规定学生午前读经史,午后学习格致、算术、化学、西文等。[①]

为了考查学生的学习情况,京师大学堂按章程的规定,每年对学生进行临时考试、学期考试和年终考试。临时考试不定期,也没有升降赏罚。学期考试每半年一次,在暑假前举行;年终考试每年一次,于年假前举行,以决定学生的升降级。除临时考试外,学期考试和年终考试的成绩计算方法,均以该学生平日的品行分数为一门,与其他各门的分数合计后平均计算。

京师大学堂的毕业考试根据各科的实际情况分别进行。

预备科和师范科的毕业考试,按照顺天府乡试的规则,由总监督咨呈学务大臣奏请简放主考,会同学务大臣分内外二场,按所习学科分门考试。合格者照奖给出身,分等录用。大学分科及选科毕业考试则按照会试的方法办理。

京师大学堂毕业考试的计分方法是将各门的分数平均通计,以百分为满分。满八十分以上者为最优等;满六十分以上者为优等;满四十分以上者为中等;四十分至二十分为下等;二十分以下者为最下等。成绩在中等以上的学生,照章分别给奖;成绩下等的学生,留堂补习一年再考一次,然后按等级办理;成绩为最下等的

---

① 喻长霖:《京师大学堂沿革略》,8649页,见《清朝续文献通考》第一〇六卷。

学生,发给修业年满证书,令其出学。

后来,由于《奏定大学堂章程》中的考试办法执行起来有许多不便之处,学部就将原定的学堂考试章程逐条修改,使其更加严密。

修改后的章程把年终考试改为学年考试。毕业考试时,先由总监督将应考毕业生的履历册、功课分数册、请假旷课册、各教员编撰讲义及所用的教科书、学生笔记成绩等呈送学部备核,再决定考试日期。

学生毕业总成绩的计算方法,是将学生毕业考试的各科成绩平均后,与该生历年考试各科的平均分数相加再平均,以定等级,照章奖励。等级的划分改为:满八十分以上者为最优等;满七十分以上者为优等;满六十分以上者为中等;不满六十分者为下等;不满五十分者为最下等。如毕业考试的成绩有两科以上不满六十分,或一科不满五十分者不得列为最优等;有两科以上不满五十分或一科不满四十分者,不得列为优等。学生因父母之丧或因本人重病不能应考,而其请假时数未超过全学期四分之一者,准予补考。①

1907年2月25日至3月2日,学部在大学堂举行分科毕业考试。除人伦道德、经学、中国文学、周秦诸子学、生物学、英文、历史等科由学部派员拟题外,其余教育学、心理学等科则由大学堂派员命题,密封呈送学部以备圈选。体操一科由大学堂体操教习在大学堂操场举行考试。各类学生每天分三场举行,每场考试时间二三小时不等,视科目性质而定。

中国第一档案馆现还存有京师大学堂宣统元年(1909年)的年假考试题目。虽然这些考试题目(如物理、算术科的题目)在今天看来或许根本就算不上大学水平,但在科学技术落后的那个时代,则反映了最高的教学水平。今天再重温这些题目,也很有意义。

---

① 《学部官报》第13期,学部奏章:《修改各学堂考试章程折》,103页。

现举例如下：

修身科

张子西铭一篇其大旨安在？

朱子谓：二程十四五便脱然学圣人，其学本于何欤？试略言之。

教育科

问：教育学胚胎于何时，其书发于何人，并有何著述？

问：自然主义倡于何人，其相异之点安在？

道德主义以何者为标识，且与知育、体育、技育有何关系？

实利主义以何者为目的，其得失安在？

经学科

古者以诗书礼乐教人，未有经名，而以何书为最古且经之名始见于何书？而《易经》、《诗经》、《尚书》古文经之目又始见于何人著述？

西汉诸儒言易本之何人，以何氏之学为最盛？而焦、费二家之易更有何区别？

国文科

顾亭林论文须有关于六经之旨，当时之务，试申其说。

六经分类与文字有何作用？

中西历史科

周之发祥始于何地，取毁何其勃焉，大封同姓异姓，各有胙土，其用意安在？何以东迁以后周室日微，宜如何因时制宜，以保国家而维邦治？大国文明共有几国，界于何地？为大引线于西欧者是何国？埃及早达文明，何以与中世纪势力最微？

第九章 京师大学堂的课程设置与教学实施

中西地理科

水由山分,两山之间必有一水。诸生研究地理,能就诸大山脉说明诸川流水之大势欤?

亚洲东南沿海之地,何以雨际最多,蒙古、西藏、青海等处何以不常遇雨?试言其理由。

算术科

(一)今考六经字数。《春秋左传》十九万六千八百四十五字,《礼记》九万九千零二十字,《周礼》四万五千八百零六字,《毛诗》三万九千二百二十四字,《尚书》比《毛诗》少一万三千五百二十四字,《尚书》又比《周易》多一千四百九十三字,问六经共字几何?

(二)设有树艺公司栽桑十五园,每园三十行,每行五十株,每株平均饲蚕二百六十个,每个蚕平均出丝三钱,共出丝若干?

(三)设如有兵一镇,分为五协,一协分为九营,今全总镇兵总计三万一千五百名,问每营兵数几何?

(四)设如京汉铁路长二千四百里,甲车开自京师,每点钟行八十里;乙车开自汉口,每点钟行五十里,相向出发,但甲车先开四点钟乙车始开行,问乙车行几点钟后二车相遇?

物理科

物理的现象与化学的现象有何区别,试说明之。

何谓运动及静止,试举例以说明之。

试言凝集力与附着力之区别。

满盛水于器,投以食盐少许及盐皆溶解,何以水不溢出,试申言其故。

博物科

小儿之骨,何以柔而易挠,老人之骨,何以脆而易折,试言其故。

存于人体中有机化合物其主要有几,试详言之。

胸廓自何骨相连而成,有何器官存于其内?

试说明韧带之功用。

图画科

洋式番村。

音乐科

试言噪音与乐音之区别。

何谓音名?

体操科

徒手柔软。①

据现存于北京大学档案馆的资料来看,当时京师大学堂学生的毕业考试分六天进行,每天考三门功课,并定有严格的考试规则。

1908年10月,京师大学堂译学馆甲班学生学习期满。学部为译学馆毕业生举行毕业考试。现将此次毕业考试的日程安排、考试规则及试题引用如下:

1. 考试日期

	九钟至十二钟	一钟至三钟	三钟十五分至五钟十五分
十六日	外国文	人伦道德	历史
十七日	外国文(作论)	外国文(翻译)	地理
十八日	交涉	算学(代数)	算学(几何、三角)
十九日	理财	物理	化学

---

① 中国第一历史档案馆·学部·教学学务,卷七九。

| 二十日 | 教育 | 图画 | 博物 |

二十一日　体操

2. 考试规则：

衣冠由诸生自备。原有官职者准用原有官职之品服。现在守制者用素衣冠。

届考试日期，由本馆按日按时前往。其不在馆寄宿及自愿由家前往者，听，不得误时。

考场宜恪遵本馆考试规则，遇学部颁示规则之时，一律恪遵。

试题若干道，应各按题纸之次第对答缮写，不得先后凌乱。

考试卷除外国文、算学、图画各科均照平日考卷程式缮写外，其余各科试题均低二格写，答案亦低二格写。遇有应行抬头之处，均应照例抬写。

试题一律书写全题。

缮写不得草率。中国文及人伦理法二门缮写尤宜工整，并以少涂改为宜。

考卷系与本馆平日试卷一律。除浮签上已填写有姓名外，不得于卷面自填姓名及其他字迹。

怀夹传递最干例禁。犯者即时扶出，不准毕业。

3. 考题：

国文题：

子产论

人伦道德题

姚江学派得失论

洋文论说题：

居之无倦，行之以忠。

洋文翻译题：

有圣人者，立，然后教之，以相生养之道。为之君，为之师，驱其虫蛇、禽兽而处之中土。寒然后为之衣，饥然后为之食。木处而颠，土处而病也，然后为之宫室。为之工，以赡其器用；为之贾，以通其有无；为之医药，以济其夭。死为之葬埋，祭祀以长其恩爱。为之礼，以次其先后；为之乐，以宣其湮郁；为之政，以率其怠倦；为之行，以锄其强梗相欺也。为之符玺斗斛权衡，以信之相夺也；为之城廓、甲兵，以守之。害至而为之备，患生而为之防。

国际公法题：

领事裁判权与治外法权有区别否？试详论之。今有甲乙两国交战，甲国占领乙国土地，其土地内所有财产，甲国应当如何处分？

国际私法题：

问国际法上出生地主义与血统主义之区别，其得失如何？近来各国所行者，以何种主义为最善？今有甲国人入乙国籍，其所享之权利与乙国人民相同否？

法学通论题：

何谓国家主权？

国家理财学题：

租税制度分为单税制与复税制，其利弊如何？今日各国所盛行者系何种制度？

国家募集公债时应当如何募集？如何偿还？能一一举其方法否？其中以何法为较善？

纯正经济学题：

单本位制与复本位制之利害得失，试详论之。

纸币有兑换与不兑换之分，其制度如何？二者若发行过多，果有弊否？其详举以对。

商业经济学题：

近来各国盛行保险事业，其种类如何？其效果如何？

能详举否？

教育学题：

学校训育与家庭训育应用何法以联络之？

普通教育宜合不宜分之原因能详举之否？记忆养成法共有几种？试举所知者以对。

学校教育最重感情，而感情教育每难于他种教育，试举其艰难之由来以对。

历史题：

恰克图条约（亦名布拉条约）要领凡七，其悉举以著于篇。

拿破仑之内治若何？

舆地题：

问亚细亚洲邦国有自立者，有属人者，有并无邦国之名而为人属地者，有土酋部落粗建政府亦列于自立国者，试缕述之。

问非洲各部有属于英领、葡领、德领、意领、法领者，试以简单之区划举之。其国名尚存而实非独立者凡有几国？试详细（晰）言之。

物理学题：

电流之磁气作用如何？试撮言之。

试言光线反射之法则。

试言波以耳之定律。

白光由七色组合而成，能举其分散法与其七色排列之次序否？

化学题：

试就酸类、底类、硷类等物质各尽所知者列举以对。

试言盐酸之制法。

理化学家谓宇宙内之物质不生不灭，有何实验以证明之？

电解与电离之区别如何？能分别言之否？

生理题：

眼之构造及卫生法。

植物题：

植物之呼吸作用并其实验法若何？

动物题：

节是动物之特征若何？试举例而详解之。

矿物题：

煤之种类及应用法若何？

画图题：

求将甲乙直线分为五等分。

有已知之二角及一边，求作其三角形。

有三十度角一，一寸五分长直线一，求作其菱形。问其他三角各等于若干度？

问一正三角形内面积相等之圆至多可容数个？试图示之。

算学题：

(1) 设有甲乙两种茶叶，以甲一斤与乙二斤相混合则每斤之价平均为三角，又以甲三斤与乙一斤相混合则每斤之价平均为三角五分，问甲、乙每斤原价若干？

(2) 试将下式简之：$(\dfrac{1}{bc}+\dfrac{1}{ca}+\dfrac{1}{ab})\times\dfrac{ab}{a^2-(b+c)^2}$

(3) 甲乙二人竞走，乙比甲先行七秒而负 a 尺；又先行 $a+d$ 尺而负 $t-c$ 秒，求乙之速度。设竞走之距离为 A 尺，又试求甲之速度。

(4) 二数之比为 2∶3，而其积为 486；求此二数。

几何题：

(1) 以直角三角形之斜边为底之正方形，其面积等于他二边为底之正方形之和，试证明之。

第九章 京师大学堂的课程设置与教学实施

(2) 若二圆相切于 A 点,则由 A 点引一直线交二圆于 B、C 二点,此 B、C 二点之切线必相平行。试证明之。

三角题(略)

诗学考试题:

沈归愚论诗宗法唐贤,而于老杜尤有倾倒,所言均平易切实,足资津导。然其过于谨严,亦是一失。试揭出其精要之语,并略论其得失。

杜集秋兴八首书后。

文科同学毕业赋诗感别,不拘体韵。

做一题为完卷。惟但做第三题者必于前二题内择做一题。①

总之,京师大学堂在从1898年开课,到1912年改名为北京大学之前的十几年当中,无论是对学生的课程安排、测验考试,还是对教材的编撰及教学方法方面,均在不断地加以修改和完善,以使其更适应培养人才的要求。这些发展变化,为北京大学后来形成严谨的学风和治学精神,打下了坚实的基础。

---

① 见《北京大学史料》第一卷,275—278 页,北京大学出版社,1993 年。

第十章
京师大学堂的管理体制与规章制度

京师大学堂尚未创办以前,各省虽然也设立了不少新式学堂,但毕竟因为受地域和经费所限,规模都不大,培养出来的人才远远满足不了国家的需要。因此,当时清政府欲在京师创办大学堂的本意不仅仅是想创办一所全国最高学府,同时这所学府还要能起到统管全国学堂的作用。所以,当朝廷的意图传出以后,许多人为此出谋划策。为了使京师大学堂有别于其他学堂,曾有不少人提议将学堂称为"总学堂",并声称:"若在外省分立学堂,无论为中、为大、为总,不过一方有益,仍于大局无裨。今于京师立一上等总学堂,能使天下才智之士萃于京师总学堂之内。"①"总学堂设立于京都,如脑筋结居于头壳之内。全身脑筋听命于头壳内之总结,则全国学堂,自必受管摄于京都之总学堂。"②后来,由于赞成叫"大学堂"的人占绝大多数,朝廷最后决定仍以"京师大学堂"为第一所国立大学命名。然而,在历次大学堂章程中,清政府都没忘了一再强调京师大学堂所处的"总学堂"地位。

---

① 李佳白:《拟请京师创办大学堂议》,见《皇朝蓄艾文编》卷一四,于宝轩编,上海官书局,1903年。

② 狄考文等:《上译署拟请创设总学堂议》,见《北京大学史料》第一卷,17页,北京大学出版社,1993年。

第十章　京师大学堂的管理体制与规章制度

例如:《奏拟京师大学堂章程》总纲第二条写道:"今京师既设大学堂,则各省学堂皆当归大学堂统辖,一气呵成;……"①

《钦定京师大学堂章程》全学纲领第四条写道:"京师大学堂主持教育,宜合通国之精神脉络而统筹之。现奉谕旨,一切条规,即以颁行各省。"②

1898年颁发的第一个京师大学堂的建校章程,开宗明义,用短短的40个字,高度概述了京师大学堂当时在中国所处的特殊地位:"京师大学堂,为各省之表率,万国所瞻仰。规模当极宏远,条件当极详密,不可因陋就简,有失首善体制。"

1903年京师大学堂重要行政领导人和教习负责人合影。
前排右四为张百熙,右五为劳乃宣。

按照章程,京师大学堂额定的学生数是500人。学生来源主要

---

① 《总理衙门奏拟京师大学堂章程》,见《北京大学史料》第一卷,81页,北京大学出版社,1993年。
② 《钦定京师大学堂章程》,见《中国近代学制史料》第二辑,上册,753页,华东师范大学出版社,1987年。

有两个,一是政府部门的一些工作人员及子弟,如翰林院编修、各部院司员、大门侍卫、候补候选的道府州县以上人员、八旗世职、各省武职后裔等;二是由各省中学堂毕业后选送的学生。

由于当时各省设立的中学堂很少,可选送的学生人数有限,所以从1898年11月23日京师大学堂有了正规的校舍后,一直在陆续招收新生。到第二年的4月,共甄别考取学生500余人,注册登记的学生(包括仕学院、中学、小学)已有218名,其中选修西学的学生有近百人①。仕学院的学生都是进士、举人出身的京官。

到1899年底,京师大学堂的管理和教学都已走上正轨。学生按学科分成经史、政治、舆地、算学、格致、化学、医学、外语等科(相当于系)。

1900年5月(光绪二十六年),先是义和团,后是八国联军攻占了北京。慈禧太后携带光绪等皇室人员和部分王公大臣逃往西安避难。京师大学堂的校舍被俄国军队占领,作了军营。大学堂师生纷纷离散,学堂的图书、仪器毁的毁,丢的丢,本已初具规模的京师大学堂因此而被迫停办两年。

1901年9月14日,慈禧太后在西安颁发了兴学诏书,要求京师大学堂"切实整顿"。1902年1月10日,慈禧太后再次下谕旨指出:"兴学育才,实为当今急务。京师首善之区,尤宜加意作养,以树风声。从前所建大学堂,应即切实举办。"②同时要求重新拟定大学堂章程。1902年1月11日,慈禧太后又下了一条谕旨,命令将京师同文馆归并入大学堂,责成新委派的管学大臣张百熙一并认真加以整顿。

在朝廷的一再督促之下,管学大臣张百熙于1902年2月提出

---

① 《光绪二十五年三月二十七日(1899年5月6日)谕令整顿大学堂》,见《德宗景皇帝实录》卷四四一,15页。
② 《为切实举办大学堂谕》,见《北京大学史料》第一卷,51页,北京大学出版社,1993年。

第十章 京师大学堂的管理体制与规章制度

整顿京师大学堂的几条具体措施：

1. 因各省府州县尚没有普设学堂，也不知何年何月才能办齐，所以目前没有可入大学堂肄业的学生。为了通融，可暂不设专门分科，先设大学预科，分政、艺两门。由于国家急需人才，可暂设一速成科，分仕学、师范两馆。

2. 为了开拓眼界，可在大学堂附设的官书局原址，改设译书局，用以译印书报，编辑课本。

3. 开设藏书楼，由各省官书局调进一部分图书，再随时购买新书，以利分别查考翻译。同时应大量购进一批教学、试验用的器材。

4. 宽筹经费。除户部每年所拨经费外，请朝廷下令各省按大省每年二万金，中省一万金，小省五千金，常年拨解京师，以利大学堂的发展。

对张百熙的建议，慈禧在当天就下谕旨表示赞成。京师大学堂开始按部就班地施行整顿，准备复课。

1902年4月，大学堂开办译书局。

1902年7月12日，张百熙奏呈大学堂章程，拟在大学堂内设大学院（相当于研究生院）、大学专门分科、大学预备科，同时附设仕学馆、师范馆和医学实业馆。

1902年9月，大学堂整修工程竣工，即出告示招考学生。入学考试分九门，即：洋文论、汉文论、中国地理、中外史事、翻译、代数、形学、公法学、格致化学。通过考试，仕学馆录取57人，师范馆录取79人，共录取了136名学生。12月，《钦定京师大学堂章程》颁布。12月17日，京师大学堂在停办两年后，重新开学。12月18日，并入的京师同文馆改为翻译专科。

1903年2月，朝廷增派刑部尚书荣庆为管学大臣，会同张百熙管理京师大学堂事宜。3月，设译学馆，将原设的翻译科并入译学馆。12月，由张之洞主持修改拟定的新《大学堂章程》呈奏慈禧太后。新章程规定管学大臣既管京师大学堂，又管外省各学堂事务。

后来,考虑到一人身兼数职头绪太多,实难应付,张之洞又奏请于京师专设总理学务大臣,统辖全国学务,另设一名总监督,专管京师大学堂事务。以后,朝廷下旨改管学大臣为学务大臣,添派大学士孙家鼐任学务大臣,大理寺少卿张亨嘉任大学堂总监督,受学务大臣节制。

1904年1月,《奏定京师大学堂章程》正式颁布执行。新章程把大学院改为通儒院,大学先设立预备科,师范馆改照优级师范学堂办理。2月,仕学馆归并入进士馆内。4月,进士馆开办。8月,京师大学堂招考第二批师范生和首批预科生,并分三场在京师大学堂举行入学考试。首场考中文一篇,中国历史、地理各六问;第二场考东西文翻译两篇,外国历史、地理各六问;第三场考算术六问,代数及平面几何各三问,物理及无机化学各三问。以后又陆续补试,前后共招收新生360多人。10月,各班学生赴堂报到。11月,又招预备及优级师范科学生各一个班。此时,京师大学堂各科学生合计512人,教职人员90多人。在当时,京师大学堂的规模已成为全国之最。

京师大学堂从1898年初设到1902年复校,其行政管理系统和教职人员随着办学的需要而发生了变化。1898年,按章程规定,大学堂的最高领导人是管学大臣,下设有总办1人、总教习1人;另有汉人分教习24名、普通学分教习10人、英文分教习12人、日文分教习2人、俄德法文分教习各1人、专门学10种,分教习各1人;提调8人,供事16人,誊录8人;藏书楼提调1人,供事10人;仪器院提调1人、供事4人。共有不同职务的管理人员90余名。1902年到1904年期间,行政管理和教学人员逐年增加,行政管理体系几经改变。为了说明问题,现将行政组织系统画图如下,以供参考(见图1)。

第十章　京师大学堂的管理体制与规章制度

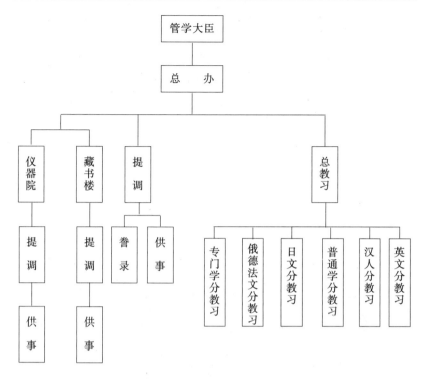

图 1　1898 年(光绪二十四年)京师大学堂行政系统

1902 年,朝廷任命管学大臣 1 人,统管大学堂事务。除原设总办外,又增设两个副总办,总理全学堂一切事务。堂提调 4 人,负责稽查学生考勤、出入,处理学生生病等事。设支应提调 1 人,襄办 1 人,负责稽核银钱出入;杂务提调 2 人,襄办 1 人,负责照料学生饮食及处理堂中应用的一切用具。藏书楼、博物院各设提调 1 人,负责经理书籍、仪器、标本、模型等设备。医学实业馆设提调 1 人,负责稽查医学馆学生功课,并兼管学堂诊治、卫生等事宜。行政方面还另设收掌、供事、书手若干人。教习方面,除原设总教习 1 人外,另增设副总教习 2 人,协助总教习负责教学事宜,同时负责稽查中外各教习及学生功课。另设西学监督 1 人,负责督促外国教习照章行事。归并过来的同文馆,仍按照往例,设外国教习 5 人(见图 2)。

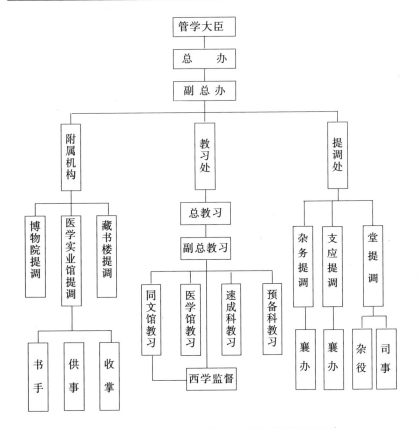

图 2　1902 年(光绪二十八年)京师大学堂行政系统

　　1903 年底到 1904 年初,按照新颁布执行的《奏定大学堂章程》,京师大学堂的规模再一次扩大,其行政体制又随之发生了新的变化。此时的京师大学堂设总监督 1 人,在总理学务大臣的管辖之下,总管全学堂各分科大学的事务,统率全学堂人员。分科大学各设监督 1 人、庶务提调 1 人、斋务提调 1 人。教务提调每科设 1 人,共 8 人,在总监督的管辖之下,等于是分科大学监督的副职,总管该门功课及师生的一切事务。教员也有正副之分,受教务提调的节制。正教员主管各分科大学所设的专门功课,教授学艺,指导研究,受分科监督和教务提调的考察。副教员协助正教员教授学生,指导实验,也受本科监督和教务提调的考察。庶务提调每科 1

第十章 京师大学堂的管理体制与规章制度

人,共计8人,亦为分科大学监督的副职,负责管理该科的文案、收支、厨务及一切庶务。他的属下有文案官、会计官和杂务官,分别负责处理来往文件的撰拟等相应事务、银钱出入事务及本科中厨务、人役、房屋、器具等一切杂事。斋务提调每科1人,共计8人,也是分科大学监督的副职,主要负责管理该科斋舍,监察起居等事务。其属下有监学官、检查官和卫生官。监学官负责掌考本科学生行为和学生斋舍、功课勤惰、出入起居等一切事务;检查官负责掌管本科斋舍规矩,照料食宿,检视被服,纠正教员和学生的言行举止等;卫生官掌管学堂的卫生事务。另外,将原大学堂的藏书楼提调、医学实业馆提调、博物院提调撤销,增设或改为天文台经理官、植物园经理官、动物园经理官、演习林经理官、医院经理官、图书馆经理官等职,使整个行政管理系统更符合时代的要求(见图3)。

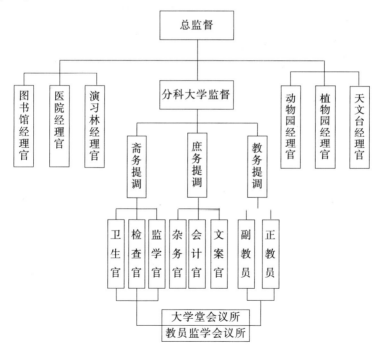

图3　1904年(光绪二十九年)京师大学堂教职员编制系统

京师大学堂的总监督一开始由大理寺少卿张亨嘉兼任,以后也一直由其他官员兼任。自1904年《奏定大学堂章程》颁布以后,京师大学堂的招生人数逐年增加,校舍虽在不断扩建,但仍无法满足需要。随之在阜成门外望海楼建起分科大学。考虑到京师大学堂总监督要总管全堂各分科的一切事务,分科大学又离城较远,总监督应当住在学堂内,才便于统筹兼顾。1907年7月,学部奏请把总监督一职改为实缺,三年为一任,"以专责成"。这个建议,得到朝廷的同意。光绪三十三年(1907年)六月二十五日,吏部调原济南学司署总监朱益藩任京师大学堂的第一个专职总监督。这个名称,一直沿用到1912年。辛亥革命以后,京师大学堂改名为北京大学,总监督也改称校长。

为了造就"明体达用"的通才,京师大学堂除配置了严密的组织管理人员外,还十分注重对教师、学生的品德教育和行政约束。从一开始建校起,即着手制定学堂的各项规章制度,并在办学过程中不断加以完善。

京师大学堂最早的堂规制定于1898年12月。这个堂规的内容包括品格考察、学生出入学堂的规定、作息时间、斋舍管理等,共31条,近3000字。其主要内容可大致归纳为以下17条:

1. 崇敬先师。于学堂正厅安奉至圣先师孔子牌位,春秋丁祭,管学大臣、汉族总教习、提调、分教习、仕学院诸员,率各堂学生致祭,行三跪九叩礼。开学之始,自管学大臣至学生,皆须于先师牌位前行三跪九叩礼。

2. 学堂大门定时启闭,钥匙由住堂提调收存,开闭时亲往检验。大门已闭之后,未开之前,不得随意出入,若有公文要事,须先回明提调,酌予放行。

3. 中文分教习功课,定夏季辰时上堂,午初散堂;冬季辰正上堂,午正散堂,不得迟误。

第十章 京师大学堂的管理体制与规章制度

4. 每日用膳时刻,夏季午正早饭,酉正晚饭;冬季午初早饭,酉初晚饭。

5. 每日到堂,无论提调、教习、仕学院官轮一人,宣讲四书经书一段,或资政要览、劝善要言五种遗规均可。

6. 学生斋舍,约分十人为一斋,每斋由本斋学生公举斋长一人。如学生有触犯学规各事,由斋长据实举发,其有包庇或诬告者,一经查出,反罚斋长。

7. 小学堂学生专归分教习约束,每位分教习各约束十人。

8. 学额旧定五百名,现在陆续报名已大过原额,拟先行考试。凡非正途出身,应考验其文理,以定去留。至于举班及优拔贡朝考录用者,即可经准入学,不必再加考试。

9. 住京八旗人员宽加收录,如学业尚浅而心地忠实者,可留入学堂,以开风气而造人才。

10. 学生到堂三月以后,由提调、教习各具册一本,考查惰勤优劣,其有不率教者开除,务需详为登记,互相考核,不得瞻徇情面,意为进退。

11. 凡在学肄业者统以三年为期满,其完娶丁艰患病,去则出额,还则补额,仍扣足三年为期,期满之后,由管学大臣、总教习切实考验,果能品学兼优,照同文馆南北洋章程酌请奖叙,如有苦心孤诣,志在究极精博,期满愿留者,亦由管学大臣、总教习考验属实,方准留学,此等学成具奏保奖。

12. 仕学院以百员为额,四十人住堂为正班,六十人不住堂为外班。

13. 初入学堂之始,考试一次按其造诣之深浅,分为头班、二班、三班,嗣后月课各为一榜,取优等者酌给奖赏。其屡列优等者按班递升,屡列下等者递降。

14. 仕学院愿习洋学者,从洋教习指授考试。愿习中学者,自行温理旧业,惟经史、政治、掌故各项,务宜专认一门。每日肄习何书,涉猎何书,均应有日记,有札记,以资考验。

15. 学生观书如有疑义,随时向分教习质问,不得有意为难。

16. 每日肄业暇时,必有体操功夫以养身,仿古人藏休息游之意。

17. 学校分班最为要义,不持以区别为鼓励,且使同班功课一律,不至参差。似宜就原议详加分析,凡中学已通,而西学又知门径者作为头班;中学已通而西学尚不知门径者作为二班;其仅通中文而未通中学者作为三班;其中文尚未通者,则与原议十六岁以下,十二岁以上诸生同归入小学堂内。①

戊戌变法失败以后,京师大学堂虽被保留,但为了力除积习,防止学生的言行触犯朝廷端正趋向的宗旨,管学大臣孙家鼐又制定了26条京师大学堂禁约,对学生的请假手续、服装仪表、言行举止、卫生习惯等均做了约定,要求"入学者触目惊心,是为至要"。其主要内容为:

1. 酌给余假,每月三日。例假之外,如教习、学生家有要事,得准余假三日半,所缺功课,返校后补足。

2. 学生例假外因事请假,口说无凭,须由家长声明请假原因。如家长不在京师可由同斋诸生作保,方准给假。

3. 学生出入必有稽查,由杂务处派一供事经管,立一簿册,出入皆登记时刻。

4. 学生不得沾染习气,吸吕宋烟,纸卷烟;外面衣服不得用异色镶滚,违者均记过。

5. 学生非寻常日用之物,不得携入学堂。

6. 学生起息,皆有定时,凡早起夏卯初、冬日出,晏息夏戌初、冬亥正,息后由斋长传知,一概熄灯。

7. 学生必须盥洗洁净,衣服整齐,若使随意污秽,实为不敬,犯

---

① 《京师大学堂规条》,见《中国近代学制史料》第一辑,下册,668—671页,华东师范大学出版社,1986年。

第十章 京师大学堂的管理体制与规章制度

者记过,屡犯者斥退。

8. 戒言语淆乱。至师长前问难,尤当有条理,不可抢前乱答。声音高下,亦当有节制,此事有关学养,最严切戒,违者记过。

9. 戒咳唾便溺不择地而施。屋宇地面皆宜洁净,痰唾任意,最足生厌。违者记过。

10. 行走坐立以长幼为序,不得抢先,违者记过。

11. 学生衣服行李等件,自行整理,不准携带跟人,以习勤劳。

12. 每饭后散步一刻,同学者质疑辩难,可在此时,但不准放言高论,致涉浮嚣。若有三五成群,弹放高纵者,记大过。

13. 学生不准吸食洋烟、酗酒、赌博、争詈、殴斗,违者斥退。

14. 学生不准谈说邪淫,拨弄是非,违者戒斥,屡犯者斥退。

15. 严戒侮慢师长,不受约束者斥退。

16. 每日上堂,逾刻者记过,屡犯者斥退。

17. 戒有意毁污书籍、器物,违者记过,屡犯者斥退。

18. 戒不告假私出,违者斥退。

19. 留外人斋中食宿者,记大过。

20. 无故旷课三日以上,例假外逾二日以上者皆记过。

21. 学生犯规记过,本生父兄不得到堂辩论。

22. 学生立有档簿,每日到教习处画到。[①]

除上述堂规外,京师大学堂还分别针对不同的人,另定有更为详细的《京师大学堂堂舍规条》、《京师大学堂仕学院、师范馆教习注意条规》、《京师大学堂仕学院、师范馆讲堂条规》、《京师大学堂提调职务条规》等一系列规章制度。这些规定大到教习、提调的责任,小到课间休息的时间,可谓是包罗万象,无所不管。各种条规加起来有116条之多。条规的颁布和实施,对维持京师大学堂正常的教学和生活管理秩序提供了保证。

---

① 《京师大学堂禁约》,见《中国近代学制史料》第一辑,下册,671—673页,华东师范大学出版社,1986年。

如《京师大学堂堂舍规条》规定:

凡仕学、师范两馆学生,均一律住居寄宿舍,不得朝来暮散;

学生除在饭厅开膳外,不得在卧室内私自制饭烹茶等事,并不得澡浴及一切污损;

学生在寄宿舍,尤宜严肃静默,不得大声读书谈笑,以害他人之用功;

学生遇有家人宾客通问,在学生客厅会谈,不得入寄宿舍内;

学生在寄宿舍内,不得阅看不应看之书籍,应遵堂提调随时查验,等等。[1]

又如《京师大学堂仕学院、师范馆教习注意条规》规定:

各教习当每学期开课之前,至迟十日前,须做该学期内授业预定书,呈之总正教习。所有该学期内应教授之一切事项,宜循序详载为要。

各教习当学期考试、学年考试后七日以内,须将考试题目及学生分数并考卷,一同呈之总正教习。但遇紧要时,则总正教习可不据本条所定期限办理。

欲更改已定教科书,或欲更改授业预定书内所载之事项,须预先商明总正教习核准,方可照办。

总正教习有因紧要事故,可招集仕学师范馆全堂教习或教习数人会议一切事宜。遇有紧要之事时,则总正教习陈明管学大臣,招集全堂职员或职员数人令参加会议。会议之法,应审别事之由来,由总正教习随时定之。[2]

京师大学堂当年的许多规定,一直沿用至今。

1902年,《钦定京师大学堂章程》颁布之后,管学大臣张百熙按照"激发忠爱、严禁明倡异说、端正趋向"的指导思想,重新修订了

---

[1] 见《中国近代学制史料》第二辑,上册,898—900页,华东师范大学出版社,1987年。
[2] 同上书,900页。

第十章 京师大学堂的管理体制与规章制度

大学堂条规。新条规特别强调了对朝廷,对大学堂管理人员的尊重。如规定:

1. 教习学生一律尊奉"圣谕广训",每月朔日,由总教习、副总教习传集学生,在礼堂宣读"圣谕广训"一条。

2. 凡开学、散学及每月朔日,由总教习、副总教习、总办各员,率学生诣至圣先师位前行礼。礼毕,学生向总教习等人各三揖退班。

3. 每岁恭逢皇太后、皇上万寿圣节、皇后千秋节、至圣先师诞日、仲春仲秋等奠日,皆由总教习、副总教习、总办各员率学生至礼堂行礼如仪。

4. 学生平日见管学大臣、总教习、副总教习、分教习等皆执弟子礼,遇其他官员及上等执事人一揖致敬。

1903年《奏定大学堂章程》颁布时,也同时颁布了新制定的其他一系列大学堂条规,其中包括:《汉洋教习职务条规》、《堂提调职务条规》、《讲堂事务员职务条规》、《斋长职务条规》、《班长职务条规》、《讲堂条规》、《讲堂日记条规》、《考试条规》、《寄宿舍条规》、《饭厅条规》、《学生记过条规》、《学生陈事条规》、《听讲员条规》等13个条规。这些条规的具体规定多达236项。为便于读者了解,现略举例如下:

1.《汉洋教习职务条规》 这个条规共有37节,主要是对在大学堂供职的所有中外教习的职责、权限、授课、考勤、行为、对学生的管理等做了相应的规定,以使教习能够恪守职责,完成教学任务。如:

汉洋教习当每学期开课之前(至迟十日前),须做该学期内授业预定书,呈之总教习,洋副教习呈总教习、正教习各一份。所有该学期内应教授之一切事项,宜循序详载。

凡有关教授一切事宜,汉洋各教习若有意见,须随时陈知总教习。其意见知采否,一决于总教习。

汉洋教习告假，无论为时久暂，均需报明总教习，其洋副教习经洋正教习商妥后，再行报明总教习，均由总教习陈明管学大臣分别准驳。

汉洋教习因公远赴他处，由总教习派员代理其事。

汉洋教习如有不得已之私事请告长假在半月以外者，须先半月告知总教习（事出仓促不在此例），应自行请人权代，或由总教习派人权代（自行请代者，所请之人仍由总教习考查能否胜任再定）。

汉洋教习除公私两项长假之外，倘有疾病及要事请假数天或数时，须报明总教习，由总教习记入旷课簿内。若系长病，须由学堂派医验明，量给长假。半月以外，须由总教习陈明管学大臣，其可否免其请代及免扣薪水，须由管学大臣酌定。

汉洋教习及助教授课毕后，宜在住室备学生自修时之问难。若授课甫完匆匆外去，殊非乐群敬业之道，总教习随时考查，归入年终考成办理。

总教习各汉洋教习，除授语言文字及有编订课本外，均须逐堂颁发讲义，不得空言搪塞了事。

汉洋教习上堂时刻，概以学堂内讲堂上钟表为定，不得以私自携带之钟表为定。

汉洋教习闻钟即须上堂，概不催请。如有教习迟到讲堂在十分钟以外者，即由讲堂事务员报知总教习，作为旷课半时，列入教习旷课簿内。

各教习遇有学生记过之事，应知照总教习后，悬牌发示并自录入簿内。

教习上堂皆须本身作则，恪守条规，不得任意妄更紊乱规则，由总教习随时考查。

2.《堂提调职务条规》　这个条规共16节，主要对堂提调的职责范围做了规定。如：

堂提调之职务系承命于管学大臣，监督寄宿舍内一切事宜。

堂提调办事处须备学生名簿履历，并另备学生请假簿，遇有疾病等因告长短假,及因紧要事情于功课时限内请假出外,或本日请在外宿,或请假数日等之学生,则堂提调稽查其事情,分别准驳。其允准者则录其姓名及事由,注于出外请假簿.其因假旷课者,另录为旷课簿。

堂提调每日调查大门出入簿,核对学生出入名数是否与告假相附。

堂提调每年一回以上,使医查学生身体之强弱等,做一卫生查验表,送总教习及总办处各存一份。

寄宿舍一切执役人等,均归堂提调管辖,如有违犯,分别轻重斥革。

3.《讲堂事务员职务条规》 这个条规共17节,主要对讲堂事务员的职责做了规定。如:

每点钟命杂役人鸣钟,报开讲及毕讲。

每日将请假之学生开一清单,报知总教习。

收存讲堂所用诸杂品。

遇有教习会议,则承命于本日议长,将会议大旨及与会各员姓名录在各馆会议录,仍存该会议录于讲堂事务处。

讲堂事务处宜备学生名簿履历、教习职员名簿履历,遇有改变之事,则随时添削更改。

4.《斋长职务条规》、《班长职务条规》 这两个条规分别为10节和13节,主要对由学生推选出来的斋长、班长的职责做了规定。如:

《斋长职务条规》第三节:斋长应将每日本斋告假销假之学生知会班长。

斋长每一学期更换一次,如办事勤密,应由堂提调请留,副斋长亦如之。

《班长职务条规》第一节:每班学生设班长一人,副班长一人,由总教习点派。

班长于旷课各生应随时录记,以便教习考查。

凡全班学生有须陈白于总教习之事，应以班长为代表人。

5.《讲堂条规》、《讲堂日记条规》 这两个条规共20节，主要是对学生应遵守的课堂纪律、注意事项、讲堂日记应记载的内容等做了明文规定，以便于检查、实施。如：

《讲堂条规》第一节：每日授课大约六时，由总教习排定，榜示于堂（或功课紧要之时得扩充其时数）。

每点钟课毕，各休息十五分钟。

凡授业时，学生不经教习许可，不得擅离座次。

学生在讲堂，语言动作均须有礼，不得妄言妄动。

6.《考试条规》 这个条规共14节，对考试的时间、考场纪律、阅卷和记分方法及对违章者的处罚等做了规定。如：

每月考试一次，由本科教习发题、监考、记明分数。期考、年考亦如之。

每学科一次考试定时两钟或三钟，由教习随时酌定。

凡考试不得规避告假，违者记大过一次。

凡学生考试未经交卷，无论何事不准出堂，亦不准互相谈话、传递纸笔、互换座次、随意走动等弊，违者记过一次。

7.《寄宿舍条规》、《饭厅条规》 这两个条规共27节，主要对学生宿舍的作息、卫生、安全、纪律、会客、饭厅纪律、座位等注意事项做了规定。如：

学生在寄宿舍，尤宜肃静，不得高谈哗笑，以害他人之用功，亦不得做惊扰同学之举动。

学生遇有紧要事情请假或回家或在亲朋等处夜宿者，须预先陈明堂提调，经允准后方可。其有出外之后，忽遇紧要事情本日不得回堂者，须托人到堂续假。

凡住舍之学生，均不得自携仆从，概由舍中预备听差人役以备指使。如听差人役有不服指使之处，陈明堂提调量其轻重予以斥责。其厨膳茶水如有不洁，亦陈明堂提调查责。

《饭厅条规》则规定：

第十章 京师大学堂的管理体制与规章制度

每桌以八人为额,每人不得占据两座;

每桌首座或教习或堂提调,余七座均为学生座次;

无论教习学生,齐同入座,齐同举箸,齐同散座,不得紊乱;

凡饭厅上无论教习员、办事员、学生,均自行添饭不用杂役,等等。

8.《学生记过条规》 这个条规共49节,其中详细列举了学生如旷课、迟到、早退、超假、违反课堂纪律、不尊敬师长、不讲礼节、污损公物、违反衣着规定、考试成绩差、不按时作息、打架斗殴、违反校规等行为所应受的处罚。如:

学生住堂者,俱宜按课上堂听讲,不得旷误,如有并未先期告假私自迁延不到者,查出后由教习记大过一次。

堂内倦睡欠伸、跛倚涕唾、吸烟索茶、言笑无常、发问不伦、袖携杂物、翻阅杂书者,各由教习记过一次。

学生在堂向教习问疑者,须起立致敬。教习有所查问,亦起立敬对,违者由教习记过一次。

讲堂上进退须有仪节,拥挤凌乱者,由教习记过一次。

外客到堂观讲,起立致敬,违者由教习记过一次。

污损讲堂仪器杂物者,由教习记过一次。

行礼时喧哗失仪、避匿不到者,由堂提调记过一次。

外国文字认定一门之后不得随意更改,违者由教习记过一次。

体操给发冠帻衣靴之后,倘有不换操服而上场者,由教习记过一次。

考试不成字及文理荒谬者,由教习记大过一次或呈明管学大臣开除,仍照寄宿舍章程追缴学费。

屡考不及格者,分别情形由教习记大过或呈明管学大臣开除,仍照寄宿舍章程追缴学费。

争嚷者由堂提调记过一次,斗殴者记大过一次。

随意便溺者,由堂提调记过一次。

早晨鸣锣不起者,由堂提调记过一次。

三小过并为一大过,每年满三大过者开除,仍照章追缴学费。

学生中吸食洋烟及聚赌者开除,仍照章追缴学费。

9.《学生陈事条规》 这个条规共18节,主要说明了学生有充分的提意见的权力,并对学生陈述意见的范围、程序、方法做了规定。如:

造就学生为办理学堂之主义。学生与教员、办事员同在学堂法律之中义得有所陈白。

凡学生于学堂有公益之事、有公害之事俱得陈白。

凡学生于己身有欲言之事欲达之情,俱得陈白。

凡教习有讲义错误及非理不公之事,学生俱得向本科教习陈白,如本科教习不自承认,得再陈白于总办。(总办)有不合之事,学生亦得规正。

凡学堂以外之事,学生均不得陈白。

凡学堂以内之事,学生不宜干预者,不得陈白。

凡学生私情请托、自图利益、侵越理界之事,不得陈白。

凡学生陈白之事,各员随时答复。如需商议裁定者,随后答复(小事三日为期,大事则俟议定)。

凡各员有与通班学生商议之事,学生须先自行议定,临时以斋班长为代表,不宜错杂陈白。

凡各员有凭学生投票决定之事,学生即各抒所见,书签具名投呈,不宜喧哗陈白。

凡全堂学生宜以爱力相结、以智识互换,如有异同之见除细事交相规劝外,遇有关系学堂大局者,宜向教习员、办事员公词陈白,不得私相诋毁酿成门户之忧。

自立此条规之后,各学生俱得有陈白之权。苟非强词夺理及不必深究之事,虽再三诘难于教习员、办事员不容置之不答,务使情志相浃,不开攻击訾毁之风,亦使公道公言不得以爱憎之私混淆黑白。

10.《听讲员条规》 这个条规共15节,听讲员相当于现在的

第十章 京师大学堂的管理体制与规章制度

旁听生。该条规对听讲员的来源、上课听讲、考勤等问题逐条做了规定。如：

第一条：听讲员均由各衙门咨送或由管学大臣特许。

第五节：听讲员每日到堂，先在外厅齐集，开讲时由堂提调传知开讲某科，各员即按照所报听讲之科，上堂听讲。

第十四节：听讲员在学堂中违反条规之事，分别情咨回退出。[①]

1904年（光绪三十年），京师大学堂还针对所属管理机构制定了一系列规则，如《学堂通行规则》、《教务处规则》、《教习规则》、《庶务处规则》、《支应处规则》、《文案处规则》、《杂务处规则》、《斋务处规则》、《监学处规则》、《检察处规则》等。另外，还制定了《班长值日生规则》、《勤学立品记分规则》、《考试规则》、《学生记过规则》、《讲堂规则》、《自习室规则》、《寝室规则》、《憩息室规则》、《食堂规则》、《储藏室规则》、《盥洗室规则》等大大小小22个规则，共180条另196款。这些规则有的是在原有条规的基础上进行了修改，使其更为完善和易于操作；有些是根据情况补定的新规则。这些条例可以说是当时中国制定的最为详细的大学管理条例。

总之，为了把京师大学堂办成一所教学秩序井然、纪律严明的国立大学，使其成为京外各学校的楷模，校方制定的行政管理条例之多，规则之详尽在当时是前所未有的。许多管理措施和条例直到今天依然具有参考价值。

[①] 见《北京大学史料》第一卷，218—229页，北京大学出版社，1993年。

第十一章
京师大学堂的附属机构

历史上,京师大学堂除按照大学堂章程,设立了必需的大学院、分科大学等正规教学机构以外,还在不同时期设立过师范科、进士馆(仕学馆)、预备科、译学馆等临时科系及一些附设机构,如译书局、博物实习科、医学馆、八旗官学、附属高等小学等。这些临时及附属机构均随着大学堂的发展需要而设立或撤销,反映了京师大学堂在不同历史时期的发展变化。现一一简介如下:

京师大学堂译学馆原址

第十一章 京师大学堂的附属机构

一、师范馆(师范科)

1898年京师大学堂初创时,就曾拟设一所师范斋。京师大学堂的第一个章程《奏拟京师大学堂章程》中写道:"西国最重师范学堂,盖必教习得人,然后学生易于成就。中国向无此举,故各省学堂不能收效。今当于堂中别立一师范斋,以养教习之才。"①

1902年,张百熙在《奏筹办京师大学堂情形疏》中也提到,应该在大学堂预备科外,再设一个速成科。速成科分为仕学馆和师范馆两部分。就什么样的人可入师范馆学习,学生毕业后的出路等问题,奏折中讲道:"举贡生监等皆准应考,入师范馆。……师范馆三年卒业学有成效者,由管学大臣考验后,择其优异,定为额数,带领引见。如系生员者准作贡生,原系贡生者准作举人,原系举人者准作进士,……准作进士者,给予准为中学堂教习文凭;准作贡生者,给予准作小学堂教习文凭。"②

为招收学生,1902年(光绪二十八年)拟定了速成师范馆考选入学章程。

章程规定,大学堂附设师范馆定为四年学成毕业;入学考试分两天进行,共考八门功课,即:修身伦理大义一篇、教育学大义一篇、中外史学十二问、中外地理学十二问、算学比例开方代数六问、物理及化学六问、浅近英文论一篇、日本文论一篇(如通他国文字者随时报明);师范生将来要为人师表,所以尤须取品学端正者入选;师范生年龄不得超过30岁;师范馆暂定人数100名。

章程还规定各省送学生来京师大学堂应试,首先要经省里严格选拔,然后再送往京城。一应手续都需完备,还要带推荐信。

后来京师大学堂招考师范生时,果然照此办理。现北京大学尚存有1902年奉天学政为送师范生而交到京师大学堂的全套文件。其中有对学生的简介(履历册)、选拔学生时的试题(题目册)

---

① 见《北京大学史料》第一卷,81页,北京大学出版社,1993年。
② 同上书,53页。

及有关证明(印结)。现举例如下：

奉天府府丞提督学政郑　　今将考取各学满合民籍师范馆学生姓名、年貌、籍贯相应造册咨送,须至册者。

计开：

合字号附生一名：

曾有翼,年三十岁,身中面白无须,系内务府正白旗舒鹏佐领下人;附生曾祖荣,祖文耀,父德广;光绪二十五年科考入学。

满字号福贡生一名：

贵恒,年二十六岁,身中面白无须,系镶黄旗满洲锡珍佐领下副贡生;曾祖亮春,祖玉庆,父九龄;光绪二十三年中式副榜。

锦县学附生一名：

李树滋,年十九岁,身中面紫无须,系锦县籍附生;曾祖有章,祖丹林,父维城;光绪二十八年岁考入学。

　　附:奉天府府丞提督学政郑　　今将考试过师范馆学生出过题目汇造清册咨送,须至册者。

计开

中外政治史事题：

汉时廷臣多以经义断事论;

埃及、希腊、罗马皆西方古国,其文教、政治若何策。

中外舆地题：

中国西北界山、东南滨海其控扼要害之区安在策;

徐氏《瀛环志》略谓日本平列三大岛,试证其误策。

物理题：

正电负电释;

空气传音述。

算学题：

设如平三角形底长四十二尺,大腰与中垂线之较十八尺,小腰与中垂线之较四尺,求两腰及中垂线各几何?

第十一章 京师大学堂的附属机构

斜剖方形以勾股驭之,若斜剖四不等边形驭之当用何法?

光绪二十八年九月　日

附:署奉天府儒学今于与印结事,依奉结得合字号附生曾有翼,考试师范生并无假冒违碍等弊,理合出具印结是实。

光绪二十八年九月　日署　教授王者馨

附:署奉天府儒学今于与印结事,依奉结得满字号附生贵恒,考试师范生并无假冒违碍等弊,理合出具印结是实。

光绪二十八年九月　日署　教授王者馨

附:署锦州府儒学今于与印结事,依奉结得锦县学新进文生李树滋,实系人品端方,志趣闳远,并无捏饬情弊,所具印结是实。

光绪二十八年八月　日署　教授乔国祯①

当时,各省学政都把选拔京师大学堂师范馆学生一事,作为任务来完成。有些省没有合格学生咨送的,也有复文说明原因。如1902年10月15日(光绪二十八年九月十四日),甘肃学政给京师大学堂的复文写道:

> 案准贵学堂两次咨开,奏请设立速成一科,并催师范馆学生一项请照定额招考,务于九月前考取咨送到京收考等因,准此应即遵咨速办。惟本院于五月初一始行到甘接篆,十五日即出棚仅考西路甘州、凉州、肃州三属,此外各属尚未周历,未能知其人才优绌。现在正考宁夏由平庆泾固回省约期须至十二月,途次难以调考,不得已函商陕甘总督崧就近在省会衔出示招考,或在兰山、求古两书院调集高才生考选。
>
> 今准咨称据甘肃布按两司会详,甘肃地处极边,士风朴陋,大学堂甫经购料兴修,风气初开,各属应考者甚少。屡经考试,粗通勾股者不满十人,如和较方圆诸法略具程式,用以

---

① 北京大学综合档案·全宗一·卷一九(二)。

推测高深广远,则度数参差不准。他如声光气化,更无师承。送入京师大学堂骤无合格之选。本督部堂复查确系实情。除咨复京师大学堂查照外,相应咨明等因准此理合据情先行咨复。为此咨明贵学堂大臣请烦查照施行,须至咨者。

右咨

钦派管理大学堂事务大臣张①

当时,除甘肃外,新疆、陕西等省也都没有合格学生咨送进京。

按《钦定京师大学堂章程》的规定,师范馆所开课程共有十四门,即:伦理、经学、教育学、习字、作文、算学、中外史学、中外舆地、博物、物理、化学、外语、图画、体操等。

师范馆于1902年年底(光绪二十八年十一月)开学,1906年第一批103名学生毕业。经考试,其中最优等18人,优等61人,中等21人,下等4人。对毕业生中的最优等者,加五品官衔,以内阁中书尽先外用。其他优等和中等也都派往各部司任职。

1907年4月27日(光绪三十三年三月十五日),京师大学堂师范馆第二批98名学生毕业。经考试,其中最优等17人,优等60人,中等21人。毕业生中年龄最大的福建籍学生陈镕已年满49岁;年龄最小的是广东籍学生潘敬,21岁。这些学生均根据毕业考试的成绩,分别被授予不同的官衔。

1909年7月(宣统元年六月),京师大学堂师范馆第三批203名学生毕业。经考试,最优等23人,优等77人,中等103人。毕业生中年龄最大的39岁,最小的21岁。其中30岁以上的就有83人,25岁以下的(含25岁)只有29人。可见当时师范馆招收的学生年龄偏大。

每批师范馆学生毕业,京师大学堂都要为他们举行隆重的毕业典礼。

现存的《大学堂师范科毕业仪式册》注明,毕业典礼共有13项

---

① 北京大学综合档案·全宗一·卷一九(一)。

活动：

1. 预备（八点钟齐集）：总监督、提调、教员率领学生齐整衣冠。

2. 万岁牌前行礼：监督、提调、教员带领学员恭诣万岁牌前，行三跪九叩首礼。

3. 圣人位前行礼：监督、提调、教员带领学生恭诣圣人位前，行三跪九叩首礼。

4. 礼场座位：学部大臣南向坐，总监督、提调、教员暨监学等官东向坐，来宾西向坐，学生北向依次立。

5. 行谒见学部大臣礼：总监督、提调、教员率学生入礼场，即请学部大臣入场，学生一齐向上行一跪三叩礼，学部大臣答礼如仪。

6. 行谒见监督、提调、教员礼：学生向监督、提调、教员行一跪三叩礼，向外国教员行三鞠躬礼，向监学等官行三揖礼，各答礼毕，随学部大臣一同就座，学生依次序立。

7. 授毕业文凭：毕业文凭点名给发，每点一名，即趋诣总监督座前，由总监督亲自授予文凭，学生谨受，退入原立地位，候全班授毕，同向总监督行三揖礼。

8. 学部大臣训词。

9. 总监督训词。

10. 教员训词。

11. 来宾祝词。

12. 学生答词：由班长一人宣答。

13. 礼毕，由学堂备茶点款客。①

师范馆学生毕业以后，大都派往各省任初级师范学堂和中学堂教员。而一部分入学之前就在政府有关部门任职的学生，毕业以后仍回到原工作岗位，但奖予师范科举人官阶。

---

① 北京大学综合档案·全宗一·卷七四。

二、仕学馆、进士馆

早在京师大学堂创办初期,大学堂的第一任管学大臣孙家鼐在《筹办大学堂情形折》中就提出过设立仕学院的建议:"进士、举人出身之京官,拟立仕学院也。既由科甲出身,中学当已通晓。其入学者,专为习西学而来,宜听其习西学之专门。至于中学,仍可精益求精,任其各占一门,派定功课,认真研究。每月考课,朋友讲习,日久月长,其学问之浅深,造诣之进退,同堂自有定论。臣亦随时考验其人品、学术,分别办理,仕优则学,以期经济博通。"①这里所说的"仕学院",即是后来成立的仕学馆。

从史料中看,京师大学堂首批招收的学生中就有仕学院的学生。但具体学生数量有多少,却没有详细的记载。

1902年2月13日(光绪二十八年一月六日),当京师大学堂于战乱后筹备重新开办之时,鉴于京师大学堂刚恢复,得几年后才能出人才,而国家又急需人才,管学大臣张百熙在《奏筹办京师大学堂情形疏》,再次提出设立仕学馆的建议:"……速成科亦分二门:一曰仕学馆,一曰师范馆。凡京员五品以下八品以上,以及外官候选,暨因事留京者,道员以下教职以上,皆准应考,入仕学馆。"②

开办仕学馆,意在让所有新科进士在为官做事之前都能接受一定的普及西方科学知识大学教育,以便将来能够对所分管的工作胜任愉快。

同年,由张百熙主持制定了《速成仕学馆考选入学章程》。章程规定凡入仕学馆需考七门功课,即考史论一篇、舆地策一篇、政法策一篇、交涉策一篇、算学策一篇、物理策一篇、外国文论一篇。七门功课中如有一二门无分者为不及格,不及格者,不能录取。

章程还规定"仕学馆之设所以培植官才早资效用,必年满卒业方可出堂就官。"③这说明京师大学堂仕学馆实际上等于是一个政

---

① 北京大学综合档案·全宗一·卷一。
② 见《光绪朝东华录》(五),4818—4823页,中华书局,1958年。
③ 《谨拟大学堂考选入学章程》,中国第一历史档案馆·文教·胶片8—2389。

第十一章 京师大学堂的附属机构

府官员速成培训班。仕学馆首批招收学员34人。

同年12月1日(光绪二十八年十一月二日),清廷就进士馆学员授职一事下了一道谕旨:"储才为当今急务,迭经明降谕旨,创办学堂,变通科举。现在学堂初设,成材尚需时日,科举改试策论,固异帖括空疏,唯以言取人,仅能得其大凡,莫由察其精诣。进士入官之始,尤应加意陶成,用资器使。"①

谕旨规定凡授以编修、庶吉士的新科进士,都要入京师大学堂分门肄业。其中一甲进士、庶吉士必须领了毕业文凭,才能到翰林院任职。

就在上述谕旨下达后不久,《奏定进士馆章程》颁布。

《奏定进士馆章程》在第一章"立学总义"中,谈到设立进士馆的宗旨在于:"以明澈今日中外大局,并于法律、交涉、学校、理财、农、工、商、兵八项政事,皆能知其大要为成效。""新进士为从政之初阶,自宜讲求致用之实,以资报国之具。……至毕业以后即各赴本衙门分修职守,于各门学术已具有普通知识,遇事不致茫然。"

《奏定进士馆章程》对学员的入学规则、学科程度、考验毕业、教员管理员职责等项,都做了明文规定。

进士馆对学员的要求是很严格的。如"入学规则章"中规定:"各学员如有沾染嗜好者,须令设法戒断,始准入馆肄业。蒙混入馆者,查出据实奏明请旨办理。自愿勒限戒断者,可予准行。如逾期仍不能戒断,亦据实奏明请旨办理。""各学员于教员应虚心受教,于管理各员应听受劝导,不得扰紊法规。"

对进士馆的监督、提调、教员、监学、检察等管理人员,章程规定他们"各有职守,均应遵照奏定章程办理,务宜诚恳和平、奉行成法,不准旷职瞻徇。"

为了鼓励学员在馆中勤奋学习,早日成材,章程还规定:"凡进士馆毕业翰林得奖者,将来外省高等学堂毕业,奏请简放试官时,

---

① 见《北京大学史料》第一卷,153页,北京大学出版社,1993年。

应请即此项人员开单请简;部属中书毕业得奖,虽未经补缺,一体开单请简,并准其考试科举试差,以示格外优异。""凡在本馆毕业得奖者,以后无论何项引见及保送各项差缺清单,其履历内均注明进士馆毕业字样。"①

1903年2月(光绪二十九年一月),京师大学堂附设进士馆开学。共招收学员100余名。由于学馆一时容纳不下所有的学生,加之年龄在35岁以上的进士对学习感到力不从心。同年6月,御史张元奇奏请酌加变通,提出年长者是否入学可听其自便,对进士馆的学生人数也应有所规定。

11月,经张之洞等人商定,新进士年龄在35岁以下的,均需入馆肄业,并由该进士本籍省份补给津贴,解交京师大学堂,按月转发各学生。年龄在35岁以上而无力入学的进士,可到学部说明原因,改就知县分发各省,与本科即用知县一道按资历叙补。

进士馆设立的主要目的,就是在彻底废除科举制之前,使通过科举考试进入官场的人,通过学习增加一些普通的科学知识和政法知识。因此,进士馆以培养新进士成为"果、达、艺"的优秀从政人才为宗旨。课程设置也是以此为出发点。其所开课程分为史学、地理、教育、法学、理财、交涉、兵政、农政、工政、商政、格致、西文、东文、算学、体操等科。其中史地、教育、法律、理财、交涉、东文、西文等属于"达"的教育内容;兵政、体操属于"果"的教育内容;格致、算学、农工商等属于"艺"的教育内容。

进士馆学习年限为三年,期满毕业考试合格者,给予奖励。

1904年9月22日(光绪三十年八月十七日),为了适应教学管理的需要,政务处奏请更定进士馆的章程。该奏折道:"进士馆系奉旨特设,造就已仕人才,与学堂不同。开办之初,正赖集思广益,斟酌尽善。臣等博采众议,酌拟章程八条,缮具清单,恭呈御览,如

---

① 《奏定进士馆章程》,见《北京大学史料》第一卷,153—156页,北京大学出版社,1993年。

蒙俞允,即责成该管监督,遵照办理,期收实效,藉以仰副朝廷振兴实学陶育通才之至意。"

《更定进士馆章程》针对进士馆开办一年来遇到的一些实际问题,共做了八条新规定。例如针对有的学员因年龄偏大,不适应馆内生活,特规定新进士入学,可分为内外两班,内班住馆肄业,外班走读,学员中有精力不及,愿归外班听课的,听其自便。又如针对有的学员自费出洋留学一事,新规定准许三年期满得有毕业文凭的人,回国后可按照本馆毕业学员资格办理。其留学前在馆学习的时间,可算在内。此外,新章程还规定要严厉杜绝滥竽充数的现象,告诫学员遵守学规,否则不得与其他学员享受同样的学历。①

进士馆从 1903 年 2 月开课,到 1907 年底,共办了六个学期。1904 年 4—5 月间,学部将原京师大学堂速成科所属的仕学馆归并入进士馆。1906 年底经奏明朝廷,将进士馆改设"京师政法学堂"。②

1906 年 8 月,34 名从仕学馆归并过来的学生,学成毕业。

1907 年 12 月进士馆第一批学生共 106 人毕业。经考试,内班有 38 名学生成绩获最优等。成绩被评为优等的有 21 人,中等的 16 人,下等的 2 人。外班毕业生中成绩列为优等的有 11 人,中等的 17 人。1908 年 6 月,进士馆第二届共 57 名学生毕业。其中成绩被评为最优等的有 8 人,优等 18 人,中等 30 人,下等 1 人。以后,因学生日渐减少,而学科不能减简,学部奏请将后来入馆的进士派往日本东京政法大学速成科和早稻田大学学习。

三、预备科

1902 年 2 月 13 日(光绪二十八年正月初六),管学大臣张百熙在《奏筹办京师大学堂情形疏》中提出,因京师大学堂还没有符合

---

① 见《北京大学史料》第一卷,156—157 页,北京大学出版社,1993 年。
② 见《北京大学二十周年纪念刊》,1918 年,北京大学档案馆藏。

条件的入学者,"通融办法,惟有暂且不设专门,先立一高等学校,功课略仿日本之意,以此项学校造就学生,为大学之预备科。"①

其时京师大学堂正在恢复重建中。当时由张百熙主持拟定的《大学堂考选入学章程》中的第一章就是"预备科考选入学章程"。

章程规定:预备科学生学习年限为三年。学生来源一是由各省选送应考,二是由大学堂自己招考。由于预备科所定功课程度很高,所以考试要严,宁缺毋滥。

章程规定入学考试分三天进行,共需考九门功课,即:中文论著一篇、英文论著一篇(至少须三百字以上)、翻译二篇(由英译中,由中译英至少须二百字以上)、中外历史生活二问、舆地及地文地质十二问、算术及代数各六问、几何及三角各六问、物理及化学矿学各六问、名理及法律学各六问。

章程还规定所考学生年龄不得超过30岁;学生均须"志行端方、身家清白"。

章程规定预备科学生暂定为200名。

1904年7月,京师大学堂设场招考,择优录取了360余名学生。其中年龄较大、汉文程度较高的进了师范馆,年少,聪明刻苦的,进了预备科。学生分为四个班。同年10月,预备科开学。

按《钦定京师大学堂章程》规定,京师大学堂预备科分为政科和艺科两部分。

政科的课程设置主要有伦理、经学、诸子学、辞章、中外史学、中外舆地、算学、外语、物理、名学、法学、理财学、体操等。

艺科的课程设置主要有伦理、中外史学、外语、算学、物理、化学、动植物学、地质及矿产学、图画、体操等。

1909年6月(宣统元年七月)京师大学堂预备科首届133名学生毕业。按京师大学堂考试章程规定,考试成绩80分以上为最优

---

① 《张百熙奏筹办京师大学堂情形疏》,见《光绪朝东华录》(五),4818—4823页,中华书局,1958年。

等;70分以上为优等;60分以上为优等;60分以上为中等,60分以下为下等。经考试,预备科学生中获最优等者8人,优等22人,中等95人,下等8人。

京师大学堂预备科从1904年招收第一批学生,到1909年改为京师高等学堂为止,共办了不到五年。

四、译学馆

京师大学堂译学馆的前身就是创办于1861年的京师同文馆。

1902年底(光绪二十八年十一月),管学大臣张百熙奏请将归并的同文馆改为翻译科,并在东安门内北河沿买了一些房屋补充住房的不足。不久,任命曾广铨为翻译科总办,负责监督修建校舍、采集图书、购置仪器、延访中外教习。1903年3月,为造就外交人才,清廷又在京师大学堂附近购置民房,设立译学馆,将原翻译科与之合并,仍由京师大学堂代管。当时的译学馆监督为朱启钤。同年9月14日,译学馆正式开学,首批招收70多名学生。

译学馆的经费由管学大臣在华俄银行余利项下拨发。当时开办经费共约花了白银一万五千两。以后每年经费约白银四万四千两。

译学馆也有自己的章程。

《拟定大学堂译学馆章程》"总纲"指出,译学馆的办学宗旨是"以造就译才品端学裕为宗旨,务使具普通之学识,而进于法律交涉之专门,通一国之语文,而周知环球万国之情势,体用兼备,本末交修。上有以应国家需才之殷,下有以广士林译书之

朱启钤
(1872—1962)

益,兼编文典以资会通。"①

根据章程规定,译学馆内设监督、教务提调、专门学教习、外语教习、普通学教习、助教、庶务提调、文案官、收支官、杂务官、斋务提调、监学官、检察官等行政管理人员。

译学馆章程对课程设置、学生的入学及毕业标准、学生应遵守的规则、教员和管理人员的职责等都有明文规定。由于译学馆是专为培养外交人才而设置的,所以规章制度比较严格。

京师大学堂译学馆全体教师与丙丁戊三级学生合影。前排自左至右第十三位是译学馆监督朱启钤,第十四位是管学大臣张百熙。

如在"学生规则"条款中,首先对学生提出品行方面的要求:"学生宜以敦品、励学、尊师、敬人养成才学,以备国家任用为宗旨。"②

为了培养学生的外交风度,章程还特别又对学生小到穿衣戴帽,大到请销假等日常行为规范,事无巨细地做了多达38条的明文规定。其中对学生不同季节每天的作息时间也有详细的规定:"馆中春分后,六点钟起;六点半早餐粥食;七点至十一点授课;十一点

---

①② 《拟定大学堂译学馆章程》,见《北京大学史料》第一卷,160—162页,北京大学出版社,1993年。

至十二点午膳,暂憩;十二点至两点授课;两点后自修;晚六点夜膳;九点就寝。秋分后,七点起;七点半早餐;八点至十一点授课;十一点至十二点午膳,暂憩;十二点至三点授课;三点后自修;晚六点夜膳;十点就寝。"①

特别值得一提的是,当时译学馆为广育人才,还特设了附学一科,吸收志愿入学者自费入馆学习。附学生即相当于现在的旁听生。章程规定,为便于管理,附学生除年幼(规定学生年龄在12—20岁之间)或家住学馆附近以外,都要住馆,并严格遵守学堂的一切规章制度;其中恪守学规、品行端正、勤学好问、功课日有进步者,遇正额学生有缺时,可补缺,以示鼓励。

译学馆汲取过去同文馆的经验教训,在课程安排上,注重了中学。

例如,外语设英、法、俄、德四科,学生任选一门。普通学科包括:人伦道德、中国文学、历史、地理、算学、博物、理化、图画、体操等九科。专门学科包括:交涉学、理财学、教育学等三科。普通学各科以京师大学堂编的讲义为主要教材,交涉、理财等专门学科则基本用的是外国学校的教材。章程还特别规定:译学馆功课,以语言文字为重;课有定程,亦有定日,宜整齐划(画)一,不便参差。凡入学诸生,毕业后既优与出身,自不必再应科举。

译学馆的学习年限也是五年。

章程规定译学馆的学生"应考取中学堂五年毕业者方为正格"。但由于开馆时合格的学生很少,所以暂时先收了一部分文理通顺,粗解外国语者入学。另外还从京师大学堂附设的进士馆、速成科中调进一些懂外语的学生。

译学馆的学生学满五年举行毕业考试。考试合格者奖给出身。

---

① 《拟定大学堂译学馆章程》,见《北京大学史料》第一卷,160—162页,北京大学出版社,1993年。

原是进士、举人出身,又有官职者,根据考试成绩的等级,在原官职的基础上,优先晋升。

原非进士、举人者则奖给出身。最优秀的,作为举人出身,升入大学堂分科大学或咨送出洋肄业。不愿入大学或出洋者,可分发外务部、商部备先补用。

考试优等的,作为举人出身,或作内阁中书,或外放知县,充作译员;也可随驻外大臣出使,担任译员、领事等职。还可到各省外语学堂任教习。

考试中等者,作为举人,内以七品小京官分到各部任职,外以通判分省补用;也可到各处中学堂任外语教习。

考试下等者,留堂补习一年,再行考试。

译学馆在开办过程中,还随时根据情况,增补有关规章制度。如曾一度因为食堂管理混乱,伙食不好,译学馆负责生活管理的监督就增订过一个《饭厅规约》。

规约道:"迩闻听差人役舞弊营私,以致饭菜恶劣,不能适口。自应彻底澄清,扫除舞弊。厨役所担之责任,不过照常供餐,至零饭点心一切不时之取求,皆非厨役应有之责。若因预备点心零饭不能专心以供常膳,而常膳退劣,又或购买点心零饭偶有赊欠,厨役遂于常膳偷减取偿,则饭菜亦必不能佳。此皆厨役所资为口实者。……此次整顿,除切实清查,并督察厨役,令每饭充洁为办事人专责外,特申约言条,揭示于后。诸生务当切实践行,即本监督与教习、办事人一律遵守。"①

《饭厅规约》针对以往管理方面的缺陷,共定了九条制度。比如规定:饭厅每天供三餐,不供应零餐,此外任何人也不得向厨役索购食物;凡购买点心者,一概不许赊欠;学生生病不能到饭厅吃饭的,要先跟斋务提调打招呼,由其特令厨役另备饭菜;教习另开一桌吃饭等等。

---

① 《增订饭厅规约》,见北京大学综合档案·全宗一·卷一三一。

译学馆从成立到撤销,共培养了四期毕业生。1912年民国政府教育部成立后,将原译学馆北河沿一带的房屋改设为北京大学的法科大学。

译学馆于1903年10月(光绪二十九年九月)开馆,于1911年10月(宣统三年九月)停办,历时8年。

五、医学馆(医学实业馆)

早在京师大学堂于1898年筹建时,管学大臣孙家鼐就曾在1898年9月9日(光绪二十四年七月二十四日),针对大学堂设医学馆之事,给光绪皇帝上过奏折。奏折道:"医学一门,所以保全生灵,关系至重。古者九流之学,医居其一。近来泰西各国,尤重医学,都城皆有医院。现在农务、矿务,均已特派大员设立专门学堂。可否援例推广,另设医学堂,考求中西医学,即归大学堂兼辖。如蒙俞允,再由臣详拟办法,请旨施行。"①

光绪对孙家鼐的建议十分赞赏,于当天发上谕道:"……医学一门,关系至重。极应另设医学堂,考求中西医理,归大学堂兼辖,以期医学精进。即着孙家鼐详拟办法具奏。"②

孙家鼐接到上谕后仅过了五天,就将拟就的医学堂章程报奏朝廷。在奏折中,孙家鼐再次强调了京师大学堂增设医学堂的必要性。他认为:"医学一门,学者多视为小道,其实通天地之远化,关阴阳之消长,非洞达精微者,未能深知其理。中国自轩岐以来,考求医术,代有传人。近世儒者,不屑研究,于是方技之士,往往谬执古方,夭枉民命。查奏西医科,列十大学,其国皆有施医院。甚至好善之士,医药且施于中华;而国家未经兴办,政典未免阙如。今皇上特准开医学堂,臣考中西医学,各有专长,考验脏腑,抉去壅滞,中不如西;培养根元,辨别虚实,西不如中。臣谨拟中西医学分门讲习,招考文理通顺之学生入堂肄业;又于学堂之中,兼寓医院

---

①② 见《北京大学史料》第一卷,182页,北京大学出版社,1993年。

之制,凡来就医者,皆随时施诊,且酌施中西通用药品,期以保卫生灵。"①

在随奏折报上的医学堂章程中,对医学堂的行政管理人员、教习、学生学成后的出身、医学堂兼寓医院的职责、医学堂的经费来源等事务,一一做了规定。

由于种种原因,医学堂真正设立是在四年后的1903年。

1902年(光绪二十八年)9月,京师大学堂奏请就原来医学一门设医学实业馆,考求中西医学。

1903年4月,大学堂在地安门内太平街租了一些民房,招收练习生数十名开学授课。

按照《奏定京师大学堂医学实业馆章程》规定,医学实业馆分为医学和诊治两部分,习医之处称为"习业所",诊治之处称为卫生所。医学实业学制为三年。

医学馆习业所共设八门功课,即:算学、物理、化学、动植物、全体学、诊治学、方药学、外语等。

医学实业馆卫生所设治病院和中西药房各一处。治病院还设有等级不同的病房,分为单人病房和四人病房两种。卫生所也就是现北京大学校医院的前身。

医学实业馆有自己专用的讲堂、办事室、餐厅、卧室、学生自修室、寄宿舍、化学光学特别讲堂和仪器室、模型室等设施。②

到1905年3月,学务大臣孙家鼐奏请再建一些房屋,将医学馆与施医总局合并。于是在前门外后孙公园施医总局东边建造了新的医学馆。

1906年年底,医学馆唯一的一批学生毕业,共36人。同年12月,御史徐定超奏请因中、西医派别不同,难以兼习,应分办学堂。学部奏请将医学馆改为"京师专门医学堂",中医西医,分科学习。③

---

① 见《北京大学史料》第一卷,182页,北京大学出版社,1993年。
② 同上书,183—185页。
③ 同上书,186页。

医学馆至此停办。

六、博物实习科

京师大学堂开课之后，特别是各省学堂的陆续开办，教学中对各种动植物标本的需求越来越多。原先这些动植物标本都是从国外采购，不但价钱昂贵，而且也不完全符合中国教学研究的要求。为此，京师大学堂经学部批准，从京外学堂录选学生，设立博物实习科。该科的教学宗旨是使学生掌握制造各种标本、模型和画图的技艺。

博物实习科的任务是为中学培养博物、生理等科的教习。因此对考试入选的学生只要求具有高等小学堂以上的文化程度，年龄在20－30岁之间。学生分为本科和简科两种。本科三年毕业，简科两年毕业。

京师大学堂附设博物实习科开办于1907年7月（光绪三十三年六月）。地址在大学堂院子左侧的南北楼上。博物实习科的全称是"博物品实习科"。

博物实习科的课程分为三类。第一类以制造标本为主课，制造模型和画图为副课；第二类以制造模型为主课，制造标本和画图为副课；第三类以画图为主课，制造模型为副课。各类课目均分学科及术科两种。课程设置亦按此分类。例如：

本科第一类，以制造标本为主课，制造模型及画图为副课。

第一学年：

学科

    1. 制造模型标本之主旨

    2. 博物学

    3. 度量衡之名称及使用法

    4. 采集器具之名称，使用法及修理法

    5. 制造器具之名称，使用法及修理法

    6. 制造用药品及材料之名称、性质及使用法

7. 集动物法

8. 用枪法

9. 保存动物法

10. 剥制法

11. 采集植物法

12. 保存植物法

13. 记录法

14. 制造模型法

15. 图画讲授

术科

1. 鸟类之皮标本及姿势标本

2. 制造骨骼法

3. 制造贝壳标本法

4. 制造卵壳标本法

5. 制造昆虫标本法

6. 制造仔虫标本法

7. 制造酒精标本法

8. 制造蜡叶标本法

9. 制造果实种子标本法

10. 采集法之实习

11. 饲养法之实习

12. 经理金属、木材、玻璃及涂料之实习

13. 捆包及搬运法之实习

14. 石膏模型

15. 黏土模型

16. 图画①

为了能满足各学堂对博物品制作方面人才的需求，博物实习

---

① 《博物实习科各类各学年课目表》，见北京大学综合档案·全宗一·卷六八。

科先办了一个简易班,学生两年即可毕业。简易班学生自 1907 年 8 月开课,到 1909 年 6 月毕业。

1910 年 12 月,博物实习科本科学生毕业,举行毕业考试,并按照中等实业学堂的奖励章程,分等级给予奖励。毕业生中有愿继续深造的,升入高等实业学堂学习。

七、译书局(编译局)

1898 年 6 月京师大学堂筹办时,孙家鼐即奏请于京师大学堂内,附设编译局,集中了一些懂外语的人才专门翻译文章、编书。

1898 年 7 月 3 日(光绪二十四年五月十五日),光绪批准设立译书局,由管学大臣督率办理,同时赏给梁启超六品官衔,负责办理译书局事务。

考虑到上海是中国对外的窗口,环境条件较好,所以译书局设在上海。译书局下面设立了一个编译学堂,主要从香港招录了 60 名学生。这些学生中有一半人中文水平较高,外文能阅读,但不精通;另一半人外文较好,中文次之。译书局的教习,大多是从上海徐家汇学堂聘请来的。

译书局开办经费由户部按京师大学堂藏书楼、仪器院例统一拨付。一开始梁启超申请开办经费为一万两白银,后来光绪下谕旨,将开办经费增加到二万两,日常经费也由每月的一千两白银,增加到二千两。

译书局开办后,从日本购买了一批美国学堂的初级教材,开始着手翻译。后因八国联军攻占北京,京师大学堂暂时关闭,译书局的工作也停顿下来。

1902 年 3 月,京师大学堂重新开办时,仍附设译书局,负责编辑学堂用的各类教科书。当时严复任译书局总办,李希圣任编书局总纂。张百熙重新拟定了京师大学堂译书局章程。新章程规定译书局的规模为:"总译一人,以总司译事。分译四人。其不住局而领译各书者,无定数。笔述二人,以佐译员汉文之所不及。校勘二人,即以笔述之员兼之。润色二人,分司最后考订润色及印书款式之事。图画二人,一洋一华,司绘刻图式。监刷一人,主刻刷印行之事。书手四人,司抄录。司账一人,司支应及发行书籍。"①

译书分为以下38个方面的内容:地舆、西文律令、布算、商功、几何、代数、三角、浑弧、静力、动力、气质力、流质力、热力、光学、声学、电磁、化学、名学、天文、地气、理财、遵生、地质、人身、解剖、人种、植物状、动物状、图测、机器、农学、列国史略、公法、账录、庶工、德育、教育术、体育术等。②

同年11月,在上海开设译书局分局,称为京师大学堂上海译书分局。12月,管学大臣张百熙奏请于上海译书分局附设一所印书局,所有大学堂编译的书籍,均交印书局承印。

上海译书局成立后,不久即翻译出版了不少书籍,如日本木鹰村太郎的《东西洋伦理学史》、穗积八束的《国民教育爱国心》、佐腾传藏的《中学矿物学教科书》、藤代桢辅的《垤氏实践教育学》、清水直义的《实验教育行政法》、大濑甚太郎、杉山富槌的《儿童教育法》等十余种书。

以后,又翻译出版了《学校改良论》、《欧美教育观》、《爱国心》、《中学矿物学教科书》、《新体欧洲教育史要》、《试验学校行政之职员儿童篇》、《泛论设备篇》、《西洋伦理学史》、《美国通史》、《教育古典》、《儿童矫弊论》、《财政学》、《地文学》、《博物学教科书植物部》、《博物学教科书生理部》、《经济统计学》、《今世欧洲外交史》、《天文浅说》等数十部著作。

值得一提的是,1902年(光绪二十八年),张百熙在大学堂下面又设立了一个编书处,一个译书处,以负责全国教材的统一编印事宜。如各学堂所需的中国学问分门教材,由编书处负责办理;西学的各项课本,则由译书处一手办理。即译书局译哪些书,要经过译

---

①② 《京师大学堂译书局章程》,见《北京大学史料》第一卷,194—196页,北京大学出版社,1993年。

书处同意。

1904年7月,译书局停办。

八、藏书楼(图书馆)

京师大学堂藏书楼系现北京大学图书馆的前身。

1898年京师大学堂初建时,由梁启超起草的《奏拟京师大学堂章程》总纲中,就有关于设立藏书楼的条款:"学者应读之书甚多,一人之力,必不能尽购。泰西各国于都城省会,皆设有藏书楼,即是此意。京师大学堂为各省表率,体制尤当崇闳。今拟设一大藏书楼,广集中西要籍,以供士林浏览而广天下风气。"[①]

此外,章程还规定藏书楼设提调一员,供事十员;预算藏书楼建筑费白银二万两,购中国书费五万两,购西文书费约四万两,购东文书费约一万两。共计开办费十二万两白银。

现中国第一历史档案馆仍存有光绪二十五年(1899年)冬季,大学堂藏书楼添购各种书籍的清单[②]:

行水金鉴	贰部	每部三十六册
经世文编	贰部	每部百册
海国图志	壹部	十册
大清一统图	壹部	十册
沿革图	壹部	一册
战国策去毒	壹部	二册
陶大毅公集	壹部	四十册
李氏五种	壹部	十册
验矿沙法	拾部	每部一册
乾隆府厅州县志	壹部	十六册

---

① 《总理衙门奏拟京师大学堂章程》,见《北京大学史料》第一卷,81页,北京大学出版社,1993年。

② 《大学堂藏书楼所有光绪二十五年冬季添购各种书籍价银部册数目存案清册》,见中国第一历史档案馆·学部·教学学务·卷六八。

林文忠公政书	壹部	十二册
丁文成公奏议	壹部	十四册
刘中丞奏议	壹部	十六册
二程遗书	壹部	十六册
张江陵集	壹部	十六册
倭文瑞公集	壹部	八册
王阳明集	壹部	十六册
惜抱轩集	壹部	十六册
汉西域图考	壹部	四册
长江图	壹部	十二册
昌黎文集	壹部	十六册
文信国文集	壹部	
三鱼堂集	壹部	六册
练兵实纪		
纪效新书合刻	壹部	十二册
对数表	贰部	

粗算一下，大学堂藏书楼仅一季就购书四百余册。

1900年，京师大学堂于战乱中被迫停办时，所藏书籍均在战火中损失殆尽。

据《国立北京大学概略》中记载，1902年，京师大学堂恢复后，重新设藏书楼，调取江、浙、鄂、粤、赣、湘等省官书局各种书籍（康有为创办的强学会的藏书，也收归馆中），并购入中西新旧图书。1903年，京师大学堂藏书楼又几次派人赴南方采办书籍。以后又有许多国内外学者捐赠了大量各式图书。

1905年，藏书楼改名为图书馆。京师大学堂制定了新的图书馆章程，对馆内所藏书籍的保管、图书馆职员的职责范围、书籍的借阅手续等做了详细的明文规定。

1912年京师大学堂改名为北京大学以后，北大图书馆的藏书日益丰富，成为国内最具规模的大学图书馆。

第十一章 京师大学堂的附属机构

九、八旗官学

1902年2月，由于宗室、觉罗、八旗等官学管理不善，翰林院侍读宝熙奏请改设小学堂和中学堂，归京师大学堂管理。

八旗官学共分八学，每学有一百多名学生，加上宗室、觉罗，共有约一千名学生。归并大学堂后，设了八所小学，由一所中学统一管辖。宝熙为正总办，并设了一名总教习和两名副总教习。1903年12月，八旗各官学改为隶属京师督学局。

十、附属高等小学堂

1906年，京师大学堂优级师范科学生即将毕业，为了方便师范学生实习，同年8月，京师大学堂开办了附属高等小学堂，奏调内务府三旗高等小学生入学肄业。各班师范学生充任小学实习教员，分科授课。1909年底，三年期满后，除程度较高的小学生保送满蒙高等学堂预科外，其余学生仍回三旗高等小学四年级肄业。

十一、其他机构

除上述十个附属教学机构外，京师大学堂还设有多个行政管理机构。其中最重要的有三大部门，即教务处、庶务处和监学处。

教务处的主要职责是协助总监督筹办教育事宜。教务提调由总监督选择委任而听命于总监督。

庶务处负责全校的日用出入事宜。庶务处提调由总监督选任，并听命于总监督。

监学处负责稽查学生，维持风纪，整顿纪律，实行学规。监学处设监学官两人。

支应处即财务处。专管大宗银钱收发等事。

文案处专管文稿、牌示、信函、册籍等事。

杂务处，设杂务官协助庶务提调管理全堂日用及建筑设备，并管理各处器物、厨务、杂役等事。

斋务处负责统理斋舍事宜。斋务处提调由总监督选任,并听命于总监督。

检察处,设检察数名,配合斋务提调,负责检察、管理斋舍。

第十二章
走向民主与科学

历史进入 20 世纪之后,民主与科学代替专制与愚昧成为新世纪的主题。处于风雨飘摇之中的满清王朝已面临崩溃的边缘。而诞生于中国即将改朝换代这一重要历史时期的京师大学堂,也迎来了她成长发展过程中的新的转机。

1903 年京师大学堂暑假仕学、师范两馆学生与教习合影

这一时期的京师大学堂,作为中国近代第一所国立最高学府,在各个方面都体现出她的独特性和先进性。其中最具代表性的有三点。一是大规模地向海外派遣留学生;二是爆发了具有深远影响的学生爱国拒俄运动;三是首次举办了学生体育运动会。后人正是从这看似毫无关系的三个方面,读出了京师大学堂师生对民主与科学,对民族气节的追求。

中国向海外派遣留学生,最早开始于京师同文馆创办后的1872年。然而,由于种种原因,派遣留学生的工作时断时续,培养出的人才也极其有限。戊戌变法期间,清政府对派学生留学一事,有了更为成熟的认识。

1898年6月1日,康有为在替杨深秀草拟的《清政游学日本章程片》中,提出"以为日本变法立学,确有成效,中华欲游学易成,必自日本始"。①

总理衙门和光绪皇帝都积极支持这个建议。从此,中国派遣留学生从主要派往西洋转向主要派往日本。

1899年5月,日本驻华公使矢野文雄正式致函清政府,请派学生赴日留学。总理衙门提出拟派京师同文馆东文馆学生首先赴日,并建议南北洋大臣以及两广、两湖、闽浙等各督抚选派留日学生。中国大规模派遣留学生便从这年开始。

1902年9月7日(光绪二十七年八月六日)慈禧太后下谕旨,支持湖北、四川及江南各省选派学生出洋留学,认为造就人才,为当今急务,要求各省选派心术端正、文理明通之士前往国外学习。

从一开办就起到"各省之表率"作用的京师大学堂,在派遣留学生方面,同样走在了全国各类学堂的前面。

1903年12月21日(光绪二十九年十一月三日),管学大臣张百熙在《奏请京师大学堂派学生出洋折》中提出,大学堂选送留学生应分习专门,主要目的在于培养教师。他举例说,日本明治八年

---

① 《康有为政论集》上册,250—251页,汤志钧编,中华书局,1981年。

选送优等学生去国外留学,到明治十三年留学生毕业归国,大多数都是担任大学堂的教员。今天日本的博士学士人才众多,均取材于本国。因此,京师大学堂决定选派仕学馆和师范馆的数十名学生赴海外留学。

清政府当天即批准了张百熙的奏折,要求京师大学堂"择其心术纯正学问优长者,详细考察,分班派往游学"①。

1903年底,京师大学堂学生余榮昌、曾仪进、黄德章、史锡倬、屠振鹏、朱献文、范熙壬、张耀曾、杜福垣、唐演、冯祖荀、景定成、陈发檀、吴宗栻、钟赓言、王桐龄、王舜成、朱炳文、刘成志、顾德邻、苏潼、朱深、成寓、周宣、何培琛、黄艺锡、刘冕执、席聘臣、蒋履曾、王曾宪、陈治安等共31人启程赴日本。

1904年初,又有俞同奎、何育杰、周典、潘承福、孙昌烜、薛序镛、林行规、陈祖良、华南圭、邓寿佶、程经邦、左承治、范绍濂、魏渤、柏山等共16名京师大学堂学生,被派往西洋各国留学。

当时,由于赴日本的距离较近,31人共需留学经费白银九万余两。而赴欧洲的16人,就需经费白银十万余两。

自此,京师大学堂每年都派人出国留学。留学生在日本主要是到早稻田大学和法政大学学习。派往欧洲的学生,也是进了一些较好的学校,如伦敦大学、圣彼得堡大学等。

1907年11月5日(光绪三十三年九月三十日),译学馆向外务部上报的出洋学生表册(见"出洋学生情况表"),详细记录了该馆在外国留学生的分布情况。②

---

① 见《光绪朝东华录》(五),5114页,中华书局,1958年。
② 《咨呈外务部译学馆出洋学生表册请查照文》,见《北京大学史料》第一卷,444—446页,北京大学出版社,1993年。

出洋学生情况表

(1907年11月5日译学馆上报外务部)

姓名	留学国	学校	学科	毕业年月	出洋年月（光绪）
林行规	英	伦敦大学校	法科政科	未详	二九年十一月
范绍濂	英	播克贝克学院	未详	未详	二九年十一月
杨曾浩	英	在乡闲预备	未详	未详	三一年九月
徐墀	英	伦敦大学校	预备科	未详	三十年九月
侯维良	英	伯明翰大学	预备科	未详	三一年九月
吴庆嵩	英	伦敦大学校	预备科	未详	三一年九月
曹钧	英	皇家大学校	预备科	未详	三一年九月
靳志	法	工艺学堂	未详	未详	三十年九月
陈祖良	法	罗盎高等工业学校	未详	三五年七月	二九年十一月
周秉清	法	巴黎工程学堂	民事科	三七年	三一年九月
邓寿佶	法	利耳工艺学堂	未详	三五年	二九年十一月
周纬	法	工艺学堂	未详	未详	三一年九月
黄广澄	法	中学堂	未详	未详	三一年九月
王廷璋	法	岗省大学堂	工程科	未详	三一年九月
陈浦	法	工科专门学校	未详	二八年	三一年九月
金国宝	法	工艺学堂	未详	未详	三一年九月
程经邦	德	二月后入校	未详	未详	二九年十一月
张谨	德	柏林法政大学堂	法律	三六年九月	三一年九月
陈永治	德	工艺专门学校	机器	三五年七月	三一年九月
顾兆熊	德	柏林工科大学	电器工程	三六年	三一年九月
柏山	俄	圣彼得堡大学堂	法政专科	三四年	二九年十一月
麟祉	日	高等工业学校	窑业科	三四年九月	三一年九月
胡国礼	日	早稻田大学校	政治经济	三四年九月	三一年九月
徐鼎元	日	早稻田大学校	政治经济	三四年九月	三一年九月

在1909年(宣统元年)之前,留学生的选派主要是在京师大学堂等少数几个学堂进行。1909年以后,才逐渐改为从社会招生、录取、选派。

从1909年开始,在"庚款奖学金"的支持下,中国的大批学生开始去美国留学。由游美学务处于7月20日、21日两天,在学部面向全国招生。考试题有国文、英文、中国历史、地理等科目。7月24日发榜,初选学生68名。25日至29日,再分别考试物理、化学、博物、代数、几何、三角、外国古代史、外国近代史、外国地理等科目。8月3日公布考试结果,共录取了47名学生。这些学生于8月下旬赴美。这批学生中就包括了后来担任清华大学校长的梅贻琦先生。

1910年,清政府又按此法招收了70名赴美留学生。其中有后来成为著名语言学大师的赵元任和成为气象、地理学大师的竺可桢。著名思想家、哲学家、文学家,曾执教北京大学并担任过北大校长的胡适先生也是第二批赴美留学生之一。

第一批留美学生名单[①]:

程义法	郑煟堼	金 涛	朱 复	唐悦良
梅贻琦	罗惠侨	吴玉麟	范永增	魏文彬
贺懋庆	张福良	胡刚复	邢契莘	王士杰
程义藻	谢兆基	裘昌运	李鸣和	陆宝淦
朱唯杰	杨永言	何 杰	吴清度	徐佩璜
王仁辅	金邦正	戴 济	严家驺	秉 志
陈 焜	张廷金	陈庆尧	卢景泰	陈兆贞
袁钟铨	徐承宗	方仁裕	邱培涵	王 健
高仑瑾	张 准	王长平	曾照权	王 琎
李进隆	戴修驹			

第二批留美学生名单[②]:

杨锡仁	赵元任	王绍武	张谟实	徐志芗
谭颂瀛	朱 箓	王鸿卓	胡继贤	张彭春
周厚坤	郑鸿宜	沈祖伟	区其伟	程 运

---

① 见《北京大学史料》第一卷,448页,北京大学出版社,1993年。
② 同上书,448—449页。

钱崇树	陈天骥	吴家高	路敏行	周象贤	
沈 艾	陈延寿	傅 骍	李松涛	刘寰伟	
徐志诚	高崇德	竺可桢	程延庆	沈溯明	
郑达宸	席德炯	徐 墀	成功一	王松海	
王 预	谌 立	杨维桢	陈茂康	朱 进	
施赞元	胡宣明	胡宪生	郭守纯	毛文钟	
霍炎昌	陈福习	殷源之	符宗朝	王裕震	
孙 恒	柯成楸	过探先	郑翼堃	胡 适	
许先甲	胡 达	施 鉴	李 平	计大雄	
周开基	陆元昌	周 铭	庄 俊	马仙峤	
易鼎新	周 仁	何 斌	李锡之	张实华	

正是从1909年开始,京师大学堂开始正式接受外国留学生入校学习。

最早的一批外国留学生是来自俄国的学生。他们是海参崴东方语言学堂肄业生索柏尼、齐阿尼、西柏罗诺夫、吕诺夫,以及东省铁路学堂教习阿里克等人。

学习日本明治维新的经验,以达到变法图强之目的是维新派的一项重要主张,而选派留学生则是这一主张的具体体现。清廷以官费的形式派遣留学生,既活跃了学术气氛,也开阔了学生的视野,通过与国外情况的比较,使学生更加认清了封建制度的腐朽,激发了中国青年一代知识分子变法图强的爱国热情。而派遣留学生所带来的后一种影响,则是当时的统治阶级所始料不及的。

20世纪初,随着民主革命运动在中国的广泛开展,越来越多的知识分子倾向革命。发生在1903年的拒俄运动就是京师大学堂学生走向爱国、进步道路的一个重要标志。

甲午战争后签订的《马关条约》中,有一条是把辽东半岛割让给日本。早已对中国领土虎视眈眈的沙皇俄国联合德、法两国,在

《马关条约》签订六天后,逼日本放弃了占有辽东半岛的企图。而中国则为此付出三千万两银子的代价。

早在1858年和1860年,沙皇俄国就通过签订《瑷珲条约》和《北京续增条约》这两个不平等条约,强占了黑龙江以北,乌苏里江以东的一百多万平方公里的中国领土。1891年,俄国开始修筑西伯利亚铁路。1895年,铁路修到了赤塔。1897年沙皇的军队占领了旅大,加上后来修筑的"南满铁路",实际上使中国用三千万两银子赎回的辽东半岛,落到了沙皇俄国的手里。

1902年,沙皇俄国在其他列强的压力下,同意从东北三省撤兵。然而到了1903年4月,第二次撤兵期届满,俄国军队非但没撤,反而提出要以清政府承认东北三省和蒙古都是俄国的独占势力范围为撤兵的先决条件。由此而引发了日俄战争。

拒俄运动首先是从日本开始的。到1900年为止,中国在日本的留学生还不足百人。而到了1904年,中国在日本的留学生人数已达三千多人。许多出身富裕家庭的青年学生,在接受了资产阶级思想的熏陶之后,逐渐认识到中国民族危亡的严重性,纷纷投入到爱国救亡运动中去。赴日本留学生陈天华于1903年所写的《猛回头》、《警世钟》等文章,影响了整整一代人。学生的爱国热情空前高涨。

以康有为为首的维新力量和以孙中山为首的革命力量是在中日甲午战争后同时诞生的。由于戊戌变法失败,证明通过维新变法图强的道路已走不通,革命力量便壮大起来。日本当时早已成为孙中山的革命基地。拒俄运动的性质也已经属于孙中山领导的资产阶级革命范畴,并成为孙中山领导的推翻清朝封建统治革命的重要组成部分。

1903年,中国留日学生发动了拒俄排满运动,其中一部分学生组织起拒俄义勇队,组织军国民教育会。鼓动学生参加军事训练。1904年初,在回国留学生的参与和筹划下,华兴会和光复会这两个革命团体分别宣告成立。

1903年5月,蔡元培等领导的中国教育会和爱国学社在上海张园举行会议,通电北京外务部:"闻俄人立约数款,迫我签允。此约如允,内失主权,外召大衅,我全国人民万难承认。"①

　　在这场已经属于资产阶级革命重要组成部分的拒俄爱国运动中,京师大学堂的学生可以说是起到了急先锋的作用。敢于在清朝政府的身边举行抗议活动的京师大学堂学生,本来是清廷政府寄予希望之所在,因此他们的抗议活动便更具有深远的意义。除学生外,上到大学堂副总教习、教习、助教,下到一般工作人员几乎都参加了这次运动。拒俄运动中在《大公报》、《苏报》等几份很有影响的报刊上所发表的、由京师大学堂师范馆、仕学馆学生联合起草而通电全国的《拒俄书》等几个极为重要的反帝反封建的文件,标志着京师大学堂已成为这次拒俄运动的中心之一。

　　1903年5月,在京师大学堂执教的日本教习纷纷请假,学生不知什么原因。教法律的岩谷先生告诉学生说:"中国存亡,在此一举。乃外而观士夫,歌舞升平,安然无恙;内而观学堂,学生出入学堂,绝无忧色。士夫无论已,若中国所有几希之望在教育,教育者,养全国忠爱之精神者也。处亡国之时,学生绝无影响;以日本学生例之,当痛哭流涕,结大团体,发大志愿,决不令政府以此地与俄。中国学生俱属之国性质,我不屑教,当即回国矣!"②这时被蒙在鼓里的学生才知道,俄国已密约清政府割让东北三省。消息传出后,英国先调兵,逼迫清政府不答应俄国的条件。日本也紧跟着表明了他们的反对态度,并在威海卫一带布满兵船,声言与俄开战。

　　4月30日,日本照会清政府:"东三省是清国否?属清则当问俄罪,不属清,则我等协力征为万国公地。"③不久又威胁说:"如将东三省割俄,则应将各国范围圈所有之地割于我等。"④

　　日俄开战一触即发。

---

①　冯自由:《中华民国开国前革命史》上编,129页。
②③④　《苏报》,1903年5月20日。

第十二章 走向民主与科学

京师大学堂的学生认为这是清政府在出卖祖国。

4月30日,仕学、师范两馆学生200多人在征得副总教习允准后,鸣钟上堂,集会声讨。首先登台演讲的是助教范静生先生。他大讲这次割让东三省的利害关系,赢得阵阵掌声。听众中有的人义愤填膺,有的人痛哭失声。接着,十几位学生纷纷登台演讲,有的学生还介绍了日本岩谷先生说的"中国学生俱属之国性质,我不屑教,当即回国矣!"等语,学生们情绪激奋,口号声震天动地。最后,学生们通过了四项决议:

1. 各省在京官绅告电该省督抚电奏力争;
2. 全班学生电致各省督抚,请各督抚电奏力争;
3. 全班学生电致各省学堂,由各省学堂禀请该省督抚电奏力争;
4. 大学堂全班学生上禀管学代奏力争。①

所有的教习和职员都参加了这次集会,并以点头叹息的方式支持学生们的爱国行动。两馆学生中,唯有河南进士、仕学馆学生靳某没有到场,在准备考试,学生们说他是"至死不悟"。

这次集会后,学生们首先起草了《京师大学堂师范、仕学两馆学生上书管学大臣请代奏拒俄书》。《拒俄书》分析了中国将被瓜分,二万里幅员,四万万人民将受制于他国之下,做奴隶牛马的危险,提出拒俄的要求。《大公报》于1903年5月7日,全文转发了这份《拒俄书》②。现全文抄录如下:

> 师范、仕学馆学生恭上书于管学大人钧右:
>
> 天下事有欲言而不得,不言而不能,言之则不免有越职之嫌,不言则坐视瓜分之惨而不忍,如今日之东省问题是也。
>
> 夫虎狼之俄,扼于黑海之约,不能西出,转而之东,竭全国之死力,疾速经营西伯利亚铁路,及其告成,即高掌远蹠,实行

---

① 《大公报》,1903年5月3日。
② 《大公报》,1903年5月7日。

大彼得并吞世界之遗策,此各国人人所习闻而稔知者也。俄之外交手段,率以甘言重币饵于先,恫喝虚声慑于后,阴贼险狠,以灭人之国。其与我国之交涉也,又无一事不予我以难堪,无一时不置我于死地。强据我东三省,虽迫于各国共同之和约,而至今延不交还;近且迫我以恭赠主权之七约。此又我国人所忧愤而切齿者也。

英、日以切己之利害,倡共保太平主义,于是乎前年有联盟之举。当时我国之闻知者,率私心窃幸,谓可以庇他人之宇下而长存。而学生等固早愧愤畏惧,以为断无有受人之保护而能立国者也。俄既彰明较著割据我东三省,英、日必出而干预,而日尤为丝毫不相假借,于是乎迩来有日俄开衅之说。窃料我国之闻知者必谓日俄之战与我国无涉,我国且幸强邻多事,不暇谋我。而学生等固切切悲痛,以为大祸即在眉睫,存亡之机即决于此也。

四月初四日(4月30日),果有日使照会外部:俄据东三省,中国果否承认?若果承认,即与中国为敌云云。确闻伊国即时遣军舰二十七艘向高丽及我海面进发,乘机战取。我国此时拒日乎?拒俄乎?抑两国皆徐与磋磨而即可了事乎?窃以为若联俄以拒日,联盟之英日必皆以我为公敌,又相率问我破坏平和之背约。交战即不胜,必各尽其势力之范围以分敌人之产业。无论东三省既归俄,内外蒙古亦不保。吾知沿江诸省必归英,福建、浙江必归日,法、德亦必偿其觊觎两广、云、贵、山东、河南之志,美、意、奥诸国亦必乘机择一适宜之地,为均沾之利益。二万里幅员、四万万民庶皆将奴隶牛马受压制于他国之下,而波兰、印度之矣。且自亡其国,而又牵掣全球平和之局,则亡亦不义,而又处于必亡之势者也。

若联英、日以拒俄,无论俄惮于英、日之势强,不战而自退,即还我东三省之故物。纵俄一旦与我决裂,英、日必以水陆各军麇集于东三省、海参崴左右,猛力扑击。俄国虽有西伯

第十二章 走向民主与科学

利亚铁路运兵之迅速,亦日不暇给,我国即调袁军、马军各劲旅防守边境。战事之结果,虽至微利益,亦必得收回东三省之主权,保二十年之和平。且脱兰斯瓦尔之与英,斐利宾之与美,皆以蕞尔无援,与地球最富强之大国血战,至二三年之久而不屈;岂吾国得英、日之奥援,犹畏怯寒栗而不若脱兰斯瓦尔、斐利宾耶!

即以我国战守之大势而论,拒俄不过北边一面之防,而又得英、日之助;拒英、日则沿海万里,皆敌人攻入之地,而防不胜防。俄方盘踞东三省之不暇,则英、日必乘势蹂躏东南诸省,顷刻无一完土,此又情势之显然可决者也。

夫联俄以拒日,则危亡如彼;联英、日以拒俄,则情势如此。存亡之机,间不容发。积火将燃,共为劫灰;大厦将倾,同受覆压。学生等之一身一家,亦莫不在其中,故敢垂涕而道。即祈奏请我皇上迅速乾断,联英、日以拒俄,措天下于安也。

夫以大人之深谋宏识,固有百计图度,而不待学生等之喋喋渎陈者。然国家之设学也,专以养成忠君爱国之思想为目的,今当危急存亡之秋,间不容发,譬如一家火起,父兄和老皆焦思疲力以求一熄,而少而壮者乃袖手旁观,而以为不与己事,岂尚复有人心也耶!此学生等所以欲言而不得,不言而不能,言之而不免有越职之嫌,不言而坐视瓜分之惨而不忍也。谨恭禀以闻,不胜惶恐待命之至!

师范生:

俞同奎	王德涵	谷钟秀	王道元	成　寯
梁光璜	华南圭	张　灏	薛序镛	瞿士勋
刘成志	董凤华	陈发檀	高续颐	冯祖荀
顾宗袠	朱　深	张荷元	王舜成	刘冕执
周钜炜	何育杰	李思浩	施恩曦	朱贵华
蔡日曦	丁嘉乃	叶开寅	任　重	朱廷佐
何培深	邹钟铨	丁作霖	春　泽	姚梓芳

朱应奎	张达珠	戴丹诚	廖道传	李恩藻
苏振潼	贺同庆	封汝谔	陈祖谋	余敏时
吴宾驹	黄艺锡	陈鉴周	阮志道	林仲干
王桐龄	何炎森	杜福垣	程 臻	杜福堃
张耀曾	王运震	刘式训	张 谨	炎 舒
张 培	孙鸿烜	李钟奇	伍作梓	向同鋆
曾有翼	段廷珪

仕学生：

| 朱锡麟 | 欧阳弁元 | 胡 嵘 | 周忠纬 | 魏 震 |
| 翁 廉 |

《拒俄书》向全国人民发出了救亡的呼唤："大祸即在眉睫，存亡之机即决于此也。二万里幅员、四万万民庶皆将奴隶牛马受压制于他国之下。"，"收回东三省之主权，保二十年之和平。"

第二个文件是京师大学堂学生《致各学堂书》。这份《致各学堂书》发表在1903年5月20日的《苏报》上。其中写道：

南北异处，素未晤面，怅甚怅甚！但覆巢之祸，燕雀何发；游釜之鱼，汤火并受。事急言直，唐突之罪，谅所不免。奈迫于万不得已之衷，只有奔号呼救，愿诸兄发大志愿，结大团体，为四万万人请命。

呜呼！瓜分之期至矣！平日识时之士所言之瓜分，乃虚拟之瓜分；至今日，某等与诸兄为目不忍见、耳不忍闻之瓜分，而目又不能不见、耳又不能不闻。处此之境，思此之情，诸兄以为如何？

书中提出："东三省系我等四万万人之东三省，非政府私有之东三省"的人民国家，人民民主的思想，表现出"与其坐而亡，不如争而亡"的英雄气概。

《致各学堂书》认为："庚子之乱，数年割膏吸髓尚不能敷；又添英、日之兵费，中国尚能存乎？总之，联俄则中国为有形之亡，联英、日则中国为无形之亡。诸兄之高才卓识,自能烛其厉害,岂待某等赘言!但某等身寄都中,以目所已睹、耳所已闻,以补诸君所未睹、所未闻。诸君乎!诸君乎!某等固无足论也,独不见岩谷先生之讥某等,安知不以某等之腐质转以概诸兄乎?"

该书最后提出:"此事万不可迟,务速联名转请端兼督力阻政府,毋将东三省予俄,是为至要!"①

这次拒俄运动迎来了中国革命的高潮。1903年5月,章士钊在上海创办《国民日报》,鼓吹革命。同月,章炳麟等也借《苏报》鼓吹革命,邹容发表震惊全国的《革命军》。虽然"苏报案"以判章炳麟监禁三年,邹容监禁二年告终,但11月蔡元培组织"对俄同志会",黄兴成立华兴会,吹响了推翻清王朝统治的革命号角。

从后来清政府制定的一系列限制学生干预政事和参与社会活动的条例中,可以清楚地看出拒俄运动遭到清政府的坚决镇压。

1908年1月4日(光绪三十三年十二月一日),学部为查禁学生开会结社事咨行京师大学堂,奉旨查禁在京城地方开会演说。并规定"查学生干预政事,开会结社历奉严旨查禁。经本部恭录通行在案。各学堂学生自应一体懔遵,潜心向学,各学堂管理员等亦当随时随事训诫劝导,仰副朝廷兴学育才之意。兹准外城总厅函称各节,不胜诧怪,如果实有其事,自应钦遵谕旨,严切办理。"②

同年1月10日,学部知照大学堂颁布了不许学生干预国家政治、联盟纠众、立会演说等更加严厉的惩办规定:

> 本年十一月二十一日内阁奉上谕:朕钦奉慈禧端佑康颐昭豫庄诚寿恭钦献崇熙皇太后懿旨:国家兴贤育才,采取前代学制及东西各国成法,创设各等学堂,节经谕令学务大臣等详拟章程奏经核定,降旨颁行。奖励之途甚优,董戒之法亦甚备,如不准干预国家政治及离经叛道、联盟纠众、立会演说等

---

① 《苏报》,1903年5月20日。
② 北京大学综合档案·全宗一·卷七五。

事,均经悬为厉禁。原期海内人士束身规矩,造就成材,所以勖望之者甚厚。乃比年以来,士习颇见浇淳,每每不能专心力学勉造通儒,运思逾越范围,干预外事。或侮辱官师,或抗违教令,悖弃圣教,擅改课程,变易衣冠,武断乡里。甚至本省大吏拒而不纳,国家要政任意要求,动辄捏写学堂全体空名电达枢部,不考事理,肆口诋諆,以致无知愚民随声附和,奸徒、游匪藉端煽惑,大为世道人心之害。不独中国前史、本朝法制无此学风,即各国学堂亦无此等恶习。士为四民之首,士风如此,则民俗之敝随之,治理将不可问,欲挽颓风,非大加整饬不可。着学部通行京外有关学务各衙门,将学堂管理禁令定章广为刊布,严切申明,并将考核劝诫办法前章有未备者,补行增订,责令实力奉行。①

到了1909、1910年,国内要求速开国会的呼声一浪高过一浪。京师大学堂师生与上海、天津等地的学生一起,通过罢课、集会等形式,积极参加到这场反对帝制的斗争中来。迫于全国上下的压力,1910年11月,监国摄政王同意缩改议院年限,并于1913年开设议院,以此平息抗议的呼声。为此,学部咨明大学堂严禁学生干预政事、罢课纠众,并规定:"不准再行联名要求,并严饬开导、弹压,如不服劝谕,纠众违抗,即行查拿严办。学生职在求学,尤当遵守理法,监督为全堂表率,教习为学生师资,自应申明禁令,严加防范等因。应请贵学堂将本月二十三日谕旨及监国摄政王面谕,传知各学生,一体遵守,至各学堂监督、堂长等有管辖全堂员生之责,应随时稽查,先事防维。如学生有被人诱惑,敢于干涉政事,或教员等从中鼓动等情,即予分别开除斥退,毋稍宽纵,是为至要。相应咨行贵学堂遵照办理可也。须至咨者。"②

拒俄运动是清朝末期中国人民反对沙皇俄国帝国主义侵占我

---

① 北京大学综合档案·全宗一·卷七五。
② 北京大学综合档案·全宗一·卷一〇一。

国领土的爱国运动。京师大学堂学生是这次爱国运动的主要力量之一。特别是在清王朝统治的心脏举行反对卖国,反对帝国主义侵略的声讨集会,更具有深远的历史意义。在这次全校的声讨集会上,除一助教首先演讲外,全体教习与员工以在座点头叹息方式支持这次运动,更使京师大学堂在政治上发生了质的变化。爱国、进步、民主和革命的精神正是在京师大学堂这块探索科学的土地上产生的。

拒俄运动是北京大学百年历史上的第一次反帝、反封建的爱国学生运动。京师大学堂通电全国的《致各学堂书》,第一次把全国的学生联合起来,形成了一支反帝反封建的重要的爱国革命力量。由京师大学堂在《致各学堂书》中提出的"东三省系我等四万万人之东三省,非政府私有之东三省"及"某等与诸兄同为中国之人,当事中国之事。明知此举无济大局,与其坐而亡,不如争而亡,庶海外各国见中国尚有士气也!"体现了爱国、民主和革命的思想。京师大学堂已经成为拒俄运动中全国学生活动的中心。

而在京师大学堂诸多上书通电中,有关"师范馆学生请政府处代奏疏争俄约事"里,还有什么"伏乞皇太后、皇上以力抵俄约"的要求,也反映出了学生运动的不成熟。

在京师大学堂的办学宗旨中,体育一直是其重要的组成部分。大学堂一开办,体操就是学生的必休课。在北京大学的传统学风中所体现出的奋力拼搏、不畏困难和永攀高峰的探索精神都是与重视体育分不开的。京师大学堂在中国历史上首次提出了"体育是养成国民气节的重要手段"的思想。

在中国,具有现代内容和形式的运动会,也可以说是由京师大学堂首先举办的。

1905年5月28日至29日(光绪三十一年四月二十五日至二十六日)京师大学堂举办了第一次全校运动会。运动会的竞赛项目共有二十个之多。其中包括跳高、跳远、铅球、中长跑、竞走、集体参加的拔河等。京师大学堂运动会的召开,在中国体育史上写下了光辉的一页。

京师大学堂第一次运动会运动次序①

二十五日上午八点钟至十点半钟

  第一 掷槌

  第二 八百米突竞走

  第三 跳远

  第四 二百米突竞走

  午膳 休憩

正午起

  第五 掷球

  第六 跳高

  第七 顶囊竞走

  第八 一百米突竞走

  第九 提灯竞走

  第十 犬牙形竞走

  第十一 三百米突竞走

  第十二 四百米突竞走

  第十三 一脚竞走

  第十四 六百米突竞走

  第十五 掩目拾球竞走

  散会

二十六日上午八点钟至十点半钟

  第一 掷槌

  第二 顶囊竞走

  第三 掷球

  第四 越脊竞走

---

① 北京大学综合档案·全宗一·卷一三〇。

午膳　休憩

正午起

　　第五　　跳高

　　第六　　一百米突竞走

　　第七　　提灯竞走

　　第八　　二人三脚竞走

　　第九　　犬牙形竞走

　　第十　　拉绳

　　第十一　职员匙蛋竞走

　　第十二　来宾竞走

　　第十三　各学堂学生竞走

　　第十四　六百米突竞走

　　第十五　掩目拾球竞走

　　第十六　各科选手竞走（分类科、公共科、预备科选手各五名）

　　第十七　一千米突竞走

颁奖品　颂辞

散会

用今天的标准来看，京师大学堂两天的运动会内容很简单。但在清朝末年举办一次这样的运动会却非易事。由于大学堂对体育的认识，是中华民族接受时代文明进步的标志，因此京师大学堂总监督张亨嘉在其为"大学堂召开第一次运动会敬告来宾文"中关于体育的论述，就显得格外有意义。如张亨嘉提出德育、体育必兼是造就人才最完备的方法，而体育是造就人才的基础的论点，至今仍在被沿用：

今日本大学堂开第一次运动大会，辱诸君子惠临，不特吾大学堂之光，亦中国学界之庆事也。区区鄙意，敬为诸君子正告之。盖学堂教育之宗旨，必以造就人才为指归，而造就人才之方,必兼德育、体育而后为完备。讲堂上所授学科,讲堂内外一切规矩,无一非德育之事,然而气质有强弱之殊,禀赋有阴阳之毗,欲人人皆有临事不辞难,事君不惜死之节概,盖亦难矣。东西各国知其然也,故无不以体育一事为造就人才之基。日本体育专重击剑、柔道二门,其国民精勇报国之精神实职于此。英国则以打球为国民体育法,其他德美诸国无不由体育法而养成国民气节,其成效亦略可睹矣。①

张亨嘉还强调中国古代也有多属兵法的体育,但科举兴而体育废。运动会就是树立大学堂德育、体育并重的教育思想:

> 中国古时百技多属兵法,故蹴鞠肇始于轩皇,而齐威伐山戎始制秋千,汉武后庭肄抵,霍景桓在军中亦然。有唐一代君臣击球应制之诗为多,而拔河小技,七宰相、二附马、五将军不辞亲其劳役,其风声习尚鼓动一世,故此数代武功独盛。我朝特设善扑营以存国俗,亦即此意。自科举兴而体育废。儒缓之日遂中于士大夫之心,人人皆有杜元凯不能披甲上马之病,武风遂因之不竞今天子英明神武,特诏天下,普立学堂,而京师大学堂为之总汇,以为造就人才之极则。则凡德育、体育之方不可不标其完备矣。今日特开运动大会,亦不外公表此宗旨以树中国学界风声而匕〔化〕。②

张亨嘉还指出在体育运动会上要注意三个问题,一是不要把运动会当成炫耀服装的场所;二是不要把运动会当成少数人竞技之地,而应要求人人参与。他说:

> 本大学堂学生平日课余皆令练习各种体育法,而今日之会,则无论其技之熟与否,皆得与焉。以无一人不习体育为义例。③

---

①②③ 北京大学综合档案·全宗一·卷一三〇。

最后，张亨嘉指出，世界文明事业都是刚强体魄创造的。而中国要富强就不能不重视体育：

> 窃谓世界文明事业皆刚强体魄之所造成也。吾国文事彪炳，而武力渐趋于薄弱，陵夷以至今日为寰海风涛之所冲激，士大夫之担学事者，乃知非重体育不足以挽积弱而图自存。直隶、湖北等本月二十四日敞学堂特开运动会，使学生等渐知尚武，渐能耐劳。伏恳学界诸君子于是日十二句钟贲临，以光盛举。①

以后，京师大学堂又在1906年5月24日和1907年5月6日至7日，分别举行了第二届和第三届体育运动会。这两次运动会的比赛项目，比第一届更为丰富。

京师大学堂足球队

京师大学堂在第二次运动会敬告来宾文中指出："运动会之设，所以重体育而奖武事，为国民教育最重要之一端。"②并且指出，学部已疏请明定教育宗旨，"宣示天下于掷球、角力、运动、竞走辄标举之以为尚武之征。钦奉明诏以人人有振武之精神而自强可恃，仰见朝廷救弱图强之至意。"③把体育提高到"尚武之征"的高度

---

①②③ 北京大学综合档案・全宗一・卷一三〇。

来认识,并要求人人有振武之精神,以达到救弱图强的目的,可见当时对体育的重视程度。

当时在京的各类学校都派人前来观看京师大学堂的这次运动会。

据北京大学综合档案记载,当时来宾参观运动会的情景可谓盛况空前,且对运动会的评价也极高:"各学校乐与观成,联艺偕来,观者如堵,龟鼓声逢,龙旗景动,风声所树,举国景从,共有关于吉国之前途、文明之先导者,将于此觇之矣。抑又闻之,所贵于勇敢者,贵其敢行礼仪也。故勇敢强有力者,天下无事则用之于礼义,天下有事,则用之于战胜。用之于战胜则无敌,用之于礼义,则顺治。"①

第二届运动会比第一届运动会更加正规、严格。运动会期间请假者按旷课论处。学生赴会往返,要遵守教习命令,齐听鼓号,步伐整齐。坐有定位,不能越次纷扰,高声笑谑及做其他违礼之事。

1911年爆发的辛亥革命,彻底推翻了清朝的封建统治。1912年5月1日,京师大学堂奉中华民国教育部之命,改名为北京大学,并从此走上了一条以"进步、爱国、民主、科学"为宗旨的建校之路,成为中国新文化运动的摇篮和五四运动的发祥地。

---

① 北京大学综合档案·全宗一·卷一三〇。

第十三章

继往开来的中国近代第一所国立最高学府

京师大学堂匾

2008年5月4日,北京大学将迎来她的110年校庆。届时,北京大学将以隆重的庆祝仪式和各种丰富多彩的活动,纪念这所标志中国近代高等教育开端的、第一所国立最高学府的一百一十年华诞。

1898年正式开办的北京大学(京师大学堂),是中国近代史上第一所国立最高学府。她的成立,宣告了在中国绵延几千年的旧封建教育体制的全面崩溃,同时也标志着一个全新的、符合时代发展需要的新教育体制的诞生。一个多世纪以来,北京大学在中国高等教育史上的地位,始终是举足轻重和不可替代的。

众所周知,武汉大学、天津大学、交通大学和浙江大学早已分别在1993年、1995年、1996年和1997年举行过百年校庆。那么,为什么还要说到1998年才举行百年校庆的北京大学是中国第一所国立最高学府呢?这便是笔者将在本章着重论述的问题。

在说明这个问题之前,首先应当对19世纪末、20世纪初中国各类学校的划分标准,有一个明确的认识。

中国最早的学制诞生于1898年,即梁启超代为起草的《京师大学堂章程》。在这个章程中,才第一次以官方形式确定在中国建立大学堂,并提出大学、中学与小学的划分标准。1898年7月10日,清政府颁发谕令:"至于学校阶级,自应以省会大书院为高等学,郡城之书院为中等学,州县之书院为小学。"①

这里所说的书院,是泛指包括所有省办的各种高等学堂和高等实业学堂。直到1902年,清政府才颁发了清末第一个有关学制的正式文件,这就是由张百熙主持拟定的《钦定学堂章程》,后人称之为"壬寅学制"(参见图1)。

该学制把学校教育分成三段七级,教育年限共20年。其中小学六年,分初小和高小;中学七年,分中学堂和高等学堂(包括大学预科);大学堂三年,并设大学院(相当于研究生院,未作年限限制)。该学制还规定高等学堂设于省城,大学预科设于高等学堂内。大学堂,则为各省高等学堂毕业生升入专门正科之地。

1904年,清政府颁布了由张之洞主持修改的《奏定学堂章程》(即"癸卯学制")。这套章程由17个不同的章程组成,对各级各类学堂的宗旨、修业年限、入学条件、课程设置和相互衔接关系都做了详细的规定。与"壬寅学制"相比较,这个学制最大的特点就是延长了大、中、小学堂的修业年限。如小学,初小和高小加起来共九年;中学堂五年,高等学堂(包括大学预科)三年;大学堂四年,通儒院(即研究生院)五年。该学制首次提出在中等实业学堂中设预科(一至二年)和本科(三至四年)(参见图2)。

关于学校等级的划分,京师大学堂的管学大臣张百熙在1902年(光绪二十八年)写的一份奏折中,有过一段很能说明问题的文字:

查各国学堂之制,大抵取幼童于蒙学卒业之后,先入小学

---

① 《光绪朝东华录》(四),4126页。

第十三章 继往开来的中国近代第一所国立最高学府

堂,三年卒业,乃入中学堂,如是又三年,乃升入高等学堂,如是又三年,乃升入大学堂。以中国准之,小学堂即县学堂也,中学堂即府学堂也,高等学堂即省学堂也。今虽奉明谕,令各省府州县遍开设学堂,至今奏报开办者,尚无几处,是目前并无应入大学肄业之学生……①

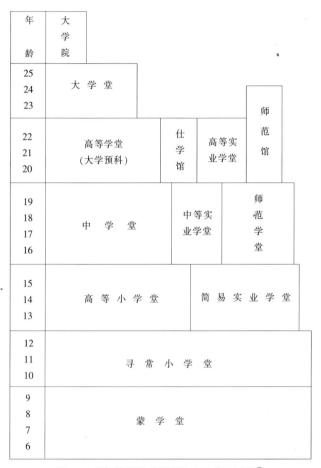

图1 壬寅学制系统图示(1902年制定)②

---

① 见《新教育》第四卷,第二期,248—249页,陶行知制图,新教育共进社,1919年创办于上海。
② 见《新教育》,52页,北京大学出版社,1993年。

年龄	学年	学堂							
32	30	通儒院							
31	29	通儒院							
30	28	通儒院							
29	27	通儒院							
28	26	通儒院							
27	25	大学堂							
26	24	大学堂							
25	23	大学堂							
24	22	大学堂							
23	21	高等学堂（大学预科）	进士馆	实业教员讲习所	译学馆	优级师范学堂	高等实业学堂		
22	20	高等学堂（大学预科）	进士馆	实业教员讲习所	译学馆	优级师范学堂	高等实业学堂		
21	19	高等学堂（大学预科）	进士馆	实业教员讲习所	译学馆	优级师范学堂	高等实业学堂		
20	18	中学堂				初级师范学堂	中等实业学堂 本科		
19	17	中学堂				初级师范学堂	中等实业学堂 本科		
18	16	中学堂				初级师范学堂	中等实业学堂 本科		
17	15	中学堂				初级师范学堂	中等实业学堂 预科		
16	14	中学堂				初级师范学堂	中等实业学堂 预科		
15	13	高等小学堂				初级实业学堂	实业补习普通学堂	艺徒学堂	
14	12	高等小学堂				初级实业学堂	实业补习普通学堂	艺徒学堂	
13	11	高等小学堂				初级实业学堂	实业补习普通学堂	艺徒学堂	
12	10	高等小学堂				初级实业学堂	实业补习普通学堂	艺徒学堂	

第十三章 继往开来的中国近代第一所国立最高学府

11	9	
10	8	
9	7	初 等 小 学 堂
8	6	
7	5	
6	4	
5	3	
4	2	蒙 养 院
3	1	

图 2　癸卯学制系统图示（1904 年制定）[①]

辛亥革命以后，蔡元培出任中华民国南京临时政府教育部总长。为了改革和发展文化教育，教育部于 1912 年 7 月至 8 月组织召开了全国临时教育会议。会议决定重新制定学制，并于 1912 年 9 月 3 日颁布实行。这就是《壬子癸丑学制》（参见图 3）。该学制将学校教育分为三段四级，全部教育在十八年中完成，比清政府 1904 年颁布的《癸卯学制》大幅度缩短。

有了以上不同时期国家教育行政部门对学校等级划分的严格规定，使后来的研究者很容易对当时已经成立的一些学校进行对号入座，分清学校的性质与等级。笔者认为，要研究一所大学的建校史，首先必须抓住以下几个关键问题：

1. 厘清学校的等级。19 世纪末 20 世纪初，中国对学校的等级划分是十分严格的。某学校在创办时是一所语言学校，还是一所培养专门技术人才的学校；是一所高等学堂，还是一所大学堂，其定位除在政府部门备案外，从其课程设置和办学规模上也可一目了然。

2. 处理好学校"本身"与"前身"的关系。寻根溯往，找到自己

---

① 陈景磐：《中国近代教育史》，165 页，人民教育出版社，1979 年。

的起源,这种尊重历史的精神是好的。但"前身"并不是"本身",必须注意两者之间是否具有连贯性,以免牵强附会。

3. 注意学校创办时与旧教育体制的关系。

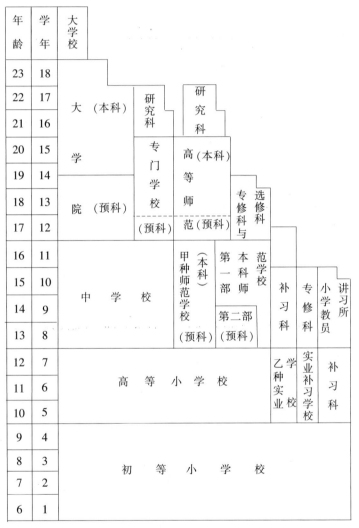

图3 壬子癸丑学制图示(1912年制定)[①]

---

① 陈景磐:《中国近代教育史》,165页,人民教育出版社,1979年。

第十三章 继往开来的中国近代第一所国立最高学府

抓住了这三个环节和前面介绍的有关学制,再认真分析一下前面提到的几所大学的建校史,就不难看出笔者认为京师大学堂(北京大学)是中国第一所国立最高学府的结论是毋庸置疑的。当然,评判谁是"第一"并不是目的,笔者是希望通过这样一种对比的分析,能有助于我们澄清一些长期存在的误解,对中国近代高等教育史有一个更客观的了解。

我们先来看武汉大学的建校史。

1993年,武汉大学第一个在中国高等教育界举行百年校庆。《武汉大学校史》称该大学最早的前身,是洋务运动的积极倡导者、湖广总督张之洞于1893年(光绪十九年)在武昌办的湖北自强学堂[①]。即如此,我们不妨把湖北自强学堂在当时所处的地位,作一分析。由于在洋务运动开展的初期,早在1862年,京师就成立了新式学堂——同文馆,随后上海广方言馆、广州同文馆等一大批洋务学堂也如雨后春笋般应运而生,所以仅从湖北自强学堂创办的时间上来看,它也要比福建船政学堂(1866年成立)、上海江南制造局附设操炮学堂(1874年成立)、广东实学馆(1881年成立)等一些在洋务运动中创办的新式学堂晚一二十年,甚至更长的时间。

从规模上看。据《武汉大学校史》记载,自强学堂的行政管理人员分为总办、提调、总稽查、收支、驻堂、管堂与杂务等七个等级,共十三人[②]。学生人数原计划在湖南、湖北两省招收八十人,实际只招了四十一人[③]。而当时京师同文馆的学生约有一百二十人;上海广方言馆、广州同文馆各有四十名学生;福建船政学堂有学生一百余人;广东实学馆学生人数为五十人。

从专业设置上看。湖北自强学堂1893年开办时只设方言、格致、算学、商务等四门专业。直到1896年,在张之洞的倡议下,才又

---

① 《武汉大学校史》,1页,武汉大学出版社,1993年。
② 同上书,6页。
③ 同上书,8页。

增添了化学专业。到1899—1902年（光绪二十五至二十八年），又增设了历史、地理、汉文、体操、兵操等课①。而京师同文馆早在1878年就设有外语、汉文、算学、化学、格致、医学、天文、地理、公法等九个专业②。上海广方言馆1870年时已设有西文、算学、经学、史学、天文、地理、绘图等七门专业③。广东实学馆除设有西文、算学、天文、化学、格致等基础课外，还开设了开矿、制造、枪炮、水雷、航海等实用课程④。

由此可见，1893年创办时的湖北自强学堂无论是从其规模，还是从其课程设置来看，只是一所与其他洋务学堂无大区别的新式学堂，尚远不具备一个大学所应具备的条件。

那么，从哪一年开始，湖北自强学堂才发展成为一所国立大学的呢？笔者认为应当是1924年。

据《武汉大学校史》记载，湖北自强学堂从1893年成立到1911年停办的18年中，经历过三次重大的改革，使学堂更趋完善。

第一次改革是在1896年。

湖北自强学堂开办后不到一年，中日甲午战争爆发，学堂的创始人张之洞奉朝廷之命调任两江总督。两年后，即1896年3月，张之洞又调回湖北，再次担任湖广总督。鉴于中国在甲午战争中惨败的教训，张之洞给当时任自强学堂总办的蔡锡勇写信，提出几条改革建议。自强学堂随即进行了四项重大改革：

（1）调整课程设置：将算学移归两湖书院；停止格致和商务课；将方言扩大为英、法、德、俄、日五门。

（2）将原属汉阳炼铁厂的化学学堂并入自强学堂。

（3）增设翻译西书的机构。

（4）取消膏伙费，"以选真才而收实效"。

---

① 《武汉大学校史》，13页，武汉大学出版社，1993年。
② 《中国近代学制史料》，89—95页，华东师范大学出版社，1983年12月。
③ 同上书，223、232页。
④ 同上书，475—482页。

第十三章　继往开来的中国近代第一所国立最高学府

调整后的湖北自强学堂教职员工增加到三十一人,学生人数也增加到一百五十人,规模较初办时有了较大的扩充。

第二次改革在1899—1902年之间,主要是增设了汉文、历史、地理、体操、兵操等课程。

第三次改革在1902年。

1902年6月3日,张之洞致信学务处,决定将湖北省的原两湖书院改作为两湖大学堂,原武备学堂改为武备高等学堂,另"设立方言学堂一所,以城内旧日农务局屋舍充用。即将自强学堂原有学生移入,仍另行定章,分别去留"。① 可见,这次改革实际上只是把自强学堂的名称改为方言学堂,从原校址迁出,其规模、性质、人员等均未作改变。不过从客观上说,这次改革使湖北自强学堂反倒名副其实了。名称的改变,从侧面证实了当时该学堂与上海广方言馆、广州同文馆一样,仅仅是一所培养外语人才的专科学校。

当然,虽然在1902年自强学堂改名为方言学堂到1911年被迫停办的10年当中,该学堂的课程由八门逐渐增加到十六门,但学校的性质并无本质上的改变。因为按照清廷当时颁布的学制衡量,中国的大学,只有京师大学堂一所。

1913年,教育部委派贺孝齐为校长,令其在原方言学堂的校舍、图书设备及原有师资的基础上,筹建国立武昌高等师范学校。全国同时设立的高等师范学校还有北京、南京、广州、沈阳、成都等五所。这时的武昌高等师范学校,与当时的高等学堂、高等实业学堂同属一类,性质等于大学预科(参见图3)。

而武昌高等师范学校真正成为一所大学,还是在1924年之后。

据《武汉大学校史》记载,1923年9月,武昌高等师范学校改名为武昌师范大学。此次改名,与当时全国修改学制有关。

1922年以前,中国基本上一直沿用的是1904年由张之洞主持拟定,即历史上称为"癸卯"的学制。而1912年颁布的《癸丑学制》,

---

① 《武汉大学校史》,19页,武汉大学出版社,1993年。

则因为连年战乱而未得到贯彻实行。随着时间的推移，旧的学制越来越与新时代不符。于是在1921年11月，全国教育会以欧美教育和《癸丑学制》为借鉴，制定了一个新的学制，并于1922年正式颁布执行。

新学制规定初等教育、中等教育和高等教育的年限都分别为6年。新学制的实行，使武昌高等师范学校面临一个新的问题，即提高学校规格，充实教育内容，提高教学质量，否则学校将难以适应形势发展的要求。

1922年9月，武昌高等师范学校将原来的四个部（英语部、历史地理部、数学物理部、博物部）改为八个系，并在教学内容上也做了一些调整。

1922年11月，政府公布了《学制系统改革案》，其《附注》中有一条这样的规定：依旧制设立之高等师范学校应于相当时期提高程度，接受高级中学毕业生，修业年限四年，称为师范大学。

1923年6月，武昌高师评议会及主任会议讨论了改名师范大学的问题，并着手筹备改建工作。

1924年2月，经教育部批准，国立武昌师范大学正式建立，前武昌高师代理校长张继煦被任命为武昌师范大学校长。

至此，读者完全可以看出，如果把湖北自强学堂作为武汉大学的前身而列进该大学的校史，是无可非议的。但这决不表明作为一所大学，其校史已逾百年。如果从1913年改为武昌高等师范学校算起，到1993年，应是八十年；而若从改为国立武昌师范大学算起，到1993年，则只有六十九年。

再来看一下天津大学的历史。

天津大学把1895年由天津海关道盛宣怀创办的"北洋西学学堂"（1896年改名为"北洋大学堂"）视作其前身。

盛宣怀是洋务派首领李鸿章手下的一个幕僚。在洋务运动中曾担任过不少重要职务，并在光绪二十七年（1901年）出任商务大

第十三章 继往开来的中国近代第一所国立最高学府

臣。在办理洋务的过程中,盛宣怀深感只有培养出大批既懂外语、又懂技术的新式人才,才能使洋务事业不断发展和巩固。

1895年,他在天津首先创办了中西学堂。

翻开1990年9月由天津大学出版社出版的《北洋大学——天津大学校史》,发现该书与其他大学的校史有一个明显的不同,这就是该书用不少文字来强调说明北洋西学学堂从一开办时起,就是近代中国的第一所大学。在这里,我们且不论这种说法是否正确,先看一看支持这一观点的论据是什么。

依书中所说,主要论据有三点:

(1)北洋西学学堂创办的第二年,即1896年,学堂就更名为"北洋大学堂",而且这个校名一直沿用到1912年。1912年以后,"北洋大学堂"又奉命更名为"北洋大学校"[①]。

(2)从学制看,北洋西学学堂从一开办时起就有"头等学堂"和"二等学堂"之分,学制各为四年。该书认为"头等学堂"为大学本科,"二等学堂"为预科[②]。

(3)从招生看,北洋西学学堂"1895年成立时,头等学堂直接招取'已通大学堂第一年功夫者,精选三十名列作末班'"[③]。

那么,上述三个论据是否能站得住脚呢?让我们来一一加以分析。

首先看关于学校名称的问题。

对这个问题,《北洋大学——天津大学校史》中列举了七个例子来说明北洋西学学堂自1896年更名之后到1903年,其校名均为"北洋大学堂"。对此,笔者没有异议。然而,称谓是什么并不重要,名称毕竟只是一个代号,重要的是实质与内涵。看一所学校是什么程度,离不开它的办学规模、教师水平和课程设置,以及政府的认可和社会对它的评价。

[①] 《北洋大学——天津大学校史》,41页,天津大学出版社,1990年。
[②][③] 同上书,22页。

北洋西学学堂创办时，与当时国内创办的其他洋务学堂并没有太大的本质区别。

1895年9月，天津海关道盛宣怀向直隶总督、北洋大臣王文韶上了一个《拟设天津中西学堂章程禀》。王文韶将其择要改拟为《津海关道盛宣怀创办西学学堂禀明立案由》上奏光绪皇帝。光绪朱批"该衙门知道"五个字，予以批准。试想，如果盛宣怀本意是要创办国内第一所大学，岂能如此轻描淡写地就把事情办妥了？别人且不论，就是当时正对维新改革踌躇满志的光绪皇帝本人，也不会对诸如办大学这样一件新生事物不闻不问，只是例行公事地批一句"该衙门知道"就放手的。众所周知，1898年创办京师大学堂时，光绪不但在"定国是诏书"中用了三分之一的文字论述办大学的重要意义，而且在短短半年当中三次下谕旨催办。人们不禁要问，同样都是办大学，为什么态度却如此不同呢？其实答案很简单，即北洋西学学堂是与当时兴办的、为数众多的洋务学堂并无二致的一所学堂。

北洋西学学堂初建时规模很小。据《北洋大学——天津大学校史》记载，当时学堂的官方管理人员仅有两人，即：督办（名义校长）一人、总教习一人。督办由创始人盛宣怀兼任。总教习由美国驻天津领事馆副领事丁家立担任。

第一年头等学堂聘教习四名，即：格物学化学洋教习一人、汉文教习一人、华人洋文教习二人。第二年教习人数增加到七名。因二等学堂当时未成立，所以聘了几名教习没有记载。学堂的学生人数为三十人。

北洋西学学堂开设的功课也不比其他类似学堂多，仅开设了几何、三角、格物、绘图、各国史鉴、英语、律例、工程、矿务、机器等十门课程。

可见，认为北洋西学学堂与当时的其他学堂没有本质上的区别是有根据的。

退一步说，如果次年改名的"北洋大学堂"真是一所大学的话，何况又与京师近在咫尺,为什么当时的王公大臣以及对中国教育现状忧心忡忡的维新派人士对此视而不见,不但从未在光绪皇帝面前提起过,也未在有关文献中提到过呢?可见,仅以称谓为据评判一所学校的性质,实在过于牵强。

再看学制问题。

《北洋大学——天津大学校史》这样写道:"天津北洋西学学堂有别于以前建立的各类新式专科学校。它一开办就是名副其实的大学。从学制来看,头等学堂为大学本科,二等学堂为预科,学制各为四年,经过八年,培养出专门人才。"①

笔者查遍有关晚清学制的资料,至今尚未找到1898年之前中国关于头等学堂为大学本科、二等学堂为大学预科的说法。倒是在《盛宣怀拟设天津中西学堂禀》中,查到了天津中西学堂的创始人盛宣怀本人对头等学堂和二等学堂含义的说法:

> 二等学堂本年拟由天津、上海、香港等处先招已通小学堂第三年功夫者三十名,列作头班;已通第二年功夫者三十名,列作二班;已通第一年功夫者三十名,列作三班;来年再续招三十名,列作四班。合成一百二十名为额。第二年起,每年即可拨出头班三十名升入头等学堂。其余依次递升,仍每年挑选三十名,入堂补四班之额,源源不绝。此外国所谓小学堂也。至头等学堂,本年拟先招已通大学堂第一年功夫者,精选三十名列作末班。来年即可升列第三班,并取二等之第一班三十名,升补头等第四班之缺。嗣后按年递升,亦以一百二十名为定额。至第四年底,头等头班三十名,准给考单挑选出堂。或派赴外洋,分途历练;或酌量委派洋务职事。此外国所谓大学堂也。②

按照盛宣怀的说法,天津中西学堂的二等学堂是小学堂,头等

---

① 《北洋大学——天津大学校史》,22页,天津大学出版社,1990年。
② 《盛宣怀拟设天津中西学堂禀》,《皇朝经世文新编》第六册,学校上,26页。

学堂是大学堂;二等学堂毕业即可升入头等学堂,岂不意味着小学毕业即可上大学了吗?这显然是不符合逻辑的。

《北洋大学——天津大学校史》认为该校头等学堂是大学本科的依据是否就是盛宣怀的这个奏折笔者不得而知,但盛宣怀关于二等学堂为小学堂的说法,怎么也不应该理解为小学即大学预科吧?!

事实上,鸦片战争之后直到"戊戌变法"之前,中国的教育经历了一个长达近四十年的改革、摸索阶段。在"中体西用"理论的指导下,从1861年京师同文馆创办时起,各种新式学堂办起了几十所,有的数年内即因种种原因被迫停办,有的一直延续下来。这期间,中国的教育仍是以封建科举取士为主,根本就没有一个清政府认可的、以学年多少来确定受教育程度的学制。而科举制则是不管你念了多少书,通不过县试、乡试、会试,就算有天大的学问,国家也不用你。当时三四十岁或读了一辈子书还没考中秀才的人何止千万,全国也没有统一的学制,认为头等学堂是大学本科的依据是什么呢?显然这一说法是经不起推敲的。

由此也可看出,认为1896年北洋西学学堂更名为北洋大学堂是因为它"本就具有大学堂水平"的论点,和头等学堂为大学本科的说法一样,是缺乏证据的。

根据史料判断,笔者认为北洋大学堂发展成一个名副其实的国立大学最早是在1906年以后。原因有以下两点:

1. 1900年北洋大学因故停办之前,其程度仅接近于高等学堂或大学预科。《北洋大学——天津大学校史》里提到的,所谓获中国第一张大学毕业文凭的王宠惠,仔细分析起来,也有疑点。

据天津大学校史记载,王宠惠1881年生于香港,幼年入香港圣保罗学校,后升入皇仁书院读书,四年级时适逢北洋西学学堂在港招生,考取入学。1899年以最优成绩毕业。1901年赴日本留学,1904年赴美留学先入加州大学,后入耶鲁大学获法学博士学位。

略加计算便可得知,1881年出生的王宠惠,入北洋西学学堂的时间是在1895年,当时年龄只有14岁,1899年毕业时年龄也不过才18岁。前文已经谈到北洋西学学堂的二等班是小学,头等班虽名为大学堂,教学程度仅相当于高中,即高等学堂。其实王宠惠1901年20岁时赴日留学才真正开始他的大学生涯,以后用4年时间读完大学,24岁赴美再读硕士、博士。这样来看他的学生履历,才是完整的。否则,如果1899年已大学毕业,哪里还需要再到日本读四年书,然后才去美国攻读学位呢?至于他1899年毕业时拿到所谓"大学毕业证书",实际上是一张考试合格的"考凭"。"大学毕业证书"几个字,完全是后人诠释的结果。

2. 1906年经过整顿后,该校才真正成为一所大学。在义和团运动和八国联军入侵京津时期,北洋大学堂校舍先被美军,后被德军霸占,学校被迫停办。1903年,该学堂在天津老三营兵器库旧址上重建。直到1905年下半年,高等学堂才正式复课。对此,当时的《北洋周报》有这样一条报道:"光绪二十八年袁世凯收回天津,复建讲舍,于二十九年四月落成,乃议开学,招集前北洋大学堂及前天津水师学堂旧生数十人,作为备斋学生,补习普通科目,肄习一年,以备专门之选。至光绪三十一年暑假后,分为第三第四两班,分入法律、土木工程以及采矿冶金二学门肄业。本院至是始复有正科生。"①

北洋大学堂虽然复课了,但由于课程设置和教学管理尚达不到学制要求的大学堂的标准,1906年初,代理北洋大学堂监督丁家立向北洋大臣袁世凯禀报,要求对学堂进行整顿:"伏查该堂既称北洋大学堂,循名核实原为直隶各学堂之表率,必须实事求是日臻美备,上承京师大学堂之后,下树全省学校之准,方无负立学之初心。奈该堂始基未善,沿袭因循,竟有积重难返之势,非力图整顿,大加改良,难望日有起色。"②接着,他针对学堂的问题,提出八条改

---

① 《北洋周报》第17期,民国二六年六月,《中国近代学制史料》第二辑,上册,976页。
② 《代理北洋大学堂监督丁条呈改良北洋大学堂事宜禀》,《直隶教育杂志》第二年,第四期文牍,1—5页。

进措施,其中前三项最为重要:

  1. 课程宜加整顿以便毕业考验也。所有奏定之课程,为旧日预备科所无者,宜一律增入。又预备科之课程均系高等学科,本为中文普通学均有根底之学生而设,奈该堂学生多不由中学升入,其于修身、历史、地理、博物、卫生等科经考求者寥寥无几,……则所有旧日之课程表自必须大加改订,务使与大学之课程及今日各班之程度轻重适宜。

  2. 教员宜分科担任也。查现在该堂国文教员人任一班,均非分科教授。窃维大学堂之课程为高等学科,无论教员之学问如何,于各门科学断乎不能全通,即于学生之各门课程断乎不能全教,今乃不问课程如何,一律各任一班,以故所授地理、历史等科多属敷衍,其余预备科之二类课程及中学课程之博物卫生等科,则皆置而不讲,实由于教员不分科担任所至。

  3. 高等、中等教科书宜检定以资补习也。大学之预备视乎高等之本科,高等之预备视乎中等之本科。今该堂学科程度未能完备整齐,自宜由中而高层层递补,为整顿改良第一方法。今大学堂学生既须补习高等、中等之功课,势需用高等、中等之图书,拟请饬由学务处按章酌宜选定。

  4. 中外各员宜定权限也。

  5. 南北学额宜分定名数也。

  6. 学生国文宜严加甄别也。

  7. 考收学生宜遵饬停止也。

  8. 译学班学生程度多未及格,宜展毕业期限。[①]

  经过整顿,北洋大学堂终于达到了"名与实相符合"。1910 年(宣统二年)10 月的一份学部奏折曾提到此事:"……嗣于(光绪)三十四年臣部以该大学学科程度与奏章未能悉合,复令延长年限,增

[①]《代理北洋大学堂监督丁条呈改良北洋大学堂事宜禀》,《直隶教育杂志》第二年,第四期文牍,1—5 页。

第十三章 继往开来的中国近代第一所国立最高学府

加课程,添聘教习,切实整顿,均已照办。"①

由此可见,1895 年成立的天津北洋西学学堂,是与其他洋务学堂性质完全相同的地区性的洋务学堂。而 1896 年更名为北洋大学堂,其性质并没有改变。因为从根本上废除科举制,兴办新式学堂和国立大学,是康有为、梁启超提出的改革思想,是戊戌变法的重要内容。天津不是世外桃源,天津北洋西学学堂的设立不可能离开这样一个大的时代背景,亦不能从政治上超越这个时代。因此,天津大学的大学校史严格地说应从 1910 年算起,到 1995 年,为八十五年。

交通大学的校史同样很说明问题。

交通大学将南洋公学作为其前身载入校史。因此,研究交大,必从研究南洋公学开始。

南洋公学的创始人即是创建北洋西学学堂的盛宣怀。1896 年 10 月,盛宣怀在上海督办铁路总公司事务期间"禀明两江督臣刘坤一,筹款议建南洋公学"。此处需加说明的是,交通大学的校史虽从 1896 年算起,但当时还只是议筹阶段,直到 1897 年 1 月 26 日(光绪二十二年十二月二十四日),盛怀远创办南洋公学的奏折,才得到清廷的正式批准。②

据交通大学校史记载,南洋公学初建时规模并不大,学校的管理人员从校长到医生共有八人③。公学分为四院,即:师范院、外院、中院、上院。但必须提请注意的是,虽然南洋公学成立于 1897 年,但由于学生来源不足及经费困难等原因,其上院,即大学部,直到 1906 年才正式设立,且并非综合性大学,而只是一所商务专科学校。南洋公学也在 1905 年改名为"商部高等实业学堂"。对此,《交通大学校史》上均有明文记载,并对上院缓办的原因、专门作了分

---

① 《请简大臣会考北洋大学堂毕业生折》(1910 年 10 月 1 日),《学部官报》第 138 期,本部章奏,4 页。

②③ 《交通大学校史》,4 页,上海教育出版社,1986 年。

析。本文不再赘述。

1908年,学堂增设了电机专科,"校名仍称高等实业学堂,但学校的性质已属于高等工业专科学校"。①

对于高等工业专科学校何时改为大学,《交通大学校史》记载为:"1911年10月,武昌革命取得了胜利。校方趁辛亥革命胜利之机,改成工科大学。10月底宣布改邮传部高等实业学堂为南洋大学堂。"②

然而,校方单方面地宣布自己改为大学堂,并不意味着得到国家的认可。1912年9月,南洋大学堂呈文北京教育部,请求批准这一改动:"……自上年光复后,本校改名南洋大学堂,并报告南京教育部总长有案可稽,现已由交通部转咨大部(即指教育部)。查欧美学制,大学与高等学校功课无区别,惟在科目多少之异,本校改定大学后,设备一切较易着手,务请照准。"③

那么,教育部是否满足了他们的要求?

《交通大学校史》第56页上这样写道:"谋求改办工科大学是校长和教师们的一致意见,而且'文电商榷积牍盈寸'。由此可见,这是当时校务工作的一个中心议题。最后,北京教育部以'本部现在统筹全局划分大学区域,……候大学令颁布后再行规定'为理由,批示本校'刻暂缓议'。因而改办工科大学事未能如愿。"

交大校史上的这段文字说明,该学校当时欲改成大学的作法,并未得到国家教育主管部门的批准。

交通大学改为工科大学,是在又隔了一年的春天,即1913年初。对此,《交通大学校史》这样记载道:"辛亥革命后,原清政府的邮传部由北京国民政府的交通部接管,本校也改隶交通部,'本校路、电两科均属工业,为使名实相符',所以改校名为交通部上海工业专科学校。同时,教育部函达本校:'原上海高等实业学堂所定

---

① 《交通大学校史》,53页,上海教育出版社,1986年。
② 同上书,55页。
③ 同上书,56页。

各科名称与本部新布之工业专门学校规程多有未尽合之处,……除电机科改为电气机械科外,铁路一科自应改为土木科。'1913年初,遵照教育部指示,改铁路为土木科,电机科为电气机械科,同时调整了课程设置。","改办工科以后,经过多年的认真办学,到民国初年,本校已蜚声国内,凡有志于学习工程技术的青年学生,莫不远道慕名而来。当时,本校毕业生的程度也已达到大学本科的水平。"①

然而此时,该学校的大学资格,仍未被上级有关部门承认。关于这点,《交通大学校史》是这样描述的:"但按照当时的惯例,必须设三个专科,方能称为大学,而本校只有两个专科。1916年12月,交通部召开交通会议,本校代表带着要求改办工科大学的提案参加了会议,……但当时正是段祺瑞和黎元洪各在日、美帝国的支持下,爆发了一场军阀间的权力之争,政局不稳,形势混乱,交通部未能为我校增设机械科和航海科以及改办工科大学等做出决定,提案又成了一纸空文。""改办工科大学的计划,虽屡遭挫折,但校长和教员们仍矢志不移。1917年底,有的教员提议在本校增设路、电管理科。这一意见立即得到了校方的赞同。……交通部批复同意增设,但名称'奉部令改路、电管理科为铁路管理科,于是该科在1918年3月正式成立。……至此,本校的规模有了扩大,学制得到提高,其他实验设备、校舍建筑也都得到了相应发展,一所近代的、以工为主、工管结合的大学终于屹立于沪滨,她也是我国东南各省中国人自己办的最早的一所工科大学。"②

这一阶段该校校名为"交通部上海工业专门学校"。这个校名一直沿用到1920年。

从上述引用的资料完全可以证明,交通大学由一所专科学校发展成为工科大学最早也是在1913年;而正式被承认,则是在

---

① 《交通大学校史》,56—57页,上海教育出版社,1986年。
② 同上书,57—58页。

1918年。

可见,如果计算大学的校龄,交通大学最早也只应从1913年算起,至1996年,为八十三年。

最后,分析一下浙江大学的校史。

浙江大学把"求是书院"视为其前身。求是书院是甲午战争后,国人为求自强而兴办的新式学堂之一,她的创始人是当时的杭州知府林启。

1896年,林启由衢州调任杭州知府。当时杭州虽已有六所书院,但由于这些书院只学八股,不习策论,根本无法适应局势对新式人才的需求,林启决心筹办一所能够开发民智,提高国民科学文化素质的新式学堂。他的倡议,得到浙江巡抚廖寿丰的肯定,以及浙江省维新思潮的代表人物之一——汪康年及其他一些有识之士的支持和赞助。

求是书院的"求是"二字,取的是"务求实学,存是去非"之意。

关于求是书院最初成立时的情形,1996年10月由浙江大学出版社出版的《浙江大学简史》未作详细的描述,仅用数百字讲明:1897年农历正月,清廷批准了廖寿丰的办学奏章,求是书院正式创立。林启兼任书院总办(即校长),举人陆懋勋为监院,贡生陈汉第任文牍斋务。求是书院第一批招收了三十名学生,于1897年5月21日开学[①]。

求是书院成立之初,聘有正教习一人,教授化学及各种西学,还兼授图算语言文字。副教习二人,一人教授各种算学及测绘、舆图、天文等课;一人教授外语。[②]

这数百字的描述告诉读者,当时求是书院的管理和教职员加起来才有六人,学生也才有三十名,规模还很小。

---

① 《浙江大学简史》,5页,浙江大学出版社,1996年10月。
② 同上书,8页。

第十三章 继往开来的中国近代第一所国立最高学府

关于求是书院的课程设置,《浙江大学简史》写道:"求是书院的课程分必修课和选读课两类。必修课有国文、英文、算学、历史、地理、格致、化学等课,以后又增开体操课。选读课有日文、外国史地、音乐等课。……书院设有物理仪器室、化学实验室,由教师作示范实验。"①

不可否认,求是书院的确不同于旧式的书院,而是一所新式学堂。但必须指出的是,她和前面所提到的几所学堂一样,也仅仅是一所与19世纪六七十年代兴办的洋务学堂没有本质区别的新式学堂。如果这样一所教职人员和学生加起来不过四十人的学校也可称为大学的话,那么中国教育史有关大学教育的起始年代,应该从1862年京师同文馆算起才更为合理。

求是书院只办了一年多。戊戌变法失败后,在慈禧太后"各省学堂已办者,即行收缩,未办者即行停办"的旨令下,被迫停办。直到1901年11月,又是奉清廷"除京师已设大学堂应切实整顿外,着各省所有书院,于省城均改设大学堂"之命,求是书院才改称"浙江大学堂"②。求是书院从被迫停办到改称"浙江大学堂",中间隔了三年的时间。

当然,一所学校并非名称被改为大学堂,其实质也就随之变为大学。是否具有大学的规模,还要看她的实际内容如何。对此,《浙江大学简史》自有其看法:"1903年12月,学部鉴于各省大学堂的学生来源及程度等问题,除京师大学堂外,决定将各省的大学堂改为高等学堂。浙江大学堂遵《奏定学堂章程》遂改名为浙江高等学堂。"③

《浙江大学简史》中的这段叙述,正表明当时在中国,除京师大学堂算是一所名副其实的大学之外,其他几所省一级的大学堂,并未具备大学的资格。

---

① 《浙江大学简史》,8页,浙江大学出版社,1996年10月。
② 同上书,10—11页。
③ 同上书,11页。

浙江高等学堂在1912年又改称"浙江高等学校",后因学制改革等原因,按部令暂停招生。直至1914年最后一班学生毕业后,学校便停办了,且一停就停了十三年。1927年,为纪念孙中山先生,全国设了四个中山大学。浙江大学便是在这一年的7月15日,以第三中山大学的名称宣告成立的。

综上所述,笔者认为,求是书院改称浙江大学堂,后又改名为浙江高等学堂,继而又被教育部命令停办的过程,充分反映出20世纪初新的学制产生和规范的过程。在这一过程中,有的学堂经过改造适应了新时代的要求,便被保存下来;有的学堂经整顿和改造后仍无法适应时代的要求,只能停办。而事隔十三年后成立的第三中山大学,与求是书院并未有实质的联系。我们今天追溯浙江大学的历史,似更应重视1927年7月15日这个日子。由此可见,作为一所真正意义上的大学,浙江大学的校龄应从1927年算起,至1997年,应是七十年。

最后,再来重温一下北京大学创办的历史。

凡是研究北京大学历史的人,一般都是从研究强学会开始。因为1912年之前的北京大学叫"京师大学堂",京师大学堂的前身是北京官书局,而官书局的前身则是北京强学会。由于本书第五章对强学会和官书局都作过专门的论述,加之无论是强学会还是官书局,其虽然带有学校的性质,可本质上终究离大学的标准尚有一大段距离,因此,这里还是从京师大学堂的创办谈起。

历史告诉我们,京师大学堂的创办,实际上继承了中国古代太学和国子学(国子监)的传统,扮演着全国教育管理机关和最高学府的双重角色。

太学是中国古代的大学,始建于公元前124年的西汉时期。太学初期设五经博士,有弟子50人,到东汉质帝时,学生已达三万人。

继太学出现之后,又出现了国子学,它也是中国古代的教育管理机关和最高学府,始建于晋武帝咸宁二年(276年),与太学

第十三章 继往开来的中国近代第一所国立最高学府

并立。南北朝时期,国家或设太学,或两者同设。名称虽不一样,制度也有一定的差异,但均为传授儒家经典的国家最高学府。北齐改国子学为国子寺。隋文帝时国子寺总辖国子、太学、四门[①]等学。到隋炀帝执政时期,又将国子寺改名国子监。唐宋两朝仍以国子监总辖国子、太学和四门等学。到明朝和清朝,国家仅设国子监,是教育行政机关,统管全国的科举考试,并兼具国子学性质,也有学生。可见,中国历代王朝都有自己的最高学府和最高教育管理机关。

鸦片战争以后,迫于西方各国的压力,清政府第一次向世界打开国门,西方的文化和先进的科学技术涌入中国。为了适应形势的需要,在总理各国事务衙门的积极倡议和推动下,创办了国内的第一所洋务学堂——京师同文馆,用以专门培养外语人才。京师同文馆的创办,既带动了中国教育内容的改革与转变,也带动了一大批洋务学堂的诞生。随着洋务运动的深入发展,京师同文馆又在国内率先开始了算学、天文学、医学等西学课程,逐渐转变成一所门类齐全的综合性高等专科学校。

在京师大学堂创办之前,中国已有数十所各种各样的新式学堂。从最早开办的京师同文馆,到戊戌变法前不久开办的浙江求是书院,无一不是"中体西用"的产物。这些学堂,的确也为中国培养出一大批卓有成效的外交家、军事家及各种专业科技人才。然而对于一个拥有几万万人口的大国来说,要想自立于世界民族之林,仅靠几十所规模有限的学堂,远远满足不了国家对人才的需要。甲午战争的失败,更使中国的有识之士痛感洋务学堂的学生"言艺之事多,言政与教之事少",成不了能拯救国家危亡的栋梁之才,故提出彻底废除科举制,创办京师大学堂,培养新式人才的建议。

[①] "四门"是中国古代的学校,北魏创立四门小学,唐代四门为大学,隶属国子监,传授儒家经典,但学生出身品级较低。

对于各种新式学堂的作用,维新志士梁启超在他1896年所写的著名文章《学校总论》中这样议论道:"今之同文馆、广方言馆、水师学堂、武备学堂、自强学堂、实学馆之类,其不能得异才何也?言艺之事多,言政与教之事少。其所谓艺者,又不过语言文字之浅,兵学之末,不务其大,不揣其本,即尽其道,所成已无几矣。"[①]

梁启超的议论,基本代表了维新派对洋务学堂所持的否定态度。同年6月,梁启超在代李瑞棻起草的《请推广学校折》中,首次提出设立京师大学堂的建议。这一建议,立即得到朝野内外的有识之士们的积极响应。为大学堂的设立而出谋划策的既有朝廷命官,也有长期在华居住的外国人士。

经过数年的论证与筹备,1898年,光绪皇帝借戊戌变法为契机,将京师大学堂的正式创办作为变法改革的重要举措宣告天下,并赋予京师大学堂统管全国教育及培养人才的双重职责。因此京师大学堂的最高行政领导孙家鼐的官职是管学大臣。这一时期,中国同时存在着两个最高教育管理机关和两个最高学府,即国子监和京师大学堂。国子监负责管理旧式教育制度——科举制,京师大学堂则负责在全国建立新式学制及筹办新式学校。此时,国子监的一部分职责已转由京师大学堂承担。

因为种种原因,京师大学堂正式开办是在1898年10月至12月。对于京师大学堂开办的具体日期,历来有多种说法,但确切日期已无从查考。由于这个问题不是本章的议论重点,故不在此多着笔墨。

随着科举制的彻底废除和京师大学堂的不断完善,国子监原来肩负的历史使命已经完成。因此,1905年(光绪三十一年),清政府撤销了国子监,将国子监管理旧式教育的职能和京师大学堂管理新式教育的职能合并,成立了学部。而国子监高等学府的职能则由京师大学堂继承。至此,京师大学堂继太学和国子监之后,成

---

① 《北京大学史料》第一卷,9、10页,北京大学出版社,1993年。

第十三章 继往开来的中国近代第一所国立最高学府

为中国的最高学府。与此同时,京师大学堂最高领导人的官职改为总监督。

正是因为京师大学堂是当时中国唯一的一所国立最高学府,所以从一开始筹建起,她的规格就是最高的。由光绪皇帝谕示总理各国事务衙门奏拟、梁启超代为起草的京师大学堂建校章程第一条就这样写道:"京师大学堂,为各省之表率,万国所瞻仰。规模当极宏远,条理当极详密,不可因陋就简,有失首善体制。"短短几句话,便道出了京师大学堂当时在全国首屈一指的地位。

京师大学堂共设了二十五门专业课。包括经学、理学、中外掌故、诸子学、算学、格致、政治、地理、文学、体操等必修课,以及高等算学、高等格致、高等政治(法律学归此门)、高等地理(测绘归此门)、农学、矿学、工程学、商学、兵学、卫生学(医学归此门)等供学生另外选修的专业课。对选修课,学生可根据个人的情况,选一门或两门专业学习。此外,京师大学堂的学生每人都得在英、法、俄、德、日五门外语中任选一门进行学习。①

京师大学堂的课程设置,基本是仿照西方大学的惯例制定的,体现出一个国立最高学府所开专业的多样性。京师大学堂开设的政治课,当时在国内也是绝无仅有的。

京师大学堂初建时也分小学部、中学部和大学部。建校章程表明,京师大学堂之所以要设小学部和中学部,是为了保证能向大学堂输送高素质的学生。

由于是国内最高学府,京师大学堂的管理人员不但身份较高,数量也为国内各学堂之冠。章程规定大学堂设管学大臣一人,此人的身份应是大学士、尚书或侍郎。在建校章程被批准的当天,光绪任命自己的老师、前管理官书局大臣、工部尚书孙家鼐为京师大学堂的管学大臣。大学堂设总教习一人(不拘资格,由特旨擢用,略如国子监祭酒、司业之职)、分教习二十四人(由总教习奏调,略

---

① 《北京大学史料》第一卷,82页,北京大学出版社,1993年。

如翰林院五经博士、国子监助教之职)、总办一人(以小九卿及各部院司员充)、提调八人(以各部司员充)、供事十六人、誊录八人,以及藏书楼提调一人、供事十人,仪器院提调一人、供事四人。从管学大臣到供事,大学堂总共设了九十一名教职人员。①

京师大学堂的学生来源有两个。一是翰林院编检、各部院司员、大门侍卫、候补候选道府州县以上及大员子弟、八旗世职、各省武职后裔。二是各省送到京城深造的、在各省中学堂学成并领有文凭的学生。京师大学堂的学生总数设为五百人(八十名小学堂学生不包括在内)。刚开办时大学堂学生人数约一百五十人。

除此之外,关于北京大学的历史,以及她在中国近代教育史中的作用和地位,不少著名学者都作过有关的论述。

多年在北京大学任教并担任过北大校长的著名学者胡适先生,曾于1948年北大建校五十周年之际,发表过一篇《北京大学五十周年》的文章,把北京大学与世界上一些古老的名牌大学的历史进行比较,他写道:"我曾说过,北京大学是历代的'太学'的正式继承者,如北大真想用年岁来压倒人,他可以追溯'太学'起于汉武帝元朔五年(西历纪元前124年)公孙弘奏请为博士设弟子员五十人。那是历史上可信的'太学'的起源,到今天是两千零七十二年了。这就比世界上任何大学都年高了!"②

著名学者,原北京大学副校长,北大教授季羡林先生在他所著的《巍巍上庠,百年星辰》一文中也写道:"计算北大的历史,我认为,可以采用两种计算法:一个是从古代的太学算起,到了隋代,改称国子监,一直到清末,此名未变,而且代代沿袭。这实际上是当时的最高学府。而北大所传的正是国子监的衣钵。这样计算,一不牵强,二不附会,毫无倚老卖老之意,而是实事求是之心。既合

---

① 《北京大学史料》第一卷,85页,北京大学出版社,1993年。
② 胡适:《北京大学五十周年》,见《北京大学五十周年纪念刊·序言》,北京大学档案馆藏。

第十三章 继往开来的中国近代第一所国立最高学府

情,又合理。倘若采用它,是完全能够讲得通的。"①

总之,通过对以上几所校龄过百年的学校建校史的分析,人们不难得出这样一个结论:无论是从学校建制、学生规模,还是从课程设置来说,北京大学(京师大学堂)从1898年初创时起,就是当时中国仅有的一所真正的大学。虽然在战乱时期,她也曾因一度遭到八国联军的破坏而停课两年,但其是中国最高学府的特殊地位却始终没有改变。

1912年辛亥革命之后,南京临时政府考虑到京师大学堂总监督、近代音韵学家、著名的简字拼音提倡者劳乃宣年老多病,难以继续胜任总监督一职,遂聘请曾在1902年担任过京师大学堂译书局总办的中国近代著名启蒙思想家、翻译家严复出任京师大学堂总监督一职。同年5月,京师大学堂改名为北京大学,严复任校长。严复既是京师大学堂的最后一位总监督,也是北京大学的第一任校长。

从此,北京大学的历史揭开了新的一页。

劳乃宣
(1843—1921)

严复
(1853—1921)

---

① 季羡林:《巍巍上庠 百年星辰》,《北京大学学报(哲学社会科学版)》,1997年第6期,74页。

附录1 京师大学堂教职员名单

光绪二十七年教习名单

谨将本大学堂原日各西学教习开单呈阅
计开
一英文洋教习秀耀春（乱初遇难）
一英文洋教习安修真（现在堂）
一英文洋教习斐义理（现在京）
一法文洋教习伯罗恩（现在堂）
一德文洋教习伯罗恩（现在　）
一俄文洋教习卜录达（现在俄）
一东文洋教习西郡宗（现在津）
一医学洋教习满乐道（现在京）
　经上洋教习七人（实为八人）
一格致副教习綦策鳌（现在堂）
一格致副教习朱荷琛（现在登郡）
一格致副教习于志圣（现在烟台）
一化学副教习徐振清
一化学副教习刘永镜（现在莱阳）
一英文副教习徐恩明
一英文副教习张维新
一俄文副教习恒安（现在京）
一法文副教习德生（现在京）
一德文副教习齐宗祐（现在京）
一德文副教习杨晟
一东文副教习

附录1　京师大学堂教职员名单

光绪二十七年十二月初三日西总教习处开

（中国第一历史档案馆·学部·教学学务·卷69）

教习、执事题名录

（光绪二十九年至三十二年）

学务大臣

孙家鼐　文渊阁大学士
张百熙　户部尚书
荣　庆　学部尚书协办大学士
　　　　总监督
张亨嘉　兵部右侍郎

教习题名

服部宇之吉	日本东京帝国大学文科大学教授，文学博士	正教习
太田达人	日本帝国文部省图书审查官，理学士	物理、算学教习
桑野久任	日本东京帝国大学理科大学助教授，理学士	动物、生理学教习
矢部吉桢	日本东京帝国大学理科大学助教授，理学士	植物、矿物学教习
氏家谦曹	日本第二高等学校教授，理学士	物理、算学教习
坂本健一		历史教习
铃木信太郎		东文教习
西村熊二	日本帝国大学工科大学卒业，工学士	化学教习
高桥勇	日本东京美术学校日本画科卒业	图画教习
法贵庆次郎		伦理教习
森冈柳藏	日本东京美术学校卒业生	图书标本处助手
土田兔司造	日本东京市东京帝国大学助手	制造标本处助手
聂克逊		英文教习
安特鲁斯		英文教习

古吉尔		英文教习
魏雅廷		俄文教习
沈德来		德文教习
凯贝尔		德文教习
贾士蔼		法文教习
魏　易	字聪叔，浙江仁和县人	英文教习
杨书雯	字仲卿，湖南长沙府人，布政使衔江苏候补道，外务部翻译官	英文教习
全　森	字子良，镶白旗汉军员生，四品衔分省补用直隶州知，外务部翻译官	英文教习
曾宗巩	字幼固，福建长东县人，天津水师学堂卒业生	英文教习
李庆泌	字福生，江苏南汇县人	英文教习兼卫生官
黄鸣球	字韶成，福建闽县人	英文教习
唐德萱	字日新，湖南藏江县人，德国柏林大学堂法律毕业生，外务部翻译官，四品衔分部即补主事	德文教习
薛锡成	字晋三，直隶良乡县人，德国柏林大学堂政治卒业生	德文教习
汪昭晟	字勋西，山东泰安县人，北洋武备学堂铁路科卒业生，同知直隶州用直隶候补知县，杨村县丞	德文教习
周宝臣	字季咸，江苏海门厅人	俄文教习
周传经	字赞尧，江苏嘉定县附监生，外务部主事兼德文翻译官	法文教习
李家瑞	字绯甫，江苏上海县人，知县用候选且丞	法文教习
王宰善	字荃士，江苏上海县人，乙巳举人，河南知县	东文教习
胡宗瀛	字玉轩，安徽休宁县人，乙巳进士，商部主事	东文教习
吕烈辉	字慎哉，安徽泾县人，日本留学生	东文教习
江绍铨	字兀虎，江西弋阳县人，刑部主事	东文教习

附录1　京师大学堂教职员名单

卢绍鸿	字寿龄,福建侯官县人,日本留学生	东文教习
周培炳	字荃孙,江苏华亭县人,日本高等工业学校卒业生	东文教习
吴荣鬯	字震修,江苏无锡县人,日本留学生	东文教习
冯　模	字月甫,江苏崇明县人,日本留学生	东文教习
王守善	字稚虹,江苏上海县人,乙巳举人,商部主事	东文教习
饶　龄	字麓樵,湖南龙山县人,壬寅并科举人	经学教习
孙文昺	字蔚林,湖南湘潭县人,己丑举人,户部主事	经学教习
冯巽占	字令之,浙江钱塘县人,甲辰进士,刑部主事	史学教习
李稷勋	字姚琴,四川秀山县人,戊戌进士,保送知府后道员用	史学教习
谭绍裳	字彝仲,湖南善化县人,癸巳举人,福建知县	舆地教习
郭立山	字复初,湖南湘阴县人,癸卯进士,翰林院庶吉士	国文教习
林传甲	字奎云,福建侯官县人,壬寅举人,广西拣发知县	国文教习
杨绍楷	字仲衡,湖南湘潭县人,丁酉举人,内阁中书	国文教习
邹代铎	字叔旦,湖南新化县人,国子监黄簿	测绘教习
陆世芬	字仲芳,浙江仁和县人,乙巳举人	政治教习
陈黼宸	字介石,浙江瑞安县人,癸卯进士,户部主事	历史教习
汪镐基	字傲伯,浙江嘉兴县人,日本留学生	历史教习
华振基	字祝三,江苏人,日本陆军卒业生	体操教习
张孝准	字润农,湖南长沙县人,日本陆军卒业生	兵学教习
樊得宽	字鑫涛,湖北常备军左翼二营三哨哨官	体操教习
丁启盛	字耀南,湖北江夏县人,湖北常备军左翼二营二哨哨官,五品蓝翎	体操教习

执事题名

郑叔忱	字丹，福建长乐县人，庚寅进士，前奉天府府丞	教务提调
戴展诚	字遹安，湖南武陵县人，乙未进士，庶吉士，广西天和县知县，学部集议处行走	教务提调
周景涛	字松生，壬辰进士，庶吉士，福建侯官县人，江苏如皋县知县	庶务提调
李希圣	字亦元，壬辰进士，湖南湘乡县人，刑部主事	庶务提调
曹广权	字东寅，湖南长沙县人，癸巳举人，学部集议处行走，河南禹州知州	庶务提调，代理总监督
袁励准	字珏生，顺天宛平县人，原籍江苏，戊戌进士，记名遇缺题奏翰林院编修，南书房行走	斋务提调
汪凤池	字药阶，江苏元和县人，乙亥举人，京畿道监察御史	兼办斋务提调
严庚辛	字铁吾，陕西渭南县人，己丑进士，工部虞衡司主事	代办斋务提调
黄彦鸿	字芸淑，福建侯官县人，戊戌进士，翰林院编修	文案兼会计官
陈熙绩	字季咸，福建闽县人，癸巳举人	帮办文案官
吴友炎	字剑秋，湖南武陵人，丁酉拔贡，内阁中书	监学官
陈应忠	字仲骞，江西赣县人，壬寅并科举人，内阁中书本衙门撰文	监学官
殷济	字楫臣，江苏甘泉县人，辛卯举人，内阁中书本衙门撰文	监学官
施尔常	字端生，江苏华亭县人	监学官
鲁尔斌	字湘臣，陕西邰阳县人，戊戌进士，翰林院编修	监学官
庄文梅	字士卿，江苏阳湖县人，候选府经历	检察官
汪荀	字叔平，江苏阳湖县人，候选县丞	检察官

范家煌	字肃甫，安徽合肥县人，甲午举人	检察官
杨宗孟	字安甫，河南渑县人，光寺典簿	检察官
周钜炜	字骏人，浙江诸暨县人，壬寅优贡，朝考二等教论	检察官
赵荷泰	字楷儒，江苏吴县人，候选县丞	检察官
吴继盛	字叔平，安徽合肥县人，辛卯举人，刑部郎中	检察官
徐廷麟	字勤轩，湖南湘阴县人，己丑举人，拣选知县	图书馆经理官
谢鸿藻	字茂垣，福建闽县人，奉天候补县丞	杂务官
吴其昌	字寿如，顺天通州人候选从九品	杂务官
何 燊	字燮丞，湖南善化县人，提举衔分省补用盐大使	杂务司账官
朱 逊	字子谦，安徽盱眙县人，两淮盐知事	卫生员
朱祥熊	字纯卿，浙江人	卫生官
邢国栋	字子清，顺天良乡县人	讲堂员

是录自癸卯十一月起至丙午正月止，凡教习执事题名谨以此为断

（北京大学综合档案·名册·京师大学堂同学录）

分科大学经文两科职教员名单（宣统二年）

分科大学经、文两科现已开办，其职员亦已派定，兹将其清单录下：经科监督柯劭忞，经、文两科教务提调章梫，毛诗教习江瀚，周礼教习胡玉搢，左传教习戴德诚，尔雅说文教习王仁俊。文科监督孙雄，文科教习林纾、郭立山，史科教习专讲记事本末陈衍，专讲通鉴辑览饶叔先，说文教习王仁俊（兼充科学教习），音韵教习蒋黼。再经、文、法、商、理、工、农等科，均讲四书及大学衍义，教习为夏震武。医科监督，本请粤人屈永秋，刻未至部，故尚无开办之期。

（《教育杂志》[1910]第四期）

京师大学堂职员一览表

职 名	姓 名	就职年月	离职年月	附 记
管学大臣	孙家鼐	清光绪二十四年五月		实任
管学大臣	许景澄		清光绪二十六年	
管学大臣	张百熙	光绪二十七年十二月	光绪二十九年十一月	实任
京师大学堂总监督	张亨嘉	光绪二十九年十一月	光绪三十年十二月	实任
京师大学堂总监督	曹广权	光绪三十一年十二月		代理
京师大学堂总监督	李家驹	光绪三十二年正月	光绪三十三年八月	实任
京师大学堂总监督	朱益藩	光绪三十三年八月	光绪三十三年十二月	实任
京师大学堂总监督	刘廷琛	光绪三十三年十二月	宣统三年十月	实任。宣统二年九月,请假,同年十二月销假
京师大学堂总监督	柯劭忞	宣统二年十月		署理
京师大学堂总监督	劳乃宣	宣统三年十一月	宣统三年十二月	实任
京师大学堂总监督	刘经绎	宣统三年十二月		代理
京师大学堂总办	周曝			
京师大学堂正总办	于式枚	清光绪二十八年正月		实任

京师大学堂副总办	李家驹	光绪二十八年正月		实任
京师大学堂副总办	赵从蕃	光绪二十八年正月	光绪二十八年十二月	实任
译书局总办	严　复	光绪二十八年三月		实任
翻译科总办	曾广铨	光绪二十八年十二月		实任
京师大学堂总办	姚锡光	光绪二十九年三月		实任
译学馆监督	朱启钤	光绪二十九年三月		实任
进士馆监督	张亨嘉	光绪三十年二月		兼任
优级师范科监督	江　瀚	光绪三十二年七月	光绪三十三年正月	兼署
预备科监督	张祖廉	光绪三十二年七月	光绪三十三年十二月	兼署
大学经科监督	柯劭忞	宣统元年正月	民国元年四月	实任
大学法政科监督	林　棨	宣统元年正月	民国元年四月	实任
大学文科监督	孙　雄	宣统元年正月	民国元年四月	实任
大学医科监督	屈永秋	宣统元年正月		实任
大学格致科监督	汪凤藻	宣统元年正月	宣统三年四月	实任
大学农科监督	罗振玉	宣统元年正月	民国元年四月	实任
大学工科监督	何　时	宣统元年正月	民国元年四月	实任

大学商科监督	权 量	宣统元年正月	民国元年四月	署理
高等科监督	商衍瀛	宣统元年正月	民国元年四月	兼任高等科即预备科后复改称预科
译书局分译	常 彦	光绪二十八年		
译书局分译	曾宗巩	光绪二十八年		
译书局分译	胡文梯	光绪二十八年		
译书局分译	魏 易	光绪二十八年		
译书局笔述	林 纾	光绪二十八年		
译书局笔述	陈希彭	光绪二十八年		
沪译书分局总办	沈兆祉	光绪二十八年		
官书局提调	瞿鸿礼	光绪二十八年八月		
编书局总纂	李希圣	光绪二十八年		
编书局舆地总纂	邹代钧	光绪二十八年		
编书局分纂	李稷勋	光绪二十八年		
编书局分纂	韩朴存	光绪二十八年		
编书局分纂	孙宝瑄	光绪二十八年		
编书局分纂	罗惇曧	光绪二十八年		
编书局分纂	桂 植	光绪二十八年		
编书局正校	马浚年	光绪二十八年		
编书局襄校	陈 毅	光绪二十八年		
文案提调	魏允恭	光绪二十八年正月		
文案副提调	王仪通	光绪二十八年		
文案襄校	蔡玉善	光绪二十八年		
文案收掌官	秦锡纯	光绪二十八年		
医学馆襄办	王乃徵	光绪二十八年		
医学馆襄办	朱钧恩	光绪二十八年		

襄办讲堂事务	唐继淙	光绪二十八年		
襄力讲堂事务	许鸿钧	光绪二十八年		
支应提调	汪立元	光绪二十八年正月	光绪二十八年	
支应提调	绍 英	光绪二十八年八月		
支应襄办	杨宗稷	光绪二十八年		
藏书楼提调兼司博物院事	梅光羲	光绪二十八年八月		
博物院提调	荣 勋	光绪二十八年		
杂务提调	汪凤池	光绪二十八年		
杂务提调	李经楚	光绪二十八年		
杂务提调	黄 璠	光绪二十八年		
本堂提调	曾广熔	光绪二十八年		
本堂提调	三 多	光绪二十八年		
教务提调	蒋式惺	光绪二十八年	光绪三十年正月	
教务提调	郑叔忱	光绪三十年三月	光绪三十年四月	
教务提调	戴展诚	光绪三十年五月	光绪三十二年	
教务提调	金兆丰	光绪三十三年十一月	光绪三十四年十二月	
教务提调	商衍瀛	宣统元年正月	宣统三年二月	高等科监督兼任
教务帮提调	狄楼海	宣统二年正月	民国元年四月	由监学官升任
教务提调	江 瀚	光绪三十二年正月	光绪三十三年正月	兼任
教务提调	张祖廉	光绪三十二年七月	光绪三十三年十二月	兼任

职务	姓名	起	讫	备注
格致科教务提调	王季点	宣统元年五月	民国元年四月	实任
经文科教务提调	章　棪	宣统元年五月	民国元年四月	宣统二年五月辞职，宣统三年十二月复就职
工科教务提调	范鸿泰	宣统元年五月	民国元年四月	
法商科教务提调	李盛铎	宣统元年正月	民国元年四月	
经文科教务提调	谭绍裳	宣统二年六月	宣统三年十一月	由教授改任
教务帮提调	刘富槐	宣统三年十二月	民国元年三月	由卫生官升任
庶务提调	周景涛	光绪三十年正月	光绪三十年七月	
庶务提调	李希圣	光绪三十年十一月	光绪三十一年三月	
庶务提调	曹广权	光绪三十一年四月	光绪三十二年三月	
庶务提调	金　梁	光绪三十二年四月	光绪三十三年七月	
庶务提调	蔡宝善	光绪三十三年十一月	光绪三十四年二月	
庶务提调	吕道象	光绪三十四年二月	光绪三十四年五月	
庶务提调	喻长霖	光绪三十四年六月	光绪三十四年十一月	
总庶务提调	刘经绎	光绪三十四年十一月	民国元年四月	
庶务帮提调 庶务长	程　延	宣统元年正月 民国元年五月	民国元年四月 民国元年十二月	

附录1 京师大学堂教职员名单

斋务提调	袁励准	光绪三十年正月	光绪三十三年九月	光绪三十年三月辞职,同年七月复就职
斋务提调	商衍瀛	光绪三十三年九月	光绪三十四年八月	由监学官升任
斋务提调	卢兆蓉	光绪三十四年八月	宣统三年九月	由监学官代理旋升任斯职
总斋务提调	丁梦松	宣统三年十月	民国元年五月	由监学官升任
仕学馆提调	汪	光绪三十年正月	光绪三十年正月	
藏书楼收掌	徐廷麟	光绪三十年正月	光绪三十年十月	
藏书楼总稽	李	光绪三十年七月	光绪三十年十月	
掌书官图书馆事务员	陈熙绩	光绪三十一年一月	民国元年十二月	
		民国二年一月	民国二年二月	
图书器械经理官	梁展章	光绪三十一年二月	光绪三十二年十二月	
图书馆经理官	王育熙	光绪三十二年三月	宣统三年一月	
图书馆副经理官	毛恩旭	宣统二年二月	民国元年四月	
图书馆经理官	刘绵训	宣统二年十二月	宣统三年十月	
图书馆经理官	任钟澍	宣统三年十一月	宣统三年十二月	
监学官	汪荀	光绪三十年	宣统三年十二月	兼任
监学官	吴友炎	光绪三十年七月	光绪三十一年三月	
监学官	陈应忠	光绪三十年十一月	光绪三十二年四月	

监学官	殷 济	光绪三十年十一月	光绪三十二年四月	
监学官	施尔常	光绪三十一年三月	光绪三十一年三月	
监学官	鲁尔斌	光绪三十二年	光绪三十三年九月	
监学官	商衍瀛	光绪三十二年正月	光绪三十三年九月	
监学官	钱	光绪三十二年正月	光绪三十三年二月	
监学官	文 光	光绪三十二年闰四月	光绪三十三年五月	
监学官	王第祺	光绪三十三年九月	民国元年四月	
		民国元年五月	民国元年八月	
监学官	卢兆蓉	光绪三十四年二月	光绪三十四年九月	
监学官	朱大玛	宣统元年四月	宣统三年十二月	
监学官	丁梦松	宣统二年正月	民国二年一月	宣统三年十月被任总斋务提调，民国元年五月仍任原职，二年一月复改任教务股事务员
监学官	陈茧声	宣统二年正月	民国元年四月	
监学官	黄 镇	宣统二年正月	民国元年四月	
监学官	刘 训	宣统二年正月	民国元年四月	
		宣统三年十月	民国元年四月	
监学官监学员管课员	漆视祥	民国元年五月	民国元年八月	
		民国元年九月	民国元年十一月	

检察官	汪荀	光绪三十年	宣统二年一月	光绪三十年十一月改任庶务委员,三十三年一月复任原职
检察官	庄文梅	光绪三十年二月	民国元年四月	光绪三十四年十二月辞职,宣统二年一月复就职
检察官	周钜炜	光绪三十年三月	光绪三十年七月	
检察官	范家煌	光绪三十年七月	光绪三十二年三月	
检察官	陈应忠	光绪三十年九月	光绪三十二年	
检察官	殷济	光绪三十年十月	光绪三十二年	
检察官	杨宗孟	光绪三十一年三月	民国元年四月	兼讲堂查课
检察官	赵荷泰	光绪三十一年七月	光绪三十四年八月	兼预备科查课
检察官	吴继盛	光绪三十二年	宣统三年二月	
检察官	朱彭龄	光绪三十三年十一月	民国元年四月	
检察官	程延	光绪三十四年八月	光绪三十四年十一月	兼管仪器标本
检察官	刘光峻	宣统二年一月	民国元年四月	
检察官	漆视祥	宣统二年二月	宣统三年十月	
检察官	彭述礼	宣统二年二月	民国元年十二月	
博物馆管理官	徐廷麟	光绪三十年正月	光绪三十二年	兼任
博物馆收掌	杨	光绪三十年正月	光绪三十年七月	
博物馆收掌	黄鸣球	光绪三十年九月	宣统二年九月	
博物实习科科长	李荣黻	光绪三十三年八月	光绪三十四年七月	兼任

博物实习科科长	屈	光绪三十三年十一月	光绪三十四年十一月	
博物实习科科长	广	光绪三十四年二月	光绪三十四年十二月	
博物实习科科长	刘训	宣统元年七月	宣统三年一月	兼任
博物实习科副科长兼翻译官	邵修文	宣统元年十月	宣统三年一月	
博物实习科翻译兼科员	曹建珠	宣统二年二月	宣统二年十一月	
文案官	黄彦鸿	光绪三十年正月	光绪三十二年四月	
帮办文案官	陈熙绩	光绪三十年九月	光绪三十一年一月	改任掌书官
文案官	夏循坦	光绪三十二年五月	光绪三十三年八月	
帮办文案官	那清森	光绪三十二年四月	民国元年九月	兼稽查、缮印、收发等事
文案官	陶埙	光绪三十三年九月	光绪三十四年十一月	
办理分科文牍章程委员	谭宜仲	光绪三十四年十一月	光绪三十四年十二月	
办理分科文牍章程委员	程延	宣统元年正月	宣统元年正月底	
帮办文案官	刘训	宣统元年七月	宣统三年一月	
帮办文案官兼办法商科事	何瑞章	宣统二年十二月	宣统三年十二月	
会计官	黄彦鸿	光绪三十年正月	光绪三十二年	兼任
会计官	夏循坦	光绪三十二年三月	光绪三十三年八月	兼任

附录1 京师大学堂教职员名单

会计官	薛锡珍	光绪三十三年四月	光绪三十三年十月	兼任
会计官	陶　埙	光绪三十三年九月	光绪三十四年十一月	兼任
会计官	杨	光绪三十三年十月	光绪三十四年一月	兼任
会计官	雷同章	光绪三十四年二月	民国元年十二月	兼任
会计官	程　延	光绪三十四年十一月	宣统二年一月	兼任
杂务官	谢鸿藻	光绪三十年正月	光绪三十年十二月	
帮办杂务官	薛	光绪三十年正月	光绪三十年正月底	
杂务官	吴其昌	光绪三十一年三月	光绪三十二年四月	
杂务官	何　燊	光绪三十一年十月	光绪三十三年四月	司帐籍
杂务官	杨　锜	光绪三十二年三月	光绪三十四年四月	
杂务官	薛锡珍	光绪三十三年四月	光绪三十四年四月	
杂务官	杨致中	光绪三十三年二月	光绪三十四年二月	
杂务官	雷同章	光绪三十四年二月	光绪三十四年十一月	
杂务官	程忠諏	光绪三十四年八月	宣统元年正月	
杂务官	程　延	光绪三十四年十一月	宣统二年一月	
杂务官	许奎垣	宣统元年六月	宣统三年十月	司帐籍

监督工程委员	刘绳祖	宣统元年五月	宣统元年十二月	
杂务官		宣统二年一月	民国元年四月	
杂务官	夏传瑜	宣统三年十一月	民国元年四月	
卫生官	李应泌	光绪三十年正月		兼任
卫生官	朱 逊	光绪三十年九月	光绪三十四年六月	
卫生官	朱祥熊	光绪三十一年正月	光绪三十二年三月	
卫生官	刘富槐	光绪三十二年正月	民国元年三月	
卫生官	川 田	光绪三十三年正月	光绪三十三年七月	
卫生员	雷同章	光绪三十四年七月	宣统三年十二月	
卫生官		民国元年五月	民国二年二月	
卫生官	蒋履曾	宣统二年四月	民国元年四月	
讲堂事务官	邢国栋			
讲堂事务官	周 榕	宣统二年一月	民国元年四月	兼管课事务
附属小学办事官	王诵熙	光绪三十三年一月	光绪三十四年七月	
附属小学院长		光绪三十四年八月	宣统三年一月	

京师大学堂教员一览表

职 名	姓 名	就职年月	离职年月	附 记
中总教习	刘可毅	光绪二十四年	光绪二十六年	
西总教习	丁韪良	光绪二十四年	光绪二十六年	
总教习	吴汝纶	光绪二十八年		
副总教习	张鹤龄	光绪二十八年		

附录1 京师大学堂教职员名单

速成科正教习	严谷孙藏	光绪二十八年	光绪三十二年
速成科正教习	服部宇之吉	光绪二十八年	光绪三十二年
速成科副教习	杉荣三郎	光绪二十八年	光绪三十年三月
速成科副教习	太田达人	光绪二十八年	光绪三十二年
汉文教习	杨道霖	光绪二十八年	
汉文教习	王舟瑶	光绪二十八年	
汉文教习	屠　寄	光绪二十八年	
国文教员	林传甲	光绪三十年五月	光绪三十二年
国文教员	杨昭楷	光绪三十一年八月	光绪三十二年
国文教员	郭立山	光绪三十一年十月	宣统元年十二月
国文教员	钱荷青	光绪三十二年四月	光绪三十四年二月
国文教员	刘　焜	光绪三十二年五月	光绪三十四年十二月
国文教员	桂邦杰	光绪三十三年三月	宣统元年十二月
英文教员	文　廉	光绪二十八年	
英文教员	李应泌	光绪二十九年三月	宣统元年十二月
英文教员	柏　锐	光绪二十九年四月	
英文教员	杨书雯	光绪三十年二月	光绪三十四年十二月
英文教员	魏　易	光绪三十年七月	光绪三十四年十二月

英文教员	曾宗巩	光绪三十年七月	光绪三十四年十二月	
英文教员	黄鸣球	光绪三十年九月	宣统元年十二月	
英文教员	全　森	光绪三十一年一月	光绪三十二年	
英文助教	梁展章	光绪三十一年二月	光绪三十三年三月	
英文教员	聂克逊	光绪三十一年三月	光绪三十四年十二月	
英文教员	安特鲁斯	光绪三十一年三月	宣统元年十二月	
英文教员	古继尔	光绪三十一年十月	光绪三十三年一月	
英文教员	陈　榥	光绪三十三年正月	光绪三十四年十二月	
英文教员	李　方	光绪三十二年三月	宣统元年十二月	
英文教员	宋发祥	光绪三十三年十一月	宣统元年十二月	兼授化学、地质、矿物等科
英文教员	安特逊路德	宣统元年四月		
法文教员	郭家骥	光绪二十八年		
法文教员	庄尹恩		光绪三十年	
法文教员	周传经	光绪三十年正月	光绪三十三年九月	兼翻译
法文教员	何世昌	光绪三十年正月	光绪三十一年二月	光绪三十年三月辞职，同年六月复来校授课
法文教员	贾士蔼	光绪三十一年七月	宣统元年一月	

附录1 京师大学堂教职员名单

法文教员	李家瑞	光绪三十一年九月	光绪三十二年五月	
法文教员	铎　孟	光绪三十二年三月	宣统元年一月	
法文教员	方传钦	光绪三十三年三月	光绪三十四年十二月	
法文教员	文　惠	光绪三十三年十月	光绪三十三年十月底	
德文教员	汪昭晟	光绪三十年正月	光绪三十四年十二月	
德文教员	师德威	光绪三十年三月	光绪三十一年七月	
德文教员	沈德来	光绪三十一年正月	光绪三十二年五月	
德文教员	唐德萱	光绪三十一年二月	宣统元年三月	
德文教员	薛锡成	光绪三十一年九月	宣统元年十二月	
德文教员	贝哈格	光绪三十三年正月	光绪三十四年十二月	
德文教员	凯贝尔	光绪三十三年正月	宣统元年二月	
德文教员	顾　澄	光绪三十三年十月	光绪三十四年十二月	兼算学
德文教员	王燕晋	宣统元年闰二月	宣统元年十二月	
德文教员	艾克坦	宣统元年六月	宣统元年十二月	
东文兼植物矿物农学教员	胡宗瀛	光绪二十八年	光绪三十二年	

东文教员	陆宗舆	光绪二十八年	光绪三十年三月
东文兼伦理心理教员	吕烈辉	光绪二十八年	光绪三十三年正月
东文兼伦理心理教员	服部宇之吉	光绪三十年正月	光绪三十四年十二月
东文教员	严谷孙藏	光绪三十年正月	光绪三十年三月
东文兼算学教员	太田达人	光绪三十年正月	光绪三十二年
东文教员	铃木信太郎	光绪三十年正月	光绪三十二年四月
东文教员	杉荣三郎	光绪三十年正月	光绪三十年三月
东文兼图画教员	高桥勇	光绪三十年正月	光绪三十四年十二月
东文兼世界史、伦理、外国地理、代数、几何教员	江绍铨	光绪三十年正月	光绪三十四年十二月
东文兼化学教员	西付熊二	光绪三十年五月	光绪三十三年四月
东文兼动物生理学教员	刘　麟	光绪三十年七月	光绪三十一年八月
东文兼物理、数学教员	氏家谦曹	光绪三十年七月	光绪三十四年十二月
东文兼世界史、外国地理教员	板本健一	光绪三十年七月	光绪三十四年十二月
东文兼图画、手工教员	卢绍鸿	光绪三十年七月	光绪三十四年十二月

附录1 京师大学堂教职员名单

东文兼化学教员	周培炳	光绪三十年八月	光绪三十三年八月
东文兼植物学教员	矢部吉桢	光绪三十年八月	光绪三十四年十二月
东文兼动物学教员	桑野久任	光绪三十年九月	光绪三十四年十二月
东文兼物理教员	吴乐鄙	光绪三十年十月	光绪三十三年二月
东文教员	王守善	光绪三十一年三月	光绪三十四年十二月
东文兼伦理教员	法贵庆资郎	光绪三十一年七月	光绪三十四年十二月
东文兼动物生理学教员	冯 模	光绪三十一年八月	光绪三十四年十二月
东文兼化学教学教员	王宰善	光绪三十一年八月	光绪三十四年十二月
东文教员	土田兔司选	光绪三十一年九月	宣统元年五月
东文教员	林冈柳藏	光绪三十一年十月	光绪三十三年九月
东文教员	程家柽	光绪三十二年三月	光绪三十三年十一月
东文教员	王季点	光绪三十二年七月	光绪三十四年十二月
东文教员	王学来	光绪三十二年八月	光绪三十四年十二月
东文教员	吕烈煌	光绪三十三年二月	光绪三十四年六月
东文教员	陈	光绪三十三年正月	光绪三十三年十二月
东文兼农学教员	路孝植	光绪三十三年二月	光绪三十四年十二月

东文教员	廖世纶	光绪三十三年八月	光绪三十四年十二月
东文兼手工教员	芝本为一良	光绪三十三年正月	光绪三十四年十二月
东文教员	何 时	光绪三十四年正月	光绪三十四年十二月
东文教员	仕 允	光绪三十四年正月	光绪三十四年八月
俄文教员	谦 光		光绪二十九年七月
俄文教员	周宝臣	光绪二十八年	光绪三十二年
俄文教员	魏雅廷	光绪三十年三月	光绪三十二年三月
经文教员	饶檀龄	光绪三十年七月	宣统元年十二月
经学教员	孙文昺	光绪三十一年九月	光绪三十二年
经学教员	林 纾	光绪三十二年八月	宣统元年十二月
经学教员	陈 衍	光绪三十三年四月	光绪三十四年十二月
史学教员	冯巽占	光绪三十一年三月	光绪三十四年十二月
史学教员	李稷勋	光绪三十一年七月	光绪三十三年一月
史学教员	王稿基	光绪三十二年	
史学教员	陈 间	光绪三十二年闰四月	
史学教员	陈黻宸	光绪三十二年五月	
史学教员	李 凝	光绪三十四年三月	宣统元年二月

附录1 京师大学堂教职员名单

史学教员	谭绍裳	光绪三十四年十一月	
法政教员	陆世芬	光绪三十二年	
法制教员	王鸿年	光绪三十二年二月	光绪三十三年十一月
法制教员	陆　定	光绪三十三年十一月	光绪三十四年十二月
算学教习	胡玉麟	光绪二十八年	光绪三十年三月
算学教习	席　淦	光绪二十八年	
算学教员	何育杰	宣统元年正月	宣统元年三月
算学教员	周道章		
舆地教员	谭绍裳	光绪三十二年	宣统元年十二月
舆地教员	桂邦杰	光绪三十三年三月	宣统元年十二月
体操教员	刘光谦	光绪二十八年	
体操教员	于秉良	光绪三十年正月	光绪三十年正月底
体操教员	巴第尼	光绪三十年二月	光绪三十年七月
体操教员	吴鸿昌		
兵学教员	华振基	光绪三十年八月	光绪三十年十月
兵学教员	张孝准	光绪三十年十一月	光绪三十一年三月
体操教员	樊得宽	光绪三十一年三月	光绪三十二年正月
体操教员	丁户盛	光绪三十一年三月	宣统元年十二月
体操教员	台树仁	光绪三十二年正月	宣统元年五月

体操教员	纪乐树	宣统元年闰二月	宣统元年九月	
测绘教员	邹代铎	光绪三十二年		
图画教员	谭应麟	宣统元年二月	宣统元年十二月	
理化教员	艾克坦	宣统元年九月	宣统元年十二月	
卫生学教员	王舟瑶	光绪二十九年十一月		
卫生学教员	哈汉章			
卫生学教员	陈家盛			
卫生学教员	谢天保	光绪三十四年正月		
博物实习科教员	野田升平	光绪三十三年九月	宣统二年十二月	
博物实习科教员	永野庆次郎	光绪三十三年九月	宣统二年十二月	
博物实习科教员	叶　山	光绪三十四年三月	宣统元年五月	
博物实习科教员	来　海	宣统元年二月	宣统元年五月	
博物实习科教员	松井藤吉	宣统二年正月	宣统二年十二月	
博物实习科教员	杉野章	宣统二年正月	宣统二年十二月	
博物实习科教员	王　櫯	宣统二年三月	宣统二年十二月	
经文科教员	宋发祥	宣统二年正月	民国元年八月	
经文科教员	桂邦杰	宣统二年正月	民国六年一月	民国二年改语言科教员
经文科教员	林　纾	宣统二年正月	民国二年三月	
经文科教员	郭立山	宣统二年正月	民国元年四月	

附录1 京师大学堂教职员名单

经文科教员	饶　龄	宣统二年正月	民国元年十月	
经文科教员	江　瀚	宣统二年正月	宣统二年六月	
经文科教员	陈　衍	宣统二年正月	民国元年十二月	宣统三年十一月辞职，民国元年八月复来校。民国二年三月复辞职，十二年复来校
经文科教员	胡玉缙	宣统二年正月	民国四年四月	民国三年十一月辞职，四年一月复来校
经文科教员	马其昶	宣统二年正月	宣统二年三月	
经文科教员	姚永朴	宣统二年正月	民国六年三月	民国二年三月辞职，十一月复来校，任文科教员
经文科教员	夏震武	宣统二年正月	宣统三年九月	
经文科教员	高毓彤	宣统二年三月	民国元年八月	
经文科教员	黄为基	宣统二年七月	民国元年四月	
经科教员	宋育仁	宣统二年七月	民国元年四月	
经科教员	淳于鸿恩	宣统二年九月	民国元年七月	
经文科教员	蒋　黻	宣统二年二月	宣统三年十月	
经文科教员	左树珍	宣统三年二月	宣统三年十一月	
经文科教员	胡宗瀛	宣统三年四月	民国元年四月	
理工科教员	顾　澄	宣统二年正月	宣统二年二月	
理工科教员	梭尔格	宣统二年正月	民国二年二月	
理工科教员	士丽尔	宣统二年正月	宣统二年十二月	
理工科教员	艾克坦	宣统二年正月		
理工科教员	陈　槐	宣统二年三月	宣统二年五月	
理工科教员	米　娄	宣统二年三月	民国三年十二月	民国二年九月理工科分为理科、工科

理工科教员	劲博尔	宣统二年四月	宣统二年十二月	
理工科教员	惠 文	宣统二年四月	宣统二年九月	
理工科教员	秦岱源	宣统二年七月	宣统二年十一月	
理工科教员	何伯德	宣统二年九月	宣统三年二月	
理工科教员	陈祖良	宣统二年十月	宣统三年五月	
理工科教员	高 朴	宣统三年二月	民国二年四月	宣统三年九月兼授高等科测量学
理工科教员	龙讷庚	宣统三年二月	民国六年四月	民国二年九月理工科分为理科、工科
理工科教员	贝开尔	宣统三年五月	民国二年二月	
理工科教员	陈焕赉	宣统三年七月	宣统三年八月	
理工科教员	王孝纲			
法政科教员	王家驹	宣统二年正月	民国二年六月	民国二年二月法政科改称法科
法政科教员	程树德	宣统二年正月	民国元年四月	
法政科教员	芬来森	宣统二年正月	民国六年九月	民国二年二月法政科改称法科
法政科教员	李 方	宣统二年正月	民国四年六月	民国二年二月法政科改称法科。宣统三年七月辞职,民国三年九月复来校
法政科教员	王基磐	宣统二年二月	民国元年四月	民国二年二月法政科改称法科
法政科教员	陈 箓	宣统二年二月	宣统三年四月	
法政科教员	沈觐宸	宣统二年二月	宣统二年九月	
法政科教员	冈田朝太郎	宣统二年三月	民国四年七月	民国二年二月法政科改称法科。宣统二年十二月辞职,民国二年九月复来校

附录1　京师大学堂教职员名单

法政科教员	白业棣	宣统二年三月	民国元年四月	
法政科教员	博德斯	宣统二年四月	民国二年六月	
法政科教员	震鋆	宣统二年七月	宣统二年十一月	
法政科教员	科拔	宣统二年十月	民国元年十二月	
法政科教员	王宝田	宣统二年十二月	宣统三年四月	
法政科教员	徐思允	宣统三年二月	民国元年八月	
法政科教员	嵇镜	宣统二年四月	民国元年四月	
法政科教员	巴和	宣统三年四月	民国六年六月	民国二年二月法政科改称法科
农科教员	藤田丰八	宣统元年十二月	宣统三年二月	
农科教员	橘义一	宣统元年十二月	民国元年十月	
农科教员	小野孝太郎	宣统元年十二月	民国二年五月	
农科教员	三宅市郎	宣统二年八月	民国三年一月	
农科教员	毛鸶	宣统三年闰六月	宣统三年十一月	
农科教员	章鸿钊	宣统三年十月	民国元年四月	
商科教员	陆梦熊	宣统二年正月	宣统三年十二月	
商科教员	杨德森	宣统二年正月	宣统三年十二月	
商科教员	商恩			
商科教员	切田太郎	宣统二年二月	宣统二年十二月	
商科教员	吴乃琛	宣统三年三月	民国元年四月	
高等科教员	谭绍裳	宣统二年正月	宣统二年六月	
高等科教员	黄鸣球	宣统二年正月	宣统二年九月	

高等科教员	李应泌	宣统二年正月	民国元年八月	民国元年五月高等科改为预科
高等科教员	丁启盛	宣统二年正月	民国元年四月	
高等科教员	安特鲁斯	宣统二年正月	宣统二年六月	
高等科教员	薛锡成	宣统二年正月	民国六年一月	民国元年五月高等科改称预科。宣统三年四月辞职，民国三年九月复来校
高等科教员	宋发祥	宣统二年正月	民国元年八月	民国元年五月高等科改称预科
高等科教员	谭应麟	宣统二年正月	民国元年四月	
高等科教员	王燕晋	宣统二年正月	宣统三年一月	
高等科教员	艾克坦	宣统二年正月	民国元年十月	民国元年五月等科改称预科
高等科教员	叶泰椿	宣统二年正月	民国元年四月	
高等科教员	陈澹然	宣统二年十二月		
高等科助教	梁展章	宣统二年二月		
高等科教员	诸兰芳	宣统二年二月	宣统二年六月	
高等科教员	科 达	宣统二年二月	宣统三年九月	
高等科教员	秦白士	宣统二年三月	宣统二年七月	
高等科教员	黄天霖	宣统二年三月	宣统二年七月	
高等科教员	秦炳汉	宣统二年三月	宣统三年十一月	宣统二年十二月辞职，三年三月复来校
高等科教员	王 烈	宣统二年三月	宣统二年七月	
高等科教员	刘家佺	宣统二年二月	宣统二年十二月	
高等科教员	凌善安	宣统二年二月	民国六年九月	民国元年五月高等科改称预科。民国元年四月辞职，三年九月复来校

附录1 京师大学堂教职员名单

高等科教员	邵修文	宣统二年六月	民国元年四月	
高等科教员	罗献修	宣统二年七月	宣统二年十一月	
高等科教员	方 皋	宣统二年七月	宣统三年闰六月	
高等科教员	熊绎元	宣统二年七月	民国元年四月	
高等科教员	乐 贤	宣统二年七月	民国二年二月	民国元年五月高等科改称预科
高等科教员	周慕西	宣统三年正月	民国三年九月	民国元年五月高等科改称预科
高等科教员	耿普鲁	宣统三年正月	民国元年十月	民国元年五月高等科改称预科
高等科教员	罗裕樟	宣统三年正月	民国元年四月	
高等科教员	尚秉和	宣统三年二月	民国元年十二月	民国元年五月高等科改称预科
高等科教员	何 澄	宣统三年二月	宣统三年八月	
高等科教员	徐崇钦	宣统三年五月	民国六年九月	民国元年五月高等科改称预科
高等科教员	潘 敬	宣统三年闰六月	民国四年十二月	民国元年五月高等科改称预科。民国元年四月辞职，四年十一月复来校
高等科教员	周 典	宣统三年闰六月	民国六年一月	民国元年五月高等科改称预科，宣统三年十二月辞职，民国三年九月复来校
高等科教员	张景江	宣统三年闰六月	宣统三年十月	
高等科教员	李宣倜	宣统三年七月	民国元年四月	
高等科教员	胡仁源	宣统三年七月	民国六年八月	

高等科教员	海里威	宣统三年七月	宣统三年九月	
高等科教员	克德来	宣统三年九月	民国六年六月	
高等科教员	陈　棠	宣统三年十一月	民国元年四月	
高等科教员	刘善采	宣统三年十一月	民国元年四月	
分科教员	王仁俊	宣统二年正月	宣统二年十月	以下八员俱分科元考
分科教员	戴德诚	宣统二年正月	宣统二年七月	
分科教员	杨　模	宣统二年正月	宣统二年八月	
分科教员	安德林	宣统三年正月	宣统三年九月	
分科教员	王　瀚	宣统三年		
分科教员	陈　平	宣统三年		
分科教员	杨裕芬	宣统三年		
分科教员	赵　熙	宣统三年		
分科教员	马贞榆	宣统三年七月	民国元年四月	
附属小学教员	王诵熙	光绪三十年正月	宣统三年正月	
附属小学教员	王廷珪	光绪三十三年二月	光绪三十四年七月	
附属小学教员	邹应宪	光绪三十三年二月	光绪三十四年正月	
附属小学教员	王松寿	光绪三十三年二月	光绪三十三年七月	
附属小学教员	李荣黻	光绪三十三年八月	宣统元年五月	

(《国立北京大学廿周年纪念册》,北京大学,1917年)

职教员概况记略

大学创办之始,特设管学大臣,总揽校务,兼管全国学务事宜。管学大臣以下为正、副两总办,及各科各局总办,又其下有提调、襄办等员,分司职掌。别置中、西两总教习,管理教务。后谢去西总教习,增设副总教习。总教习以下为正、副教习。张之洞改定章程,大学堂应设各项人员如下:

大学总监督　分科大学监督　教务提调　正教习　副教习

庶务提调　文案官　会计官　杂务官　斋务提调　监学官

检察官　卫生官　天文台经理官　植物园经理官　动物园经理官　演习林经理官　医学经理官　图书馆经理官

大学总监督总理学务大臣之节制。总管全堂各分科大学事务,统率全学人员。

分科大学监督,每科一人,共八人。受总监督之节制。掌本科之教务庶务斋务一切事宜。凡本科中应兴应革之事,得以博采本科人员意见,陈明总监督办理。每科设教务提调一人,庶务提调一人,斋务提调一人以佐之。提调分任一门,监督统管三门。

教务提调每科一人,共八人。以曾充正教员最有望者充之,受总监督节制,为分科大学监督之副。诸事与本科监督商办。总管该门功课及师生一切事务。正教员、副教员属之。

正教员分主各分科大学所设之专门讲席,教授学艺,指导研究。听分科监督及教务提调考察。

副教员助正教员教授学生,并指导实验。听本科监督及教务提调考察。

庶务提调每科一人,共八人。以明学堂规矩之职官充之,受总监督节制。为分科大学监督之副,诸事与本科监督商办,管理该科文案、收支、厨务及一切庶务。文案官、会计官、杂务官属之。

文案官主本科中文牍。除奏稿应由总监督酌派人员拟办外,凡堂中本科咨移批札函件皆司之,秉承于庶务提调。

会计官专司银钱出入事务,秉承于庶务提调。

杂务官专司本科中厨务、人役、房屋、器具一切杂事,秉承于庶务提调。

斋务提调每科一人,共八人。以曾充教员又有学望者充之,受总监督节制。

为分科大学监督之副,诸事与本科监督商办,管理该科,整饬斋舍,监察起居一切事务。监学官、检察官、卫生官属之。

监学官掌考验本科学生行检及学生斋舍、功课勤惰、出入起居一切事务。以教员兼充,秉承于斋务提调。监学官必须以教员兼充,与学生情意方能相洽,易受劝诫。

检察官掌本科斋舍规矩,并照料食宿,检视被服一切事务。凡教员、学生有出于定章之外者,皆得纠正,秉承于斋务提调。

卫生官以格致、农、工、医各科正教习各一人及监学兼任。掌学堂卫生事务,并由各员中举一人为首领,总司其事,名曰总卫生官,秉承于斋务提调。

天文台经理官以格致科大学正教员兼任,掌格致科大学附属天文台事务,秉承于总监督。

植物园经理官以格致科大学正教员或副教员兼任,掌格致科大学附属植物园事务,秉承于总监督。

动物园经理官以格致科大学正教员或副教员兼任,掌格致大学附属动物园事务,秉承于总监督。

演习林经理官以农科大学正教员或副教员兼任,掌农科大学附属演习林事务,秉承于总监督。

医院经理官以医科大学正教习兼任,掌医科大学附属医院事务,秉承于总监督。

图书馆经理官以各分科大学中正教员或副教员兼任,掌大学堂附属图书馆事务,秉承于总监督。

堂内设会议所。凡大学各学科有增减更改之事,各教员次序及增减之事,通儒院结业奖励等差之事,或学务大臣及总监督有咨询之事,由总监督邀集分科监督、教务提调、正副教员、监学公同核议,由总监督定议。

各分科大学亦设教员监学会议所。凡分科课程之事,考试学生之事,审察通儒学生毕业应否照章给奖之事,由分科大学监督邀集教务提调、正副教员、各监学公同核议,由分科监督定议。

事关更改定章,必应具奏之事,有牵涉进士馆、译学馆、师范馆及他学堂之事,及学务大臣、总监督咨询之事,应由总监督邀集各监督、各教务提调、正教员、监学会议,并请学务大臣临堂监议,仍以总监督主持定议。凡涉高等教育之事,与议各员,如分科监督、各教务提调、各科正教员、总监学官、总卫生官意见如有与总监督不同者,可抒其所见,径达于学务大臣。民国以来,大学职员如后。校长、学长、正教授、本科教授、预科教授、助教、讲师、外国教员、图书馆主任、庶务主任、校医、事务员至其任用及任务详情,见规程一览中之国立大学职员任用章程及任务规则,兹不赘。

(《国立北京大学廿周年纪念册》,北京大学,1917年)

附录2 京师同文馆大事年表

1861年1月13日(咸丰十年十二月初三日)恭亲王奕䜣等上奏折,建议在京师设立总理各国事务衙门,专门负责外交事物;在总理各国事务衙门下设立同文馆,专门负责培养外语人才。一周后,奏折被批准。

1862年6月(同治元年五月)京师同文馆正式开办,设英文馆。

1862年8月20日(同治元年七月二十五日)总理各国事务衙门奕䜣等上奏折,将拟订的六条京师同文馆章程上报两宫皇太后。

1863年5月6日(同治二年三月十九日)总理各国事务衙门奕䜣等上奏折,就开设法文、俄文馆的有关事宜提出建议。

1863年(同治二年)京师同文馆开设法文馆、俄文馆。

1865年12月22日(同治四年十一月五日)总理各国事务衙门奕䜣等上奏折,将新拟订的六条同文馆章程上报两宫皇太后。

1866年12月22日(同治五年十一月五日)总理各国事务衙门奕䜣等上奏折,建议在京师同文馆增设天文馆、算学馆,招收科甲正途人员入馆学习。

1867年1月28日(同治五年十二月二十三日)总理各国事务衙门奕䜣等再一次上奏折,重申在京师同文馆增设天文馆、算学馆的必要性,并将拟订的同文馆学习天文、算学的六条章程上报两宫皇太后。

1867年2月25日(同治六年正月二十一日)清廷任命太仆寺卿徐继畬为总管同文馆事务大臣。

1867年3月5日(同治六年正月二十九日)山东道监察御史张盛藻上奏折,就同文馆开办天文、算学馆,招收科甲正途人员入馆学习之事,对总理各国事务衙门提出弹劾。同一天,两宫皇太后下谕旨,对张盛藻的弹劾予以否决。

1867年3月20日(同治六年二月十五日)大学士倭仁上奏折,对同文馆开办天文、算学馆之事,提出异议和指责。

1867年4月6日(同治六年三月二日)总理各国事务衙门奕䜣等上奏折,对倭仁的指责提出反驳。

1867年4月7日(同治六年三月三日)两宫皇太后下谕旨,命军机大臣文祥将奕䜣等人4月6日的奏折及其他有关文件转交倭仁。

1867年4月12日(同治六年三月八日)大学士倭仁再次上奏折,反对在同文馆开办天文、算学馆。

1867年4月23日(同治六年三月十九日)总理各国事务衙门奕䜣等一天内两次上奏折,对倭仁反对在同文馆开办天文、算学馆的意见提出反驳。同一天,两宫皇太后下谕旨,安抚奕䜣等大臣,并命倭仁"择地设馆,督饬讲求",对倭仁提出间接批评。

1867年4月25日(同治六年三月二十一日)倭仁再次上奏折,为自己反对同文馆设天文、算学馆进行辩解。两宫皇太后在看了倭仁的奏折后下谕旨,对其的辩解进行批评。

1867年5月16日(同治六年四月十三日)崇实上奏折,继续反对开设天文、算学馆,反对招收科甲正途人员学习天文、算学。

1867年6月22日(同治六年五月二十一日)京师同文馆天文、算学馆招考学生。

1867年6月23日(同治六年五月二十二日)候选直隶州知州杨廷熙以"天象示警,人言浮动"为由,请旨撤销同文馆。

1867年6月30日(同治六年五月二十九日)两宫皇太后下谕旨,认为杨廷熙的奏折"呶呶数千言,甚属荒谬",对其痛加驳斥,并重申对在同文馆开设天文、算学馆的支持。

1868年(同治七年)著名数学家李善兰调同文馆任数学教习。原在同文馆任英文、物理学教授的美国人丁韪良(W. A. P. Martin),被聘为同文馆总教习。此后,他在京师同文馆任该职长达25年。

1869年(同治八年)京师同文馆开设万国公法课,由总教习丁韪良授课。

1871年(同治十年)京师同文馆开设德文馆,由俄文教授伟贝(Herr Waeber)任教习。同年,开设化学课,由法国人毕利干(M. A. Billequin)任教习。

1872年(同治十一年)京师同文馆开设医学馆,由德贞(Dudgeon)任教习。

1888年(光绪十四年)京师同文馆开设格致馆,并添设翻译处。

1897年(光绪二十三年)京师同文馆开设东文馆,由杉几太郎任教习。

1898年(光绪二十四年)同文馆续增八条条规,对汉、洋各馆的功课设置、时间安排、考试规则、考勤制度、教习职责等内容做了补充规定。同年6月,京师同文馆总教习丁韪良被任命为京师大学堂首任西学总教习。

1902年1月11日(光绪二十七年十二月二日)慈禧太后下谕旨,京师同文馆从此归并京师大学堂。

附录3　京师大学堂大事年表

1895年7月(光绪二十一年六月)维新派首领康有为、军机处章京陈炽、刑部郎中沈增植、翰林院编修文廷式、翰林院编修张孝谦、张之洞之子张权等人,在北京宣武门外后孙公园成立强学会(京师大学堂的前身)。

1896年1月23日(光绪二十一年十二月九日)因御史杨崇伊上折弹劾,强学会遭查禁。

1896年2月(光绪二十二年正月)经军机大臣李洪藻建议,强学会改为官书局;光绪的老师、工部尚书孙家鼐被任命为管理书局大臣。原强学会的主要领导人几乎都在官书局任职。官书局章程规定"拟设学堂一所",实际上已正式开始了京师大学堂最初的筹备工作。

1896年6月12日(光绪二十二年五月二日),刑部左侍郎李端棻在由梁启超代为起草的《请推广学校折》中,首次明确提出在京师创办大学堂的建议。该奏折引起了光绪皇帝的关注,将其交总理衙门议奏。

1896年7月13日(光绪二十二年六月三日)总理衙门肯定了李端棻的奏折,建议由管理书局大臣"察度情形,妥筹办理"。光绪皇帝即命管理官书局大臣孙家鼐,从扩充官书局开始,筹划在京师创立新式大学堂。

1896年8月(光绪二十二年七月)管理官书局大臣孙家鼐在《议复开办京师大学堂折》中,提出开办大学堂的六条具体措施,开始了京师大学堂最初的筹建工作。

1897年(光绪二十三年)姚文栋、熊亦奇、李佳白(美国)、狄考文(美国)等人就创办京师大学堂,发表长篇论述表示支持,并提出种种具体建议。

1898年1月(光绪二十四年正月)御史王鹏运上奏折,又一次提出开办京师大学堂的请求。

1898年2月15日(光绪二十四年正月二十五日)光绪皇帝下谕旨:"准其建立,现在亟须开办",并令军机大臣会同总理衙门王大臣"妥议具奏"。

1898年6月6日(光绪二十四年四月十八日)康有为上《请开学校折》,强调设立京师大学堂已刻不容缓,对清廷在开办京师大学堂一事上的拖延表示极大的不满。

1898年6月11日(光绪二十四年四月二十三日)光绪皇帝亲临天安门,颁布《明定国是诏书》。《明定国是诏书》用三分之一的篇幅提到创办京师大学堂之事,并再次命军机大臣和总理衙门对开办京师大学堂有关事宜"妥速议奏"。

1898年6月26日(光绪二十四年五月八日)光绪皇帝为开办京师大学堂之事半年中第三次下谕旨,敦促军机大臣和总理衙门"迅速复奏,毋再延迟",如再拖延,"定即从严惩处不贷"。

1898年6月30日(光绪二十四年五月十二日)江南道监察御史李盛铎上《京师大学堂办法折》,提出"详定章程、择立基址、酌定功课、宽筹的款、专派大臣"等五条建议。

1898年7月3日(光绪二十四年五月十五日)总理衙门上报由梁启超代为起草的《奏拟京师大学堂章程》。当天,光绪皇帝即批准了这个章程,委派吏部尚书、管理书局大臣孙家鼐为管学大臣,赋予京师大学堂统管全国教育及培养人才的双重职责。同时批准了6月28日由御史杨深秀、李盛铎提出的设立译书局的建议,命译书局并入京师大学堂,并委派梁启超办理译书局事务。

1898年8月9日(光绪二十四年六月二十二日)管学大臣孙家鼐上《奏复筹办大学堂情形折》,提出八条办学措施。当天,光绪皇帝予以批准。命内务府为京师大学堂修房舍,同时赏给西学总教习丁韪良二品顶戴,以示殊荣。

1898年8月24日(光绪二十四年七月八日)礼部为钦命管理大学堂事务大臣孙家鼐铸妥官印,户部将三万七千多两白银的开办经费划拨京师大学堂。至此,筹备多年的京师大学堂正式开办。

1898年8月30日(光绪二十四年七月十四日)孙家鼐上奏折,请派大学堂办事人员赴日本考察学务。

1898年9月9日(光绪二十四年七月二十四日)孙家鼐上《奏请另开医学堂折》,并建议医学堂归大学堂兼辖。对此,光绪皇帝当天予以批复。

1898年9月26日(光绪二十四年八月十一日)即在戊戌变法被镇压五天之后,慈禧太后谕示:"大学堂为培植人才之地",对京师大学堂予以肯定。

1898年11月22日(光绪二十四年十月九日)内务府将修葺一新的大学堂校舍正式移交京师大学堂。

1898年11月(光绪二十四年十月)京师大学堂出告示招收学生。

1898年12月3日(光绪二十四年十月二十日)孙家鼐向慈禧太后上《奏大学

堂开办情形折》,其中谈到报名申请入学者已过千人。

1899年1月30日(光绪二十四年十二月十九日)京师大学堂正式开学;大学堂藏书楼建立。

1899年5月6日(光绪二十五年三月二十七日)慈禧太后下谕旨,命令对京师大学堂进行整顿。

1899年7月17日(光绪二十五年六月十日)因管学大臣孙家鼐请休病假,清廷命吏部右侍郎许景澄暂行管理京师大学堂事务。

1900年2月(光绪二十六年正月)慈禧太后下谕旨,令京师大学堂汇报办学情况。许景澄报告大学堂开办一年多以来,已开设经史、政治、舆地、算学、格致、化学、英法德俄日各国文字等科目。

1900年7月1日(光绪二十六年六月五日)因义和团运动兴起,北京城内社会秩序大乱,暂行管理大学堂事务大臣许景澄上奏折,拟请暂时裁撤大学堂。许的请求得到清廷的批准。

1900年7月11日(光绪二十六年六月十五日)京师大学堂暂行停办。

1900年7月28日(光绪二十六年七月三日)暂行管理大学堂事务大臣许景澄因反对义和团围攻焚烧外国使馆而遭诬陷,并被杀害。

1900年8月15日(光绪二十六年七月二十一日)八国联军攻占北京,京师大学堂被俄、德士兵占为兵营。大学堂房舍遭到严重毁坏。

1901年10月2日(光绪二十七年八月二十日)刘坤一、张之洞上长达数千言的《育才兴学四事折》。一时间,废科举、兴学校又成为热门话题。

1901年10月27日(光绪二十七年九月十六日)管学大臣、工部尚书张百熙奏请大学堂改隶国子监。此奏折未获批准。

1902年1月10日(光绪二十七年十二月一日)慈禧太后下谕旨,令管学大臣张百熙负责京师大学堂的全面恢复工作。

1902年1月11日(光绪二十七年十二月二日)慈禧太后下谕旨,令同文馆归并京师大学堂。

1902年1月17日(光绪二十七年十二月八日)外务部为恢复大学堂知照管学大臣张百熙,报告大学堂房屋被毁、经费留存等情况。

1902年2月13日(光绪二十八年正月六日)张百熙上《奏筹办京师大学堂情形疏》,对京师大学堂的复校工作提出五条建议。当天,慈禧太后即批复了张的奏折,并令其修改京师大学堂章程。

1902年8月15日(光绪二十八年七月十二日)张百熙将经过半年时间修改

的京师大学堂章程等六个学校章程奏报朝廷。慈禧太后阅后认为该章程"尚属详备",令照章办理并颁行各省。该章程即京师大学堂历史上的第二个章程《钦定京师大学堂章程》。

1902年12月15日(光绪二十八年十一月十六日)张百熙上奏折,报明京师大学堂师范馆定于12月17日正式开学,并举行开学仪式。

1903年(光绪二十九年)京师大学堂的再次开学,引发了朝中大臣对中国教育改革的兴趣。袁世凯、张之洞、赵尔巽、周馥等大臣联名上奏折请"立停科举以广学校"。

1903年2月(光绪二十九年一月)京师大学堂仕学馆和进士馆开学。

1903年4月(光绪二十九年三月)京师大学堂医学实业馆开学。

1903年4月30日(光绪二十九年四月四日)仕学、师范两馆200多名学生集会,阻止清政府允许俄国继续侵占东北三省。

1903年5月7日(光绪二十九年四月十一日)《大公报》全文刊登《京师大学堂师范、仕学两馆学生上书管学大臣请代奏拒俄书》。

1903年6月(光绪二十九年五月)由于朝中有人对张百熙在戊戌变法中的表现提出不满,慈禧太后任命荣庆为管学大臣,以分散张的权力。

1903年6月27日(光绪二十九年闰五月三日)张百熙奏请朝廷派张之洞会商学务,重新厘定大学堂章程。当天,慈禧太后予以批准,即派张之洞会同张百熙、荣庆将大学堂及各省学堂章程一律厘定。

1903年9月14日(光绪二十九年七月二十三日)京师大学堂译学馆开学,首批招收了70多名学生。

1903年12月21日(光绪二十九年十一月三日)张百熙奏请准派大学堂学生赴日本及西洋各国留学。慈禧太后当天即予以批准。年底前,京师大学堂首批31名学生赴日本留学。

1904年初 京师大学堂派出的第二批16名学生赴欧洲各国留学。

1904年1月13日(光绪二十九年十一月二十六日)管学大臣张百熙等将经过半年时间修改的京师大学堂的第三个建校章程——《奏定大学堂章程》上报慈禧太后。新章程不久即得到批准,并颁布执行。

1904年2月6日(光绪二十九年十二月二十一日)慈禧太后任命孙家鼐为总理学务大臣,统辖全国学务;大理寺少卿、原浙江学政张亨嘉为京师大学堂总监督。

1904年7月(光绪三十年六月)京师大学堂设考场,通过考试择优录取了360

余名学生。新录取的学生一部分入师范馆学习,一部分进了预备科。当年10月开学。

1905年5月28—29日(光绪三十一年四月二十五至二十六日)京师大学堂举行第一次全校运动会。

1905年12月10日(光绪三十一年十一月十四日)政务处大臣和硕庆亲王奕劻等上奏折提议设立学部;裁撤始建于公元276年,与太学并立的国子监,将其归并学部。同时将翰林院也归并学部。

1906年2月5日(光绪三十二年正月十二日)应张亨嘉的申请,学部免去张亨嘉大学堂总监督的职务,请原大学堂庶务提调曹广权、进士馆庶务提调汪侍御分别代理总监督的职责。

1906年2月15日(光绪三十二年正月十五日)清廷任命原翰林院编修李家驹为新的京师大学堂总监督。

1906年5月24日(光绪三十二年四月二日)京师大学堂举行第二届全校运动会。

1906年8月(光绪三十二年六月)京师大学堂的首批103名师范馆学生和34名仕学馆学生毕业。

1906年底(光绪三十二年十二月)京师大学堂医学馆36名学生毕业。

1907年4月27日(光绪三十三年三月十五日)京师大学堂第二批98名师范馆学生毕业。

1907年5月6—7日(光绪三十三年三月二十四至二十五日)京师大学堂举行第三届全校运动会。

1907年7月(光绪三十三年六月)清廷调原济南提学署总监督朱益藩任京师大学堂总监督一职;大学堂附设博物实习科开学。

1907年12月(光绪三十三年十一月)京师大学堂进士馆首批学生共106人毕业。

1908年2月17日(光绪三十四年正月十六)新任大学堂总监督刘廷琛到任就职。

1909年6月(宣统元年五月)京师大学堂开办分科大学。

1909年8月(宣统元年七月)清政府派出包括京师大学堂学生在内的首批47名学生赴美留学。

1909年12月(宣统元年十一月)京师大学堂开始接受外国留学生入校学习。

1910年9月26日(宣统二年八月二十三日)吏部奉谕旨,任命京师大学堂经科大学监督柯邵忞,暂行署理大学堂总监督一职。

1911年(宣统三年)原江宁提学使劳乃宣被任命为京师大学堂总监督。

1912年1月24日(宣统三年十二月六日)劳乃宣因病奏请开缺,由大学堂总庶务提调刘经绎暂行代理总监督一职。

1912年(民国元年)中国近代著名启蒙思想家严复出任京师大学堂总监督;同年5月,京师大学堂改名为北京大学,严复任校长。